Patientenpfade in der integrierten Versorgung

Peggy Richter · Hannes Schlieter

Patientenpfade in der integrierten Versorgung

Praxishandbuch für die erfolgreiche Entwicklung und digitale Implementierung

Springer Gabler

Peggy Richter
Forschungsgruppe Digital Health
Technische Universität Dresden
Dresden, Deutschland

Hannes Schlieter
Forschungsgruppe Digital Health
Technische Universität Dresden
Dresden, Deutschland

ISBN 978-3-658-44985-8 ISBN 978-3-658-44986-5 (eBook)
https://doi.org/10.1007/978-3-658-44986-5

Die Deutsche Nationalbibliothek verzeichnet diese Publikation in der Deutschen Nationalbibliografie; detaillierte bibliografische Daten sind im Internet über https://portal.dnb.de abrufbar.

Planung/Lektorat: Margit Schlomski
Springer Gabler ist ein Imprint der eingetragenen Gesellschaft Springer Fachmedien Wiesbaden GmbH und ist ein Teil von Springer Nature.
Die Anschrift der Gesellschaft ist: Abraham-Lincoln-Str. 46, 65189 Wiesbaden, Germany

Inhaltsverzeichnis

Einleitung

1

Zusammenfassung

Das erste Kapitel des Praxishandbuchs Patientenpfade in integrierten Versorgungsnetzwerken widmet sich der Bedeutung von Patientenpfaden als Instrument zur Standardisierung und Optimierung von Versorgungsprozessen. Daraufhin wird entlang von exemplarischen Fragestellungen zur Entwicklung, Ausgestaltung, Implementierung, Digitalisierung und Evaluation von Patientenpfaden der Beitrag des Buches systematisiert. Die Leser erfahren, was Patientenpfade grundlegend sind und wie sie sich von anderen Pfadkonzepten abgrenzen. Darüber hinaus werden die Phasen des typischen Lebenszyklus von Patientenpfaden skizziert. Das Einleitungskapitel schließt mit der Einführung des Anwendungsbeispiels „Patientenpfade in onkologischen Versorgungsnetzwerken", welches im Buch zur Veranschaulichung der theoretischen Ausführungen genutzt wird.

1.1 Patientenpfade zur Optimierung und Standardisierung der Gesundheitsversorgung – Herausforderungen und Chancen

Die Gesundheitsversorgung in Deutschland steht vor dem Hintergrund der demografischen Entwicklung, digitalen sowie medizintechnischen Innovationen vor einer der bis dato größten Transformationsaufgaben. Durch den Renteneintritt der Baby-Boomer-Generation (1955 bis 1969) steht einem wachsenden Versorgungsbedarf ein Rückgang der erwerbstätigen Bevölkerung einschließlich medizinischen und pflegerischen Personals gegenüber. Unweigerlich ist damit die Frage verknüpft, wie können die noch vorhandenen Ressourcen wie z. B. medizinisches oder pflegerisches Personal besser aufeinander abgestimmt und optimal eingesetzt werden.

P. Richter and H. Schlieter, *Patientenpfade in der integrierten Versorgung*,
https://doi.org/10.1007/978-3-658-44986-5_1

Neben der demografischen Entwicklung verändert die digitale Transformation zudem traditionelle Denk-, Handlungs- und Rollenmuster in der Gesundheitsversorgung [1]. Telemedizinlösungen und Möglichkeiten der digitalen Selbstvermessung verlagern den Versorgungsschwerpunkt z. B. sukzessive in das Lebensumfeld von Bürgern [2, 3]. Hinzu kommen neue Arten der digitalen Intervention [4], wie sie zum Beispiel durch Digitale Gesundheitsanwendungen (DiGA) in Deutschland angeboten werden [5].

Dem Patienten wird zukünftig ganz im Sinne der evidenzbasierten Medizin eine aktive, informierte sowie selbstbestimmte Rolle zugesprochen [6]. Dadurch nimmt der Patient eine gestärkte Position innerhalb der Arzt-Patienten-Beziehung ein. Die Medizin sieht sich zudem einer weiter fortschreitenden Spezialisierung gegenüber, womit die Koordination der Patienten durch das Netzwerk von Leistungen an Bedeutung gewinnt.

In der Quintessenz resultiert aus dieser vielschichtigen Gesamtlage aus Demografie, Digitalisierung, Patientenzentrierung und Spezialisierung die Herausforderung integrierte Versorgungsprozesse evidenzbasiert, ressourcenschonen und transparent zu gestalten [7]. Prozessstandards, wie sie beispielsweise durch Patientenpfade definiert werden, spielen hier eine zentrale Rolle. Patientenpfade sind standardisierte, multidisziplinäre Versorgungspläne, die den gesamten Behandlungsverlauf eines Patienten mit einer bestimmten Diagnose oder einem bestimmten klinischen Zustand darstellen. Sie basieren auf medizinischen Leitlinien und definieren konkrete Ziele und Aktivitäten für jede Phase des Behandlungsprozesses, im Optimalfall den gesamten Ablauf von Diagnose, medizinischen und pflegerischen Maßnahmen, Rehabilitation, Nachsorge und gegebenenfalls auch palliative Versorgung [8].

Durch die Standardisierung der Versorgungsprozesse mit Patientenpfaden können die Qualität und Effizienz der Versorgung verbessert, Ressourcen effektiver eingesetzt und die Versorgung transparenter gestaltet werden. Zudem erhöht die Standardisierung mittels Patientenpfade die Patientensicherheit. Sie ist Grundlage, um potenzielle Fehlerquellen zu identifizieren und zu minimieren und eine Dokumentationsbasis für das Verbesserungsmanagement zu haben. Patientenpfade stärken die Leistungserbringer, indem sie Entscheidungsoptionen und -hilfen für Ärzte und Patienten bereitstellen, womit sie auch die patientenzentrierte Versorgung fördern. Jedoch kämpfen Patientenpfade noch immer mit dem Vorbehalten, sie würden einen Eingriff in die Freiheitsgrade von medizinischen Entscheidungen darstellen. Erfahrungen aus Digitalisierungsprojekten und die Angst vor einer „neuen" Transparenz haben dieses Bild wohl eher verstärkt [9].

Dabei stellen Patientenpfade keinesfalls einen Eingriff in die Behandlungsautonomie des Arztes dar. Es wird vielmehr die Einbeziehung des Patienten in die Behandlungsentscheidung erleichtert und eine Begründung für Abweichungen eingefordert. Zudem liefert die durchgängige Dokumentation der Pfade wichtige Qualitätsinformationen zur Behandlung des einzelnen Patienten sowie vergleichbarer Patienten. Patientenpfade fördern die individuelle Anpassung der Versorgung an die Bedürfnisse und den Bedarf des einzelnen Patienten, indem sie Konsultations- und gemeinsame Entscheidungspunkte definieren und begründete(!) Ausnahmen vom Standard erlauben.

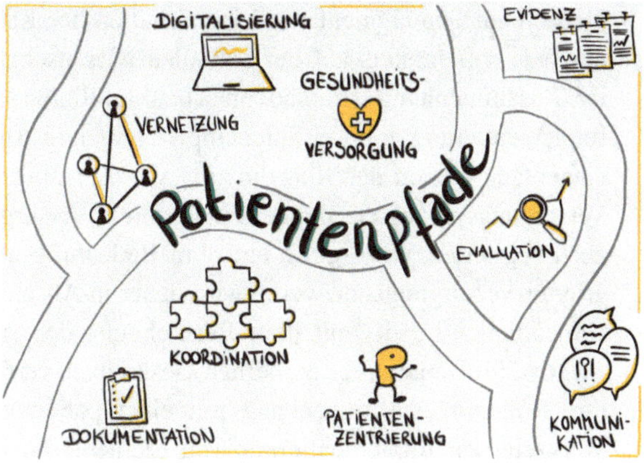

Abb. 1.1 Patientenpfade in der Gesundheitsversorgung

In Abb. 1.1 sind einige der elementaren Aspekte, die Patientenpfade in der Gesundheitsversorgung aufgreifen, dargestellt. Insbesondere die Entwicklung und Implementierung von Patientenpfade sowie deren digitale Umsetzung stellen die Praxis noch häufig vor große Herausforderungen, für welche dieses Praxishandbuch Antworten bereithält.

1.2 Beitrag dieses Buches

Vor dem in Abschn. 1.1 beschriebenen Herausforderungen und Chancen der Standardisierung und Optimierung sehen sich Akteure des Gesundheitswesens mit einer Reihe von Fragen konfrontiert, sobald sie beginnen sich mit Patientenpfaden für das eigene Versorgungsnetzwerk zu beschäftigen. Dazu zählen insbesondere die im Folgenden benannten Fragestellungen, zu deren Beantwortung dieses Buch beiträgt:

1. **Was sind Patientenpfade, was zeichnet sie aus und wie grenzen sie sich zu verwandten Konzepten wie klinischen oder integrierten Behandlungspfaden ab?** Bei Betrachtung der Fachliteratur und der praktischen Anwendung von Pfaden im Gesundheitswesen fällt auf, dass zahlreiche Begriffe rund um das Konzept existieren, die oft uneinheitlich und synonym verwendet werden. Der Mangel eines einheitlichen Begriffsverständnisses hat bisher dazu geführt, dass die Kommunikation über Patientenpfade sowie ihre Entwicklung und Umsetzung erschwert sind. In Abschn. 1.3 werden daher die wesentlichen Charakteristika und eine Definition von Patientenpfaden beschrieben sowie die Unterschiede zu anderen Pfadkonzepten aufgezeigt.
2. **Welche Rolle spielen Patientenpfade für die Gesundheitsversorgung in integrierten Netzwerken?** Die Frage, welche Rolle Patientenpfade in der Gesundheitsversorgung einnehmen, wird in diesem Buch aus drei grundsätzlichen Perspektiven beleuchtet,

die sich aus den elementaren Eigenschaften des Konzeptes ableiten lassen. (1) Patientenpfade sollten stets auf der aktuellen wissenschaftlichen Evidenz beruhen, weshalb ihr Zusammenhang zu medizinischen Leitlinien und ihre Rolle als Werkzeug zur Implementierung von Leitlinienempfehlungen in Abschn. 2.2 beleuchtet wird. (2) Patientenpfade dienen der Koordination von Leistungserbringern und der Steuerung von Versorgungsprozessen in einem integrierten Versorgungsnetzwerk. Ihr Zusammenhang zur integrierten Versorgung und ihre Bedeutung als Instrument zur Umsetzung integrierter Versorgungsnetzwerke wird daher in Abschn. 2.3 adressiert. (3) Patientenpfade verdeutlichen bereits mit ihrer Bezeichnung den starken Fokus auf die Patientenperspektive im Kontext der modernen Gesundheitsversorgung. Daher wird in Abschn. 2.4 ihre Rolle im Zusammenhang mit einer patientenzentrierten Versorgung sowie als Werkzeug zur Implementierung von Elementen der Patiententeilhabe und des Patient Engagements beleuchtet.

3. **Wie können Patientenpfade systematisch entwickelt werden und welche Methoden und Werkzeuge können den Entwicklungsprozess unterstützen?** Die Initiatoren von Pfadentwicklungsprojekten, seien es Ärzte oder das Management von Versorgungsnetzwerken, benötigen eine klare und systematische Anleitung, die sie Schritt für Schritt durch die relevanten Phasen der Entwicklung eines Patientenpfades führt. Viele dieser Projekte stehen jedoch vor der Herausforderung, dass ihnen genau solchen Anleitungen nicht zur Verfügung stehen oder Möglichkeiten der Pfadentwicklung erst mühsam recherchiert werden müssen. Daher neigen die Verantwortlichen oft dazu, individuelle Lösungen zu entwerfen. Dies kann zu unnötig hohem Aufwand sowie ineffizientem Ressourceneinsatz im Pfadentwicklungsprozess und zu unzureichenden Ergebnissen führen. Darüber hinaus führen die uneinheitlichen Vorgehensweisen zu Ergebnissen, die nicht oder nur begrenzt vergleichbar sind. Vor diesem Hintergrund bietet das Praxishandbuch in Kap. 3 eine detaillierte Beschreibung aller relevanten Phasen und Schritte zur Entwicklung von Patientenpfaden sowie möglicher Methoden und praktischer Werkzeuge, die die Umsetzung in der Praxis erleichtern sollen.
4. **Wie kann ein Patientenpfad in einem integrierten Versorgungsnetzwerk erfolgreich implementiert und digitalisiert werden?** Veränderungen durch die Einführung und Nutzung eines Patientenpfades implizieren nicht nur eine Neuausrichtung von Arbeitsweisen und Zuständigkeiten, sondern erfordern auch die Anpassung bestehender Dokumentations- und Kommunikationsstrukturen. Dies macht eine umfassende Umstrukturierung der Arbeitsweisen und der Informationsflüsse innerhalb des Versorgungsnetzwerks notwendig. Die Entscheidungen zur Einführung von Patientenpfaden gehen dabei weit über die Auswahl und Implementierung von Technologie hinaus und berühren jede Person und deren Tätigkeiten im Versorgungsprozess. Die Implementierung von Patientenpfaden befasst sich daher nicht ausschließlich mit Fragestellungen der Digitalisierung. Die verschiedenen Möglichkeiten der Pfadimplementierung können stark variieren. Sie sind von Faktoren wie der vorhandenen Systemlandschaft, der Tiefe der Kooperation zwischen den Netzwerkakteuren oder deren Kompetenzen

abhängig. Der Faktor Mensch darf hierbei nicht außer Acht gelassen werden, da er eine ebenso wichtige Rolle bei der Implementierung von Patientenpfaden spielt wie die Technologie selbst. Dieses Praxishandbuch systematisiert daher in Kap. 4 die Bandbreite der Implementierungsgrade und zeigt Entwicklungswege zur Implementierung und Digitalisierung von Patientenpfaden in integrierten Versorgungsnetzwerken auf.

5. **Wie und hinsichtlich welcher Kriterien kann der Einsatz von Patientenpfaden evaluiert werden?** Nach der Entwicklung und Implementierung eines Patientenpfades in einem integrierten Versorgungsnetzwerk stellt sich die Frage, welche Wirkung seine Anwendung auf die Versorgungspraxis hat. Es ist zu prüfen, inwieweit die mit seiner Entwicklung formulierten Ziele erreicht werden konnten und wie der Pfad ggf. angepasst werden sollte. An dieser Stelle sind die Verantwortlichen mit der Frage konfrontiert, welche messbaren Kennzahlen oder Indikatoren zur Evaluation des Patientenpfades herangezogen werden sollten. Dieses Buch stellt daher in Kap. 5 einerseits eine Übersicht zu den notwendigen Schritten im Evaluationsprozess im Sinne eines kontinuierlichen Verbesserungsprozesses und andererseits konkret einsetzbare Kriterien und Methoden zur Pfadevaluation zur Verfügung.

Dieses Buch liefert Antworten auf die genannten Fragen. Es richtet sich an alle, die Versorgungsnetzwerke und -prozesse gestalten wollen und Lust auf die Umsetzung von Patientenpfaden haben. Die Inhalte basieren auf aktuellen Entwicklungen der Wissenschaft sowie Erfahrungen aus nationalen und internationalen Forschungs- und Entwicklungsprojekten im Bereich der Pfadentwicklung und -nutzung. Als Praxishandbuch bietet es eine praxisorientierte Anleitung, die Schritte und Techniken entlang des gesamten Lebenszyklus von Patientenpfaden (siehe Abschn. 1.4) beschreibt und mit konkreten Beispielen aus dem Anwendungsfall der onkologischen Versorgung in integrierten Krebsnetzwerken (siehe Abschn. 1.5) untermauert.

1.3 Eigenschaften und Definition von Patientenpfaden

Bei näherer Auseinandersetzung mit dem Begriff „Pfad" in der Gesundheitsversorgung zeigt sich schnell, dass die Literatur eine breite Palette verschiedener deutsch- und englischsprachiger Ausdrücke bereithält. Von synonym und homonym bis hin zu schlichtweg frei genutzten aber nicht definierten Begriffen ist alles zu finden (siehe Abb. 1.2). Die uneinheitliche Verwendung, insbesondere aus Anwenderperspektive, ist nicht zu übersehen. Allen Pfadbegriffen ist jedoch gemein, dass sie „den Weg" von Patienten in der Gesundheitsversorgung adressieren.

Insbesondere die Begriffe „Versorgungspfad" (engl. care pathway) und „klinischer Behandlungspfad" (engl. clinical pathway) sind in der Literatur sehr häufig zu finden – und damit auch verschiedene Definitionsansätze. Auf den gemeinsamen Kern zusammengefasst helfen klinische Behandlungspfade, die Empfehlungen medizinischer

Abb. 1.2 Pfade in der Gesundheitsversorgung – Ein begriffliches Durcheinander

Leitlinien zu verbreiten und in die klinische Praxis zu übersetzen [10]. Sie beschreiben die fach- und berufsgruppenübergreifende Behandlungsabfolge für eine definierte Patientenpopulation unter Berücksichtigung der lokalen Gegebenheiten einer Klinik [11, 12]. Neben der Darstellung der medizinischen Prozesse integrieren sie auch Verwaltungs-, Pflege- und administrative Aufgaben [13]. Damit dienen klinische Behandlungspfade insbesondere der Entscheidungsfindung sowie der Organisation und Steuerung der Gesundheitsversorgung (z. B. der Verbesserung der Behandlungsqualität und der Optimierung des Ressourceneinsatzes) innerhalb einer Institution. Im Fokus der Pfadanwendung stehen damit insbesondere das Klinikmanagement sowie die Leistungserbringer im Krankenhaus. Versorgungspfade erweitern das Pfadverständnis, indem sie die Spannweite von Pfaden entlang des gesamten Versorgungskontinuums und damit auch über die Grenzen einzelner Institutionen hinweg, definieren [14]. In der Definition von Care Pathways von der European Pathway Association kommt darüber hinaus bereits die Rolle des Patienten zum Ausdruck – Pfade sollen hier explizit auch zur Erleichterung der Kommunikation sowie der Koordinierung der Aktivitäten eines interdisziplinären Versorgungsteams, Patienten und ihren Angehörigen dienen [15].

Vor dem Hintergrund dieser Begriffspluralität ist eine genaue Analyse und Abgrenzung des Begriffs „Patientenpfad" geboten. Bevor wir uns mit der Beantwortung der Frage „Wie?" befassen, müssen wir die Frage nach dem „Was?" beantworten. Nur mit einem einheitlichen und gemeinschaftlich akzeptierten Begriffsverständnis sowohl in der Wissenschaft als auch in der Praxis ist eine erfolgreiche Umsetzung und Verbreitung des Konzeptes möglich. Auf Grundlage der Ergebnisse einer umfangreichen Literaturanalyse lassen sich die folgenden, beschreibenden Eigenschaften von Patientenpfaden zusammenfassen [8].

- **Harmonisierung und Abbildung von Zielen:** In Patientenpfaden werden funktionale, biologische (insb. medizinische und pflegerische) sowie patientenindividuelle Versorgungsziele festgelegt und aufeinander abgestimmt. Dadurch ist die Ausrichtung eines

Patientenpfades an den Bedarfen und Bedürfnissen eines Patienten (z. B. persönliche Versorgungsziele, kulturelle Prägungen, Werte, sozioökonomischen Bedingungen) eine elementare Anforderung. Der Grad der Zielerreichung wird anhand definierter Metriken oder Indikatoren gemessen.

- **Komplexe, langfristige Versorgungsaufträge:** Patientenpfade werden für Patientenpopulationen mit komplexen Langzeiterkrankungen, die die Leistungen eines interdisziplinären und intersektoralen Versorgungsteams benötigen, erstellt und genutzt. Die mit dem Patientenpfad adressierte Patientengruppe bzw. der Gesundheitszustand der adressierten Population ist eindeutig über Ein- und Ausschlusskriterien definiert.
- **Anleitungscharakter:** In Patientenpfaden werden die wichtigsten Elemente der Patientenversorgung beschrieben und zueinander in Beziehung gesetzt, um den Weg der Patienten des adressierten Erkrankungsbildes im Zeitverlauf transparent darzulegen und anzuleiten. Patientenpfade besitzen definierte Start- und Endpunkte. Sie bilden Meilensteine, Aufgaben, Ereignisse und Entscheidungsmomente sowie -kriterien im Versorgungsverlauf ab.
- **Versorgungssteuerung im Netzwerk:** Patientenpfade umfassen den gesamten Versorgungsprozess eines Patienten mit dem adressierten Erkrankungsbild. Dazu zählen alle Phasen des Versorgungskontinuums – die Gesundheitsvorsorge und Prävention, Diagnose, Behandlung, Nachsorge, Rehabilitation, Palliativversorgung, Sterbebegleitung sowie Forschung. Patientenpfade decken damit sowohl die stationäre als auch die ambulante Versorgung ab. Sie sind einrichtungsübergreifende Pfade in einem Netzwerk verschiedener professioneller Leistungserbringer (insb. medizinische, pflegerische, soziale Dienstleistungen). Darüber hinaus inkludieren sie auch Leistungserbringung im patienteneigenen Versorgungsnetzwerk, d. h. das soziale Umfeld, wie Angehörige, Freunde und Nachbarschaft.
- **Patientenperspektive:** Patientenpfade stellen nicht allein die Sicht professioneller Leistungserbringer auf den Versorgungsverlauf dar, sondern bilden auch die Sicht der Patienten selbst ab. Zentrale Elemente sind zum Beispiel die Darstellung von Patientenaufgaben im Versorgungsverlauf und das Explizieren kritischer Entscheidungs- und Belastungspunkte mit Hilfsangeboten sowie Momente informierter Entscheidungsfindung. Patientenpfade sollten deshalb auch zugänglich für die Nutzung durch Patienten sein.
- **Evidenzbezug:** Patientenpfade werden auf der Grundlage der neuesten medizinischen Evidenz, z. B. unter Abbildung der Empfehlungen aus medizinischen S3-Leitlinien, entwickelt. Sie beziehen aber auch die Erfahrungen von Experten – insbesondere für indikationsunabhängige und nicht-medizinische Teile des Pfades – ein. Patientenpfade werden von einem multidisziplinären Team entwickelt, umgesetzt und genutzt, wobei auch Patienten bzw. deren Patientenvertretung einbezogen werden (siehe Abb. 1.3).

Zusammenfassend münden die zuvor identifizierten Eigenschaften in der folgenden Definition von Patientenpfaden.

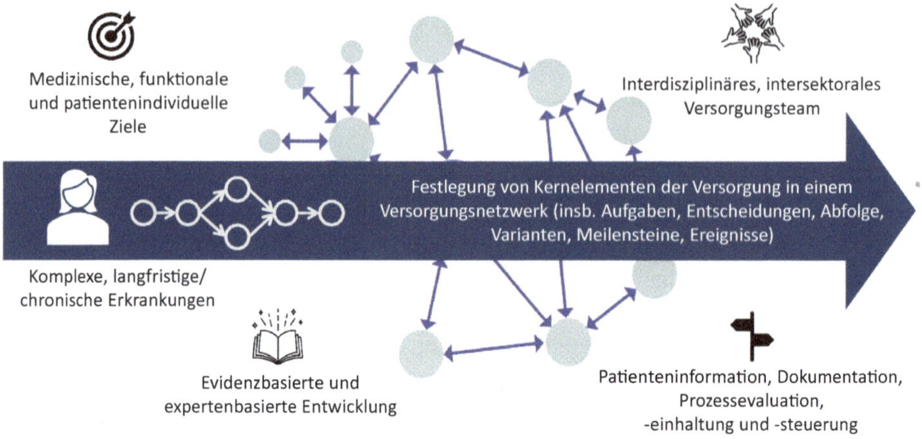

Abb. 1.3 Patientenpfade in der integrierten Versorgung – Konzept und Eigenschaften (Netzwerkabbildung aus [16])

►Ein **Patientenpfad** ist ein Werkzeug, das die evidenzbasierte Planung und das Management des Versorgungsprozesses für eine definierte Patientenpopulation mit meist komplexen, langfristigen oder chronischen Erkrankungen unterstützt. In einem Patientenpfad werden die einzelnen Phasen, Meilensteine sowie Aktivitäten und Entscheidungen in der Versorgung dieser Patientenpopulation abgebildet. Ein Patientenpfad unterstützt die Information und Entscheidungsfindung eines Teams multidisziplinärer Leistungserbringer in einem integrierten Versorgungsnetzwerk gemeinsam mit dem Patienten [17].

Damit ist zunächst festzuhalten, dass Patientenpfade die Kerneigenschaften anderer etablierter Pfadkonzepte umfassen – insbesondere die Abbildung von Versorgungszielen, den Anleitungscharakter sowie die evidenzbasierte Entwicklung. Darüber hinaus wird deutlich, dass mit ihnen noch stärker die folgenden zwei Schwerpunkte gesetzt werden: (1) die Versorgung in einem sektorenübergreifenden, interdisziplinären Netzwerk von Leistungserbringern sowie (2) Patientenzentrierung zusammen mit der Rolle von Patienten als informierte und entscheidungs- sowie handlungskompetente Beteiligte am eigenen Versorgungsprozess. Im Folgenden werden die Kerneigenschaften und Bedeutung der Schwerpunkte unter der Betrachtung von Anwendungsszenarien von Patientenpfaden weiter geschärft.

1.4 Lebenszyklus von Patientenpfaden

Patientenpfade sind „lebende Artefakte“, die sich evolutionär mit dem Versorgungsnetzwerk beziehungsweise auch mit den einzelnen beteiligten Organisationen im Netzwerkverbund (weiter-) entwickeln. Sie unterliegen einem typischen Lebenszyklus, wie er in Abb. 1.4 dargestellt ist. Entlang des Schemas werden in diesem Buch die Hintergründe und Schritte für die Entwicklung, Implementierung und Evaluation von Patientenpfaden detailliert beschrieben. Sie sind Ergebnis einer wissenschaftlich erarbeiteten und mehrfach in der Praxis erprobten Methode zur Pfadentwicklung und -implementierung (siehe Abschn. 3.1).

- **Initiierung und Planung des Pfadprojektes und der Pfadentwicklung (Kap. 3):** Für ein integriertes Versorgungsnetzwerk wird nach einer Bedarfs- und Nutzenanalyse die Entscheidung zur Entwicklung eines Patientenpfades für eine definierte Patientengruppe getroffen. Die Entwicklung des Pfades umfasst fünf elementare Phasen: (1) die Projektinitiierung und -planung (Abschn. 3.2.2), (2) die Bestandsaufnahme der aktuellen Versorgungspraxis sowie verfügbarer Evidenz (Abschn. 3.2.3), (3) die Vorbereitung der Pfaderarbeitung (Abschn. 3.2.4), (4) die iterative Erarbeitung und Gestaltung des Pfades (Abschn. 3.2.5) und letztlich (5) die Kommunikation und Bereitstellung des Pfades für die Teilnehmer des Versorgungsnetzwerkes (Abschn. 3.2.6). Für jede der fünf Phasen werden die Zielstellung, notwendige Aktivitäten, Werkzeuge und zu erwartende Ergebnisse beschrieben sowie konkrete Beispiele angeführt.

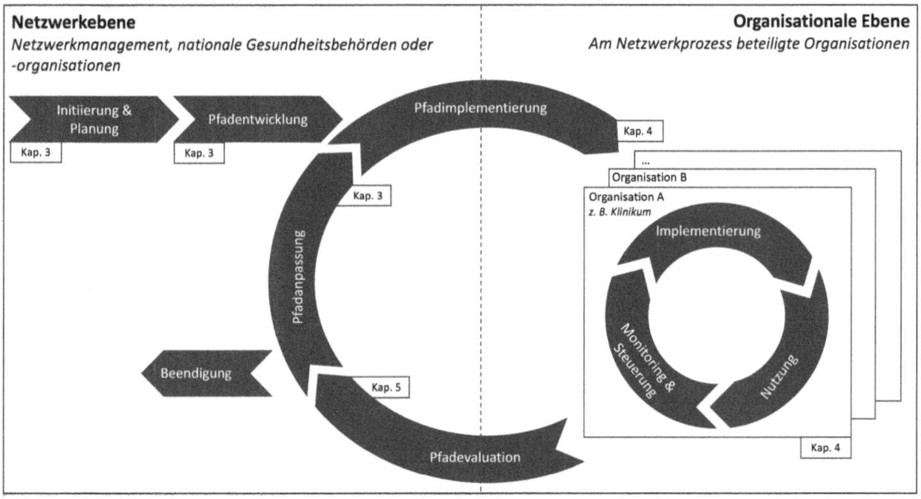

Abb. 1.4 Lebenszyklus von Patientenpfaden und Kapitelzuordnung

- **Implementierung von Patientenpfaden (Kap. 4):** Nach der Entwicklung des Patientenpfades muss er auf Netzwerkebene implementiert und damit auch in den organisationalen Kontext aller Netzwerkbeteiligten eingebettet werden. Bestehende Prozesse müssen entsprechend den Pfadvorgaben angepasst werden. Es lassen sich verschiedene Implementierungsstufen unterscheiden (Abschn. 4.2), die von einer rein organisationalen Implementierung bis hin zur digitalen Pfadimplementierung und tiefen Integration in die Managementfunktionen des Netzwerks (Abschn. 4.3) reichen.
- **Evaluation von Patientenpfaden (Kap. 5):** Patientenpfade sind dynamischen Veränderungen unterworfen und müssen mit ihnen Schritt halten können. Zu solchen Veränderungen zählen u. a. Aktualisierungen medizinischer Leitlinien und geänderte Therapieempfehlungen, veränderte Ausrichtung oder Zusammensetzung des Versorgungsnetzes, z. B. durch neue Netzwerkmitglieder, geänderte oder neue Gesetze und Vorschriften. Aus diesem Grund sollte ein Prozess des kontinuierlichen Verbesserungsmanagements, der die kontinuierliche Evaluation und Steuerung der Patientenpfade im Versorgungsnetzwerk adressiert, etabliert werden. Die Evaluation umfasst neben der Bewertung geänderter externer Faktoren insbesondere auch die Bewertung der Wirksamkeit des Patientenpfades innerhalb des Netzwerks und die Beantwortung der Frage, inwieweit die Einführung des Patientenpfades die identifizierten Versorgungsschwachstellen behebt. Auf Basis der Evaluationsergebnisse ist es gegebenenfalls notwendig, den Patientenpfad anzupassen und diese Anpassungen in der Netzwerkpraxis zu implementieren.

Wenn die Versorgung einer bestimmten Patientengruppe nicht mehr angeboten werden kann oder soll, muss der Patientenpfad entfernt werden. Dies kann beispielsweise neben strategischen Versorgungsentscheidungen auch dann eintreten, wenn langfristig keine positive Versorgungswirkung mit dem entwickelten Pfad nachgewiesen werden konnte. Diese Phase des „Sterbens“ bedeutet auch, dass die beteiligten Akteure darüber informiert werden müssen, dass die Regelungen des alten Patientenpfades überholt sind und welche neuen Regeln nun gelten. Möglicherweise müssen sie auch in neuen Behandlungsmethoden geschult oder über neue Regeln für das Zusammenarbeiten im Versorgungsnetzwerk informiert werden. Aus struktureller Sicht müssen möglicherweise auch medizinische Geräte ausgetauscht oder entfernt werden [18].

1.5 Einführung des Anwendungsbeispiels „Patientenpfade in onkologischen Versorgungsnetzwerken“

Zur Demonstration und Verdeutlichung der vermittelten Inhalte werden in diesem Praxishandbuch Anwendungsbeispiele genutzt. Diese Beispiele beziehen sich hauptsächlich auf die Anwendungsdomäne der onkologischen Versorgung in einem Netzwerk von interdisziplinären Leistungserbringern. Krebs ist weltweit eine der häufigsten und kostenintensivsten Erkrankungen – gekennzeichnet von zahlreichen Begleiterkrankungen und einer hohen Langzeitkomplexität der Versorgung – sowie eine der häufigsten Todesursachen [19]. Obwohl das aktuelle medizinische Wissen in onkologischen Leitlinien, die auch mittels Patientenleitlinien bereitgestellt werden [20], hoch standardisiert aufbereitet ist, bleibt der individuelle Weg eines Patienten durch das Gesundheitswesen weiterhin sehr komplex und nicht zentral organisiert.

Seit Anfang der 2000er Jahre werden in Deutschland sektorenübergreifende Netzwerke (zertifizierte Krebszentren) etabliert, um den hohen Anforderungen einer spezialisierten und interdisziplinären Krebsversorgung gerecht zu werden [21]. Diese Netzwerke fungieren im Sinne integrierter Versorgungsnetzwerke mit dem Ziel, die Versorgung onkologischer Patienten entlang der gesamten Versorgungskette zu gewährleisten. Dazu findet in Deutschland die onkologische Versorgung auf drei Stufen statt: Neben den Onkologischen Spitzenzentren der Deutschen Krebshilfe auf oberster Versorgungsebene zertifiziert die Deutsche Krebsgesellschaft auf der zweiten Ebene Onkologische Zentren und auf dritter Ebene Organkrebszentren. Mithilfe dieser Versorgungs- und Zertifizierungsstrukturen sollen Krebspatienten in Deutschland flächendeckend nach einheitlichen, hohen Qualitätsstandards behandelt und versorgt werden [22]. Nachweislich haben onkologische Patienten mit einer Erstbehandlung in zertifizierten Krebszentren sogar einen Überlebensvorteil gegenüber jenen, die in nicht-zertifizierten Krankenhäusern behandelt werden [23].

Auch auf Ebene der Europäischen Union (EU) hat sich in den letzten Jahren ein einheitlicheres Verständnis integrierter Krebsversorgungsnetzwerke etabliert. In Europas „Plan gegen den Krebs“ (engl. Europe's Beating Cancer Plan) wurde u. a. das Ziel formuliert, dass bis zum Jahr 2030 90 % aller Krebspatienten Zugang zu untereinander vernetzten, nationalen onkologischen Spitzenzentren haben sollen [24, 25]. Die Europäische Kommission fördert die Umsetzung des Plans gegen den Krebs über einschlägige Maßnahmen und Förderprogramme wie EU4Health, Horizont Europa oder Digitales Europa. Durch Joint Actions unterstützt die EU im Rahmen des EU Health Programms ihre Mitgliedsstaaten bei der gemeinsamen Arbeit an spezifischen Problemen und Fragestellungen der Gesundheitsversorgung auf europäischer Ebene. In der mittlerweile abgeschlossenen Joint Action CanCon[1] (European Guide on Quality Improvement in Comprehensive Cancer Control) wurde die Weiterentwicklung von Ansätzen zur integrierten Krebsversorgung in Comprehensive Cancer Care Networks (CCCNs) beleuchtet.

CCCNs verstehen sich als formaler Zusammenschluss mehreren Einheiten (i. S. v. Institutionen oder einzelnen Institutsbereichen) verschiedener Einrichtungen aus Forschung, Vorsorge, Diagnose, Therapie, supportiver Therapie, Nachsorge, Rehabilitation,

[1] CanCon Projektlaufzeit: 2014–2017, mitfinanziert durch das Health Programme der EU, Projektwebsite: https://cancercontrol.eu/ (Zugriff: 01.08.2024).

bis hin zur palliativen Versorgung [26]. In einem CCCN besteht Konsens und Vereinbarung über die strukturierte Zusammenarbeit. In einem CCCN liegt die Patientenbetreuung in der Verantwortung eines multidisziplinären und tumorspezifischen Versorgungsteams. Es werden einheitliche Versorgungsstandards in Form von Patientenpfaden für diese Tumorentitäten verbindlich festgelegt und die Versorgung damit für alle Netzwerkbeteiligten organisiert. Das Ziel eines CCCNs ist es, eine integrierte Versorgung von Krebsbetroffenen für alle Menschen in einer Region zu ermöglichen und damit die Zugänglichkeit und Verbesserung der Versorgungsergebnisse und -qualität zu erhöhen. Patientenpfade werden explizit als wichtiges Instrument für eine Krebsversorgung in CCCNs benannt. In den Joint Actions iPAAC[2] (Innovative Partnership for Action Against Cancer) und CraNE[3] (European Network of Comprehensive Cancer Centres) wurden Patientenpfaden dedizierte Arbeitsschwerpunkte gewidmet. Im Rahmen dieser Projekte wurde eine Methode zur Entwicklung und Implementierung von Patientenpfaden erarbeitet, erprobt und um patientenzentrierte Elemente angereichert. Die Projektergebnisse und -erfahrungen sind in die Anwendungsbeispiele dieses Praxishandbuchs eingeflossen.

Die Anwendungsdomäne der integrierten Krebsversorgung ist insofern ein geeignetes Praxisbeispiel, da die Komplexität der Erkrankung und Behandlungsoptionen eine interdisziplinäre Zusammenarbeit zahlreicher Fachdisziplinen entlang des gesamten Versorgungskontinuums notwendig macht, um eine evidenzbasierte Patientensteuerung durch das Versorgungsgeschehen und eine verbesserte Kommunikation und Koordination aller Beteiligten zu erreichen. Die bereits etablierten Strukturen – insbesondere Krebsnetzwerke und die hohe Anzahl systematisch erarbeiteter, evidenzbasierter onkologischer Leitlinien – bieten eine gute Voraussetzung zur Entwicklung und Implementierung von Patientenpfaden in der onkologischen Versorgung.

Untersuchung zum Status quo Patientenpfade in der europäischen Krebsversorgung

Bereits in der Joint Action CanCon wurden Patientenpfade als wertvolles Instrument für eine nahtlose Versorgung, zur Patienteninformation, zur Planung des Versorgungsprozesses und zur Implementierung der Empfehlungen medizinischer Leitlinien in der Versorgungspraxis von CCCNs anerkannt [16]. Ein einheitliches Verständnis zum Begriff als auch zur Umsetzbarkeit des Konzeptes Patientenpfad fehlten jedoch zu diesem Zeitpunkt.

Auch in der onkologischen Praxis und Forschung spiegelte sich die Diversität der Verwendung des Pfadbegriffs wider. Die Analyse des Status quo mittels systematischer Literaturrecherche und der Analyse von 30 onkologischen Pfaden als Teil der

[2] iPAAC Projektlaufzeit: 2018–2021, mitfinanziert durch das Health Programme der EU, Projektwebsite: https://www.ipaac.eu/ (Zugriff: 01.08.2024).

[3] CraNE Projektlaufzeit: 2022–2024, mitfinanziert durch das Health Programme der EU, Projektwebsite: https://crane4health.eu/ (Zugriff: 01.08.2024).

Aktivitäten in der Joint Action iPAAC ergab unter anderem Folgendes [27] (Stand der Untersuchung: 2018):

- Der Pfadbegriff wird nicht einheitlich gebraucht. Die häufigsten Begriffe in Verwendung sind care pathway, integrated care pathway und clinical pathway.
- Die drei Tumorentitäten mit der höchsten Anzahl existierender Pfade sind Kolorektales Karzinom, Prostatakarzinom und Lungenkarzinom.
- Es wird keine einheitliche oder systematische Entwicklungsmethode für onkologische Pfade verwendet.
- Es werden unterschiedliche Darstellungsformate für onkologische Pfade eingesetzt – Prozessmodelle (am häufigsten Flow Charts), textuelle Pfadbeschreibungen, Checklisten oder Tabellen.
- Nur wenige der analysierten onkologischen Pfade spannen sich über das gesamte Versorgungskontinuum eines Patienten. Der Fokus liegt auf der Abbildung von Diagnose-, Therapie- und Nachsorgeaktivitäten mithilfe von Pfaden.
- Etwa die Hälfte der analysierten Pfade beinhalten Aspekte der Patienteneinbeziehung, wie Elemente der Patienteninformation und -edukation, Patientenfeedback oder Konsensfindung.
- Nur einzelne Pfade explizieren auch die Möglichkeiten zur individuellen Anpassung des Pfades an die individuellen Eigenschaften, Bedarfe und Bedürfnisse von Patienten.

Eine Expertenbefragung ergab darüber hinaus, dass Patientenpfade für die onkologische Versorgung in der Europäischen Union als ein vielversprechendes Werkzeug wahrgenommen werden, das helfen kann:

- die Versorgung in CCCNs zu standardisieren,
- ein einheitlich hohes Qualitätsniveau über verschiedene CCCNs hinweg zu erzielen,
- die Versorgung in CCCNs besser zu koordinieren und
- die Einhaltung von Standards zu verbessern [17].

Begründet in diesen Analyseergebnissen und mit dem Wunsch nach einem einheitlich verstandenen und verwendeten Begriff von Pfaden für die Versorgung von Patienten in CCCNs wurde der Begriff Patientenpfad wie in diesem Buch definiert. Diese Definition wird darüber hinaus zur Verwendung in nationalen Krebsplänen (National Cancer Control Programmes) empfohlen [28].◄

Literatur

1. McKinsey & Company (2022): E-Health Monitor 2022. Berlin: Medizinisch Wissenschaftliche Verlagsgesellschaft, 2022. Verfügbar: https://www.mckinsey.com/de/news/presse/ehealth-monitor-2022 (Zugriff: 08.08.2023).
2. Vesnic-Alujevic, L., Breitegger, M., Guimarães Pereira, Â. (2018): ‚Do-It-Yourself‘ Healthcare? Quality of Health and Healthcare Through Wearable Sensors. In: Science and Engineering Ethics 24(3), S. 887–904. https://doi.org/10.1007/s11948-016-9771-4.
3. Hess, T., Legner, C., Esswein, W., Maaß, W., Matt, C., Österle, H., Schlieter, H., Richter, P., Zarnekow, R. (2014): Digital Life as a Topic of Business and Information Systems Engineering? In: Business & Information Systems Engineering 6(4), S. 247–253. https://doi.org/10.1007/s12599-014-0332-6.
4. Weimann, T. G., Schlieter, H., Brendel, A. B. (2022): Virtual Coaches: Background, Theories, and Future Research Directions. In: Business & Information Systems Engineering 64(4), S. 515–228. https://doi.org/10.1007/s12599-022-00757-9.
5. Fürstenau, Daniel, Martin Gersch, und Stefanie Schreiter (2023) Digital Therapeutics (DTx). In: Business & Information Systems Engineering, 65, Nr. 3, S. 349–360. https://doi.org/10.1007/s12599-023-00804-z.
6. Tecic, T., Büssing, A., Althaus, A., Neugebauer, E. A. M. (2009): Messung der gesundheitsbezogenen Lebensqualität. In: Arzneimitteltherapie, 27(12).
7. Schlieter, H., Susky, M., Richter, P., Hickmann, E., Scheplitz, T., Burwitz, M., Ziemssen, T. (2022) Die Generation Alpha der Digital Health Innovationen – Eine Fallstudie aus der Multiple Sklerose Versorgung. In: HMD Praxis der Wirtschaftsinformatik 59, Nr. 6, S. 1545–1563. https://doi.org/10.1365/s40702-022-00923-3.
8. Richter, P. and Schlieter, H. (2019): Understanding patient pathways in the context of integrated health care services – Implications from a scoping review. In: Proceedings of the 14th International Conference on Wirtschaftsinformatik (WI 2019), S. 997–1011.
9. Chawla, A., Westrich, K., Matter, S., Kaltenboeck, A., Dubois, R. (2016): Care pathways in US healthcare settings: current successes and limitations, and future challenges. In: American Journal of Managed Care 22 (1), S. 53–62.
10. Juhrisch, M., Schlieter, H. & Dietz, G. (2011): Konzeptuelle Modellierung im klinischen Umfeld. In: HMD Praxis der Wirtschaftsinformatik 48, S. 99–108. https://doi.org/10.1007/BF03340629.
11. Roeder, N., Hindle, D., Loskamp, N., Juhra, C., Hensen, P., Rochell, B. (2003): Frischer Wind mit Klinischen Behandlungspfaden (II). Instrumente zur Verbesserung der Organisation klinischer Prozesse. In: Das Krankenhaus 95, S. 124–130.
12. Kinsman, L., Rotter, T., James, E., Snow, P., Willis, J. (2010): What is a clinical pathway? Development of a definition to inform the debate. In: BMC Medicine 8, S. 31–33. https://doi.org/10.1186/1741-7015-8-31.
13. De Bleser, L., Depreitere, R., De Waele, K., Vanhaecht, K., Vlayen, J., Sermeus, W. (2006): Defining pathways. In: IJournal of Nursing Management 14, S. 553–563. https://doi.org/10.1111/j.1365-2934.2006.00702.x.
14. Schrijvers, G., van Hoorn, A., Huiskes, N. (2012): The care pathway: concepts and theories: an introduction. In: International Journal of Integrated Care 12, e192. https://doi.org/10.5334/ijic.812.
15. European Pathway Association: About Care Pathways. Verfügbar: http://e-p-a.org/care-pathways/ (Zugriff: 01.08.2024).
16. Albreht, T., Kiasuwa, R., Van der Bulcke, M. (Hrsg.) (2017): EUROPEAN guide on quality improvement in comprehensive cancer control, CanCon – Cancer Control Joint Action, Ljubljana: National Institute of Public Health; Brussels: Scientific Institute of Public Health.

17. Richter, P., Hickmann, E., Schlieter, H. (2021): Validating the Concept of Patient Pathways: A European Survey on Their Characteristics, Definition and State of Practice. In Proceedings of the Pacific Asia Conference on Information Systems (PACIS 2021), 32.
18. Juhrisch, M., Schlieter, H. & Dietz, G. (2012): Information systems engineering in healthcare – an evaluation of the state of the art of operational process design. In: International Journal of Organisational Design and Engineering 2(4), S. 420–444.
19. Sung, H., Ferlay, J., Siegel, R. L., Laversanne, M., Soerjomataram, I., Jemal, A., Bray, F. (2021): Global cancer statistics 2020: GLOBOCAN estimates of incidence and mortality worldwide for 36 cancers in 185 countries. CA: A Cancer In: Journal for Clinicians. https://doi.org/10.3322/caac.21660.
20. Langer, T., Follmann, M. (2015): Das Leitlinienprogramm Onkologie (OL): Nukleus einer evidenzbasierten, patientenorientieren, interdisziplinären Onkologie? In: Zeitschrift für Evidenz, Fortbildung und Qualität im Gesundheitswesen 109(6), S. 437–444. https://doi.org/10.1016/j.zefq.2015.09.007.
21. Kowalski, C., Graeven, U., von Kalle, C., Lang, H., Beckmann, M. W., Blohmer, J.-U., Burchardt, M., Ehrenfeld, M., Fichtner, J., Grabbe, S., Hoffmann, H., Iro, H., Post, S., Scharl, A., Schlegel, U., Seufferlein, T., Stummer, W., Ukena, D., Ferencz, J., Wesselmann, S. (2017): Shifting cancer care towards multidisciplinarity: the cancer center certification program of the German cancer society. In: IBMC Cancer 17(1): 850. https://doi.org/10.1186/s12885-017-3824-1.
22. Netzwerk Onkologische Spitzenzentren (2023): Kompetenz in drei Stufen. Verfügbar: https://www.ccc-netzwerk.de/spitzenzentren/kompetenz-in-drei-stufen.html (Zugriff: 01.08.2024).
23. Schmitt, J., Klinkhammer-Schalke, M., Bierbaum, V., Gerken, M., Bobeth, C., Rößler, M., Dröge, P., Ruhnke, T., Günster, C., Kleihues-van Tol, K., Schoffer, O. (2023): Krebserstbehandlung in zertifizierten versus nichtzertifizierten Krankenhäusern. In: Deutsches Ärzteblatt, online first. https://doi.org/10.3238/arztebl.m2023.0169.
24. Europäische Kommission (2021): Europas Plan gegen den Krebs: ein neues EU-Konzept für Prävention, Behandlung und Versorgung. Pressemitteilung vom 03.02.2021. Verfügbar: https://ec.europa.eu/commission/presscorner/detail/de/ip_21_342 (Zugriff: 01.08.2024).
25. European Commission (2022): Europe's Beating Cancer Plan. Communication from the commission to the European Parliament and the Council. Verfügbar: https://health.ec.europa.eu/system/files/2022-02/eu_cancer-plan_en_0.pdf (Zugriff: 01.08.2024).
26. Albreht, T., Amati, C., Angelastro, A., Asioli, M., Amunni, G., Barceló, A. M., Berling, C., Caraceni, A., Colamesta, V., Comiskey, K., Conroy, F., Hynes, M., Cusack, M., O'Connor, L., D'Angelo, D., Dusek, L., Kaasa, S., Kowalski, C., Lin, Y., Federici, A., Loupakis, F., La Torre, G., Luzzatto, L., Majiek, O., Nicoletti, G., Pasqualetti, G., Pérez R. P., Pigni, A., Puccetti, C., Rossi, E., Sant, M.,Tognetti, J., Trama, A., Wesselmann, S. (2017): Integrated cancer control: the care for comprehensive cancer care networks (CCCN). In: Albreht, T., Kiasuwa, R., Van der Bulcke, M. (Hrsg.): EUROPEAN guide on quality improvement in comprehensive cancer control, CanCon – Cancer Control Joint Action, Ljubljana: National Institute of Public Health; Brussels: Scientific Institute of Public Health, Chapter 5.
27 Richter, P., Schlieter, H. (2021): Patient Pathways in Oncology Care. Results of a Systematic Literature Review. Report, iPAAC Projekt Arbeitspaket 10. Verfügbar: https://www.ipaac.eu/res/file/outputs/wp10/patient-pathways-oncology-care.pdf (Zugriff: 01.08.2024).
28. Jelenc, M., Albreht, T., Kowalski, C., Richter, P., Schlieter, H., Wesselmann, S., Grießhammer, E. (2021): Recommendations on the inclusion of Patient Pathways, Quality Indicators, PROMS, and the implementation of Comprehensive Cancer Care Networks in the updates of National Cancer Control Programmes. Report, iPAAC Projekt Arbeitspaket 10. Verfügbar: https://www.ipaac.eu/res/file/outputs/wp10/recommendations-inclusion-pp-qi-prom-cccn-updates-nccp.pdf (Zugriff: 01.08.2024).

Grundlagen und Anwendungsszenarien 2

Zusammenfassung

In diesem Kapitel werden die terminologischen und konzeptuellen Grundlagen von Patientenpfaden vermittelt und ein Überblick über potenzielle Anwendungsszenarien pfadbasierter Gesundheitsversorgung gegeben. Die Leser erfahren, wie sich die Begriffe Referenzpatientenpfad, Patientenpfadvorlage und Patientenpfadinstanz voneinander unterscheiden und wie sie zueinander in Beziehung stehen (Abschn. 2.1). Anschließend wird die Frage, welche Rolle sie in der Gesundheitsversorgung einnehmen aus drei verschiedenen Perspektiven beleuchtet – der klinischen Anwendung, insbesondere zur Implementierung von Leitlinienempfehlungen (Abschn. 2.2), der integrierten Versorgung in Versorgungsnetzwerken (Abschn. 2.3) sowie der Patientenzentrierung und -befähigung (Abschn. 2.4).

2.1 Überblick wichtiger Pfadbegriffe

Im Verlauf des Buches wird zwischen drei wichtigen Begriffen unterschiedenen: Referenzpatientenpfad, Patientenpfadvorlage sowie Patientenpfadinstanz (siehe Abb. 2.1). Um das Begriffsverständnis zu schärfen, werden die dahinterliegenden Konzepte und ihr Zusammenspiel zunächst grundlegend eingeführt. Aus ihrer praktischen Anwendung resultierende Szenarien werden in den nachfolgenden Abschn. 2.2 bis 2.4 umfassend dargelegt.

Eine **Patientenpfadvorlage** (kurz: Pfadvorlage) fasst die möglichen Behandlungsabläufe für vergleichbare Patientengruppen in einem integrierten Versorgungsnetzwerk in einer Vorlage zusammen (z. B. zur Behandlung von Patienten mit Brustkrebs in einem Versorgungsnetzwerk im Raum Berlin). Durch Entscheidungsoptionen werden alternative Abläufe innerhalb der Pfadvorlage beschrieben. Wird im Verlauf des Buches allein

P. Richter and H. Schlieter, *Patientenpfade in der integrierten Versorgung*,
https://doi.org/10.1007/978-3-658-44986-5_2

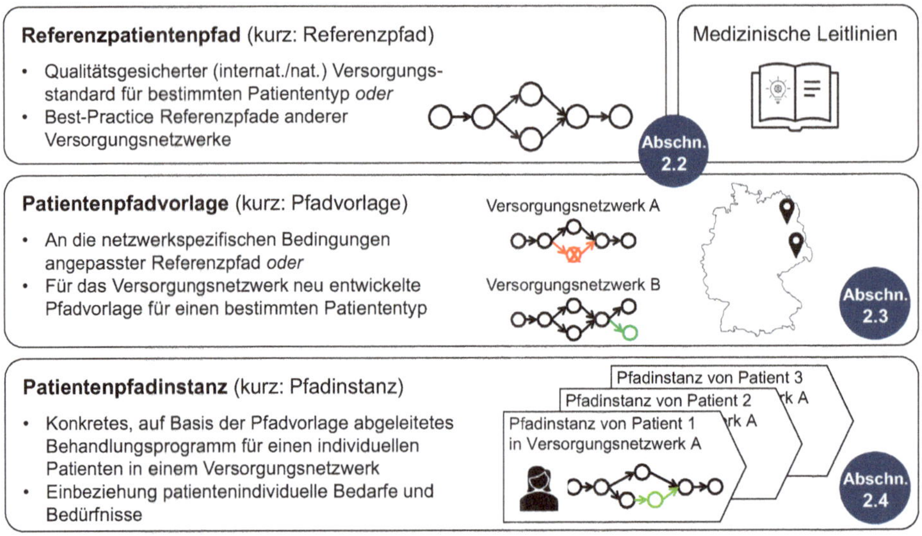

Abb. 2.1 Abgrenzung und Zusammenhang zwischen Referenzpatientenpfad, Patientenpfadvorlage und Patientenpfadinstanz

von Patientenpfaden gesprochen, so sind damit – sofern nicht in einen anderen Kontext eingebettet – Patientenpfadvorlagen für ein integriertes Versorgungsnetzwerk gemeint.

Zur Entwicklung von Patientenpfadvorlagen können **Referenzpatientenpfade** (kurz: Referenzpfad) genutzt werden. Das sind generische Patientenpfadvorlagen für bestimmte Patiententypen, die qualitätsgesichert, leitlinienbasiert national oder international zur Verfügung gestellt werden und als Referenz für die Entwicklung von netzwerkindividuellen Patientenpfadvorlagen dienen. Dazu müssen sie an die regionalen/lokalen Spezifika und Bedingungen eines konkreten Versorgungsnetzwerks angepasst werden. Als Referenzpfad können darüber hinaus auch Best-Practice Patientenpfade anderer Versorgungsnetzwerke dienen. Wurde beispielsweise die Pfadvorlage zur Behandlung von Brustkrebsbetroffenen in einem Versorgungsnetzwerk im Raum Berlin erfolgreich implementiert, kann sie als Referenz für die Pfadentwicklung in einem Netzwerk im Raum Dresden herangezogen werden. Sowohl Patientenpfadvorlagen als auch Referenzpatientenpfade werden auf Basis der aktuellen wissenschaftlichen Evidenz, insbesondere unter Einbeziehung von Leitlinienempfehlungen entwickelt. Der Zusammenhang zwischen medizinischen Leitlinien und Patientenpfaden im Sinne von Pfadvorlagen und Referenzpfaden ist in Abschn. 2.2 detailliert. Ihre Anwendung in integrierten Versorgungsnetzwerken wird in Abschn. 2.3 beschrieben.

Unter Nutzung der Patientenpfadvorlage eines integrierten Versorgungsnetzwerkes wird eine **Patientenpfadinstanz** (kurz: Pfadinstanz) für einen individuellen Patienten abgeleitet. Sie entspricht einem individualisierten Behandlungsplan, der auf Basis der

Pfadvorlage, der Patienteninformationen, individueller Bedarfe und Bedürfnisse und unter Einbeziehung der ärztlichen Expertise festgelegt wird. Inwiefern Patientenpfade die Patientenzentrierung in integrierten Versorgungsnetzwerken fördern können, wird als Anwendungsszenario in Abschn. 2.4 detaillierter beleuchtet.

2.2 Patientenpfade und medizinische Leitlinien

Sowohl medizinische Leitlinien als auch Patientenpfade haben das Ziel, die Qualität der Versorgung zu verbessern. Sie sind in dem Sinne verwandte Konzepte, als dass Leitlinienempfehlungen in Patientenpfaden abgebildet sein sollten (siehe Eigenschaft „evidenzbasierte Entwicklung" in Abschn. 1.3). Wie sich die beiden Ansätze voneinander abgrenzen und integrativ nutzen lassen, sind Fragen, die in diesem Abschnitt Beantwortung finden.

2.2.1 Grundlagen und Abgrenzung

Mit der Forderung nach evidenzbasierter Medizin (EbM) ist der gewissenhafte, ausdrückliche und vernünftige Gebrauch der gegenwärtig besten wissenschaftlichen Evidenz (im Sinne einer empirisch nachgewiesenen Wirksamkeit) bei Entscheidungen über die Behandlung einzelner Patienten verbunden [1]. In diesem Zusammenhang begann in den 1990er Jahren die Entwicklung und Verbreitung von Leitlinien.

▶**Leitlinien** sind systematisch entwickelte Aussagen, mit denen der aktuelle Erkenntnisstand zur angemessenen Versorgung bei spezifischen Gesundheitsproblemen aggregiert wird. Sie sollen den Akteuren der Gesundheitsversorgung (insb. Ärzten sowie Angehörige von Pflege- und Heilberufen) und Patienten dabei helfen, fundierte Entscheidungen im Zusammenhang mit speziellen gesundheitlichen Problemen zu treffen und eine angemessene Versorgung sicherzustellen. Leitlinien sollten unter systematischer Sichtung und Bewertung der verfügbaren Evidenz und unter Einbeziehung einer Schaden-Nutzen-Abwägung gegenüber alternativen Vorgehensweisen entwickelt werden [2, 3].

Leitlinien werden für verschiedene Bereiche der Gesundheitsversorgung genutzt. In Deutschland kann dabei insbesondere zwischen medizinischen Leitlinien und Nationalen Versorgungsleitlinien unterschieden werden. **Medizinische Leitlinien** (engl. Clinical Practice Guidelines) fokussieren in der Regel spezifische Erkrankungen und Krankheitssituationen. Sie sind darüber hinaus auf definierte Teilbereiche des Versorgungsgeschehens ausgerichtet, zumeist mit starkem Fokus auf Empfehlungen zur Diagnostik und Therapie in bestimmten Krankheitssituationen und auf den klinischen Anwendungsbereich. Das größte Publikationsorgan für medizinische Leitlinien in Deutschland ist die Arbeitsgemeinschaft Wissenschaftlich Medizinischer Fachgesellschaften e. V. (AWMF). **Nationale Versorgungsleitlinien** (NVL) dagegen, adressieren das Versorgungsgeschehen der vernetzten Leistungserbringung in übergreifenden, integrierten Versorgungsszenarien, wie sie in Deutschland beispielsweise auf Basis von Disease Management Programmen oder Verträgen der besonderen Versorgung praktiziert werden. Damit fokussieren Versorgungsleitlinien explizit auch die Schnittstellen zwischen der ambulanten und stationären Versorgung sowie zwischen den an der Versorgung beteiligten Akteuren verschiedener Disziplinen [4]. Sie werden im „Programm für Nationale VersorgungsLeitlinien" (kurz: NVL-Programm) entwickelt und gemeinsam von der Bundesärztekammer (BÄK), der Kassenärztlichen Bundesvereinigung (KBV) und der AWMF herausgegeben. Darüber hinaus existieren auch Leitlinien für den Einsatz in der hausärztlichen Versorgung, entwickelt und publiziert von der Deutschen Gesellschaft für Allgemeinmedizin und Familienmedizin (DEGAM-Leitlinien [5]).

Leitlinien unterscheiden sich je nach Ausmaß der während ihrer Entwicklung angewandten Systematik und Stringenz. Die AWMF unterscheidet in ihrem S-Klassifikationsschema zwischen vier Klassen von Leitlinien [6]:

- **S3-Leitlinien** sind evidenz- und konsensbasierte Leitlinien, die von einem repräsentativen Gremium unter Anwendung strukturierter Konsensfindungsprozess auf Grundlage der Ergebnisse systematischer Recherche, Auswahl und Bewertung wissenschaftlicher Literatur entwickelt werden.
- **S2e-Leitlinien** sind evidenzbasierte Leitlinien, die auf Basis von systematischen Literaturrecherchen, systematischer Literaturauswahl und -bewertung entwickelt werden.
- **S2k-Leitlinien** sind konsensbasierte Leitlinien, die von einem repräsentativ zusammengesetzten Gremium unter dem Verfahren der strukturierten Konsensfindung entwickelt werden.
- **S1-Leitlinien** basieren auf Handlungsempfehlungen von Experten und werden in einem informellen Verfahren der Konsensfindung entwickelt.

Die wissenschaftliche Legitimation der Entwicklungsmethodik ist bei evidenzbasiert entwickelten Leitlinien (S2e- und S3-Leitlinien) höher als bei weniger methodisch entwickelten Leitlinien (S1- und S2k-Leitlinien). Durch den Einsatz strukturierter Konsensfindungsprozesse weisen S2k- und S3-Leitlinien darüber hinaus eine höhere Legitimation der Umsetzung der formulierten Leitlinienempfehlung auf als S1- und S2e-Leitlinien. Dieser Gesichtspunkt wird auch bei der Entwicklung von Patientenpfaden zu berücksichtigen sein (siehe Abschn. 3.2.3.4.1).

Sowohl Leitlinien als auch Patientenpfade sind demzufolge Instrumente, um Wissen zur Versorgung bestimmter Patientengruppen zu standardisieren. Sie sind jedoch keinesfalls deckungsgleich. Leitlinien definieren Handlungskorridore für angemessene Vorgehensweisen in der Patientenversorgung und dienen als Entscheidungshilfen. Sie rücken jedoch nicht die Ablauforganisation des Versorgungsprozesses in seiner Gesamtheit in den Mittelpunkt. Patientenpfade (sowie andere Pfadkonzepte wie in Abschn. 1.3 besprochen) sind dahingehend wesentlich detaillierter. Sie bilden den gesamten Versorgungsprozess ab und sind an die spezifischen regionalen und lokalen organisatorischen und strukturellen Gegebenheiten der Institutionen und des Netzwerks (z. B. Personal, Technik, Ressourcen) angepasst. In Tab. 2.1 sind die Charakteristika beider Konzepte einander gegenübergestellt.

2.2.2 Patientenpfade als Instrument zur Implementierung von Leitlinienempfehlungen

Medizinische Leitlinien sind ein wichtiges Werkzeug der Qualitätsentwicklung und tragen zur Transparenz in der Gesundheitsversorgung bei [7]. Sie sollen den Wissenstransfer in die Praxis unterstützen. Ihre Verbreitung erfolgt bisher nahezu ausschließlich über die Publikationsorgane der Fachgesellschaften und deren Datenbanken. Über die Datenbank der AWMF sind bspw. die Leitlinien der deutschen, medizinischen Fachgesellschaften zugänglich. Ein Behandelnder lädt sich die benötigte Leitlinie typischerweise aus der Datenbank herunter und recherchiert die für ihn relevanten Empfehlungen. Diese sehr anwender- und nachfragebezogene Wege werden aufseiten der Leitlinienautoren und -methodiker als durchaus kritisch bewertet. Es wird attestiert, dass Leitlinien noch immer den täglichen medizinische Alltag nicht so durchdringen, wie die Entwickler und Herausgeber es intendieren [8]. Unter anderem werden der fehlende Praxisbezug, das Format und schlechte Verfügbarkeit als Hemmnisse angeführt. Eine Überführung der Leitlinienempfehlungen in die gelebten klinik-internen Prozesse bzw. integrierte Prozesse in einem Versorgungsnetzwerk wird bisher nicht systematisch unterstützt.

Auch aus Sicht eines Versorgungsnetzwerks scheinen Leitlinien – als mehrere hundert Seiten umfassende Dokumente, bestehend aus Prosa, Tabellen und grafischen Algorithmen – wenig geeignet, den Versorgungsprozess in einem interdisziplinären Versorgungsteam sowohl aus Behandelnden- als auch aus Patientensicht zentral, einheitlich und nachvollziehbar koordinieren und steuern zu können [8, 9]. Das Leitlinienformat erschwert eine schnelle Informationsbereitstellung zum Zeitpunkt des Bedarfs, zum Beispiel zum Zeitpunkt konkreter Entscheidungs- oder Belastungssituationen von Patienten und wenn schnell Informationen zur Unterstützung einer informierten Entscheidungsfindung im eigenen, individuellen Versorgungsprozess benötigt werden. Weiterhin können Leitlinien keine Projektion auf den weiteren möglichen Verlauf im individuellen Versorgungsprozess leisten. Andere Formate wie Patientenleitlinien[1] oder Kurzfassungen fokussieren ebenso nicht auf den prozessualen Charakter des Versorgungsgeschehens.

[1] Die Leitlinienempfehlungen sind für Fachleute formuliert und daher nicht für jeden verständlich. Patientenleitlinie übersetzen die Handlungsempfehlungen einer medizinischen Leitlinie in eine allgemeinverständliche Sprache und Darstellung.

Tab. 2.1 Gegenüberstellung von medizinischen Leitlinien und Patientenpfaden

	Medizinische Leitlinien	Patientenpfade
Fokus	Medizinische Abläufe und Entscheidungen der Leistungserbringer	Gesamtversorgungsprozess entlang sich häufig wiederholender, ressourcenintensiver Versorgungsabläufe in einem Versorgungsverbund
Zielausrichtung	Medizinisch, qualitativ	Medizinisch, ökonomisch, qualitativ
Grundlage	Allgemeines Krankheitsbild	Allgemeines Krankheitsbild kombiniert mit patientenindividuellen Merkmalen
	Expertenempfehlungen, Expertenkonsens, wissenschaftliche Evidenz	Leitlinienempfehlungen, interne Standards der involvierten Einrichtungen, individuelle medizinische Expertise, lokale Gegebenheiten
Anwendergruppe	Behandelndes Personal, insb. Mediziner, Allgemeinheit (medizinische Leitlinien eher monodisziplinär, Versorgungsleitlinien eher interdisziplinär)	Alle am Versorgungsprozess beteiligten Leistungserbringer, Klinik- und Netzwerkmanagement (interdisziplinär)
Gültigkeit	National	Regional, lokal
Zugänglichkeit	Öffentlich	Teilweise öffentlich, eher interne Verwendung
Format	Papier und elektronische Form (meistens PDF-Format, vereinzelt auch als mobile Apps)	Papier und elektronische Form (PDF-Format, auch digital hinterlegt oder integriert im Praxisverwaltungssystem oder Krankenhausinformationssystem)
Standardisierung	AWMF (als nationaler Dachverband), NVL-Programm	Keine nationale Institution, erste Ansätze in einzelnen Bereichen (z. B. Onkologie)
	Einheitliche Entwicklungsmethode (Leitlinien-Manual)	Unterschiedliche, individuelle Entwicklungs- und Implementierungsansätze, kein standardisiertes Vorgehen

(Fortsetzung)

Tab. 2.1 (Fortsetzung)

	Medizinische Leitlinien	Patientenpfade
Bewertung und Qualitätssicherung	DELBI Kriterien (national), AGREE II Instrument (international)	Intern, einzelne Bewertungsinstrumente aber ohne einheitliche Empfehlung, auch indirekt über Zertifizierungen (z. B. Qualitätsmanagementsystem)
Darstellung	Prosaisch, tabellarisch, auch modellhafte Inhalte	Modellhaft als Prozessmodelle, auch tabellarisch oder prosaisch
	Standardnomenklatur zur Darstellung klinischer Logik unverbindlich empfohlen	Keine einheitliche Empfehlung zur Darstellung

Zum Zwecke der Implementierung von Leitlinieninhalten in der Versorgungspraxis können Patientenpfade einen essenziellen Beitrag leisten, da sie durch ihre prozessorale Sicht auf die Versorgung näher am alltäglichen Handeln der beteiligten Leistungserbringer sind. Das Zusammenspiel beider Instrumente resultiert aus der Eigenschaft, den aktuellen Forschungsstand – der Gegenstand von Leitlinien ist – bei der Erstellung und organisatorischen Implementierung von Pfaden zu berücksichtigen. Somit dienen Patientenpfade neben der Prozessdokumentation auch der Überführung der wissenschaftlich gesicherten Erkenntnisse aus Leitlinien in den Versorgungsalltag [10]. Leitlinien werden „zum Leben erweckt" (entsprechend des „Living Guidelines" Ansatzes). In Anbetracht der in Abschn. 2.2.1 beschriebenen Klassifikation von Leitlinien lässt sich festhalten, dass insbesondere evidenzbasiert entwickelte S3- und S2e-Leitlinien als Grundlage zur Entwicklung von Patientenpfaden genutzt werden sollten, um dem Anspruch evidenzbasierter Pfadentwicklung gerecht zu werden (siehe Abschn. 1.3). Leitlinien enthalten sowohl Empfehlungen, welche die Gestaltung von Patientenpfaden maßgeblich determinieren als auch ergänzende, nicht pfad-definierende Empfehlungen. In Abb. 2.2 ist dieser Zusammenhang illustriert.

Entsprechend der dargestellten Schnittstellen zwischen Leitlinie und Pfad kann zwischen prozessbeschreibenden Inhalten, der horizontalen Sicht und der Detaillierungstiefe, der vertikalen Sicht auf den Versorgungsverlauf, der in der Leitlinie beschrieben wird, unterschieden werden. Die horizontale Sicht umfasst den standardisierten Versorgungsablauf für definierte Patientengruppen. Dieser wird aktuell durch den inhaltlichen Aufbau einer Leitlinie nur implizit abgebildet (z. B. die Phasen der Versorgung entsprechend Screening-, Diagnostik- und Therapieempfehlungen). Alle Leitlinienteile mit prozessbeschreibendem Charakter stellen somit relevante Elemente für die Pfadbeschreibung dar. Für die Gestaltung von Patientenpfaden auf der Basis von Leitlinien ist dementsprechend insbesondere die horizontale Sicht auf den Versorgungsprozess herauszuarbeiten, der mit einer Leitlinie beschrieben ist. Die vertikale Sicht umfasst hingegen sowohl Detailinformationen für den Behandler als auch Hintergrundtexte und Evidenzbelege zu

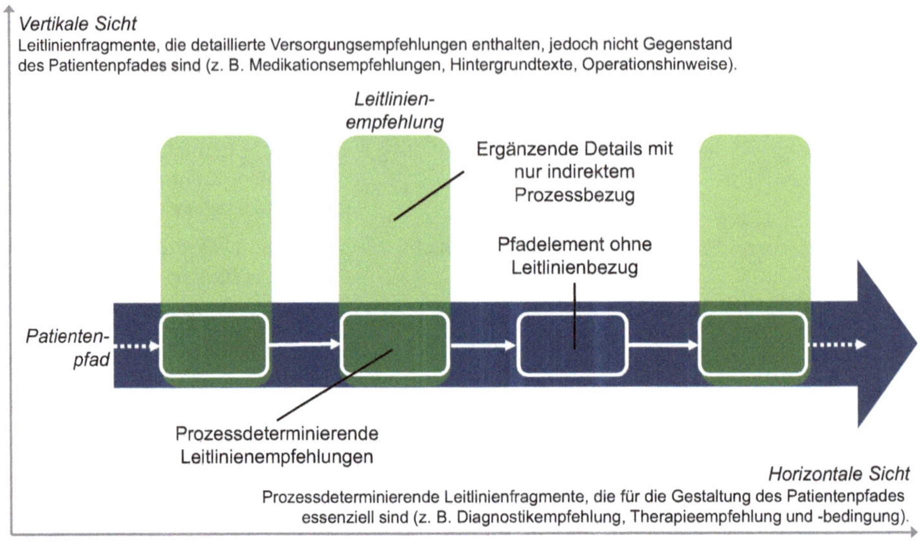

Abb. 2.2 Vereinfachte Darstellung der Verzahnung zwischen Leitlinieninhalten und Patientenpfaden

den Leitlinienempfehlungen. Diese Inhalte sind typischerweise nicht Bestandteil eines Patientenpfades, könnten aber aus ihm heraus referenziert werden. Die praktische Überführung von Leitlinieninhalten in Pfadinhalte wird in Abschn. 3.2.3.4 weiter konkretisiert. Wie letztlich die tatsächliche Einhaltung von Leitlinienempfehlungen – und damit die reale Implementierung von Leitlinien in der Versorgungspraxis – durch den Einsatz von leitlinien-basierten Qualitätsindikatoren in Patientenpfaden geprüft werden kann, wird in Kap. 5 vertieft.

Die S3-Leitlinie Exokrines Pankreaskarzinom als Wegbereiter für die Verzahnung zwischen medizinischer Leitlinie und Patientenpfad

Obwohl die Onkologie im Vergleich zu anderen Fachbereichen mit einer sehr hohen Zahl systematisch und evidenzbasiert entwickelter Leitlinien hervorsticht, bleibt die Überführung der Leitlinieninhalte in die Versorgungspraxis auch hier eine Herausforderung. In der Reflektion über den Stand der Zielerreichung zum Ziel 6 des Nationalen Krebsplans („Sicherung der angemessenen Verbreitung und Anwendung der Leitlinien“) wird beispielsweise formuliert, dass die reine Bereitstellung von Leitlinien im Internet, Intranet oder in Zeitschriften nicht ausreicht [11]. Es werden Instrumente gefordert, die Leitlinieninhalte effektiv in den Arbeitsalltag der Adressaten integrieren, sodass Leitlinien ihre positiven Effekte auf die Versorgung überhaupt erst entfalten können.

Zwar ist das aktuelle medizinische Wissen in den onkologischen Leitlinien für jede Tumorentität hochstandardisiert aufbereitet und mittels Patientenleitlinien auch für Betroffene „übersetzt", dennoch bleiben im individuellen Fall die Versorgungs- und Behandlungsabläufe kaum nachvollziehbar und unterscheiden sich aufgrund persönlicher Bedarfe oder Bedürfnisse. So steht für jede Tumorentität ein Dokument (als digitale PDF-Version oder als Printversion) zur Verfügung, allerdings ist dieses mit Umfängen von mehr als hundert Seiten nicht geeignet, um in bestimmten Entscheidungssituation schnell Informationen zur Unterstützung einer informierten Entscheidungsfindung zu liefern [12, 13]. Das Leitlinienprogramm Onkologie unterstützt diesen Prozess bereits mit einer Smartphone App [14], in der die Inhalte onkologischer S3-Leitlinien verfügbar gemacht und Nutzer über Aktualisierungen informiert werden. Häufig benötigte Inhalte (Empfehlungen, Abbildungen oder Tabellen) können gespeichert werden und eine Suchfunktion ermöglicht das gezielte Finden von Elementen.

Im Zuge der Aktualisierung der S3-Leitlinie Exokrines Pankreaskarzinom [15] wurde Im Jahr 2021 darüber hinaus erstmalig die Überführung der Empfehlung einer onkologischen Leitlinie in einen Patientenpfad Teil einer Leitlinie selbst. Dies war nicht nur im Vergleich zu den Leitlinien anderer Tumorentitäten in Deutschland, sondern auch im Vergleich zu anderen medizinischen Fachbereichen und, soweit bekannt, auch im Vergleich zu anderen Ländern die erste Unternehmung dieser Art.

Als Anlage zur S3-Leitlinie Exokrines Pankreaskarzinom wurde ein Patientenpfad entwickelt, mit dem die horizontale Leitliniensicht auf den Versorgungsprozess expliziert wird. Im Pfad sind die Leitlinienempfehlungen direkt referenziert sowie der Empfehlungsgrad (kurz: EG) und der Evidenzgrad (Level of Evidence, kurz: LoE) angegeben (siehe Abb. 2.3). Ebenso wurden die Qualitätsindikatoren der Leitlinie, deren Einsatzziel die kontinuierliche Verbesserung der Versorgung von Patienten mit Pankreaskarzinom ist, im Pfadverlauf verortet. In der S3-Leitlinie wird explizit die Nutzung des Patientenpfades in Pankreaskarzinomzentren empfohlen. Pankreaszentren sind zertifizierte Netzwerke bestehend aus stationären und ambulanten Einrichtungen zur interdisziplinären Behandlung von Pankreaskrebspatienten. Sie müssen jährlich die Erfüllung der fachlichen Anforderungen an die Behandlung und ein etabliertes Qualitätsmanagementsystem nachweisen [16]. Dabei macht die klare Verortung der geforderten Qualitätsindikatoren im Patientenpfad die relevanten Stellen im Behandlungsverlauf transparent. Der Patientenpfad der S3-Leitlinie ist den lokalen und regionalen Gegebenheiten eines Zentrums anzupassen und sollte je nach gewünschtem Grad der digitalen Unterstützung implementiert werden. Auf diese Weise soll die leitlinienbasierte Gestaltung, Überwachung und Steuerung von Pfaden und letztlich die Implementierung der Leitlinie in der Versorgungspraxis von Pankreaskarzinomzentren unterstützt werden. Der Patientenpfad zur S3-Leitlinie dient dabei als Schablone für die individuelle Pfadentwicklung in Pankreaszentren. Es sei jedoch angemerkt, dass der Patientenpfad

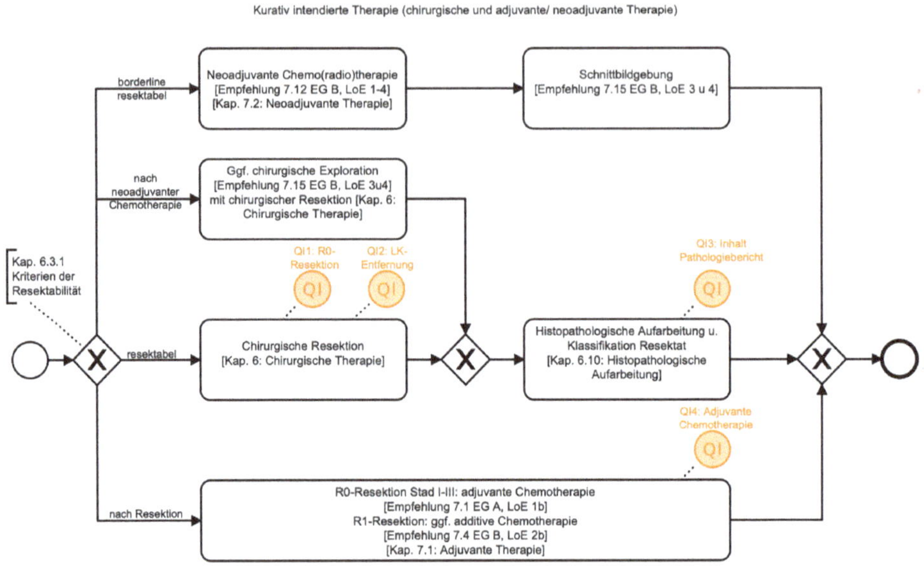

Abb. 2.3 Ausschnitt des Patientenpfades zur S3-Leitlinie Exokrines Pankreaskarzinom (Prozessausschnitt: Entscheidungsprozess der Therapie)

nach positiver Evaluation auch um eine stärkere Patientensicht angereichert werden sollte.◄

2.3 Patientenpfade und integrierte Versorgung

2.3.1 Hintergrund und Definition integrierter Versorgung

Es gibt verschiedene Entwicklungen im Gesundheitswesen, die dazu führen, dass eine sektorenübergreifende, integrierte Versorgung notwendig wird [17, 18]. Ein wesentlicher Faktor ist die sich verändernde Bevölkerungsstruktur, die zu einer steigenden Anzahl älterer Menschen führt [19]. Hinzu kommt der Anstieg chronisch und mehrfach erkrankter Personen [20]. Das bedeutet, dass sich der Fokus von der Akutversorgung hin zur chronischen Versorgung und Prävention von lebensstilbedingten Erkrankungen verlagert. Die durchschnittliche Verweildauer in Krankenhäusern hat sich seit 1992 von 13,3 auf 7,2 Tage (Stand 2021) verkürzt [21], hauptsächlich aufgrund von Fallpauschalen zur Abrechnung von Krankenhausleistungen seit 2003. Dadurch ist die Notwendigkeit entstanden, die ambulante Versorgung frühzeitiger und stärker mit der stationären Versorgung zu verzahnen. Der Versorgungsbedarf von Patienten mit chronischen Erkrankungen ist komplex und oft nicht allein medizinisch bestimmt [22, 23]. Außerdem bevorzugen chronisch Erkrankte, insbesondere ältere Menschen, möglichst lange in ihrem Zuhause zu leben. Deshalb ist eine bessere Koordination zwischen stationären, ambulanten und häuslichen Versorgungsleistungen notwendig geworden, die sich stärker an den individuellen Bedürfnissen und Bedarfen der Patienten orientiert. Um diesen Entwicklungen zu begegnen, sollten die Leistungen der Gesundheitsversorgung entlang der Versorgungskette von Patienten stärker verzahnt, das heißt integriert werden. Für integrierte Versorgung (engl. integrated care), existiert eine Fülle an Definitionen. Eine Auswahl davon ist in Tab. 2.2 aufgeführt.

Basierend auf diesen Definitionen lässt sich integrierte Versorgung wie folgt zusammenfassend beschreiben.

▶**Integrierte Versorgung** ist die patientenzentrierte, koordinierte Versorgung eines Individuums entlang des Kontinuums von Gesundheitsförderung, Krankheitsprävention, Diagnose, Behandlung, Krankheitsmanagement, Rehabilitation und Palliativversorgung über die Sektorengrenzen (ambulant und stationär) hinweg und unter Einbeziehung professioneller und informeller Leistungserbringer (z. B. pflegender Angehöriger) sowie Sozialdienstleister.

Ziel der integrierten Versorgung ist es, die Qualität, den Zugang, die Patientenzufriedenheit und die (Kosten-)Effizienz der Gesundheitsversorgung zu erhöhen [26, 27, 29]. Studienergebnisse belegen, dass integrierte Versorgung die Kosten senken und die Ergebnisse der Versorgung (gemessen z. B. an Lebensqualität, qualitätskorrigiertem Lebensjahr[2], klinischen Ergebnisparametern oder Mortalität) verbessern kann [30]. Um solche Effekte zu erzielen, ist es notwendig, passfähige Methoden, Infrastrukturen und Organisationsmodelle auf Finanzierungs-, Verwaltungs- und Anwenderebene bereitzustellen, um eine (bessere) Vernetzung innerhalb und zwischen den Sektoren des Gesundheitssystems zu ermöglichen [25, 31].

2.3.2 Umsetzung integrierter Versorgung

In der Versorgungspraxis findet integrierte Versorgung entweder durch lose Kooperationen zwischen den Leistungserbringern oder innerhalb von organisierten Versorgungs- oder Gesundheitsnetzwerke statt. Solch organisierte Netzwerkstrukturen finden sich in unterschiedlicher Ausprägung – von Arzt- bzw. Praxisnetzen auf Basis des SGB V § 87 bis hin zu indikationsbezogenen und populationsbezogenen Versorgungsnetzwerken basierend auf SGB V § 140a (Besondere Versorgung). Ein Versorgungsnetzwerk ist eine „Kooperation von Dienstleistern im Gesundheitswesen zur Steigerung der Qualität im Hinblick

[2] Englisch: „quality-adjusted life year" oder „QAL".

Tab. 2.2 Definitionsansätze zur integrierten Versorgung

Definition	Referenz/Autoren
„[...] eine verschiedene Leistungssektoren übergreifende oder eine interdisziplinär fachübergreifende Versorgung [...]"	§ 140a SGB V Besondere Versorgung, Abs. (1)
„Im Zentrum der IV [Anm.: integrierten Versorgung] steht die stärker an den individuellen Bedürfnissen der Patienten orientierte Ausrichtung der medizinischen Versorgung. Anstelle einer ‚Silo-Struktur', die kontinuierliche, aufeinander abgestimmte Abläufe verhindert, sollen sektorenübergreifende, ganzheitliche Therapieprozesse treten."	[24]: Amelung et al. (2015), S. 352
Integration ist ein kohärentes Bündel von Methoden und Modellen auf der Finanzierungs-, Verwaltungs-, Organisations-, Leistungserbringungs- und klinischen Ebene, die darauf abzielen, innerhalb und zwischen den Heil- und Pflegesektoren Vernetzung, Abstimmung und Zusammenarbeit zu schaffen. Ziel dieser Methoden und Modelle ist es, die Qualität der Versorgung und die Lebensqualität, die Zufriedenheit der Verbraucher und die Effizienz des Systems für Patienten mit komplexen, langfristigen Problemen zu verbessern, die sich über mehrere Dienste, Anbieter und Einrichtungen erstrecken	[25]: Kodner and Spreeuwenberg (2002), S. 3
Integrierte Gesundheitsversorgung bezieht sich auf ein kohärentes und koordiniertes Paket von Gesundheitsdienstleistungen, die für einzelne Dienstleistungsnutzer und Bevölkerungsgruppen über eine Reihe von Organisationen und durch eine Reihe von kooperierenden Fachleuten und informellen Berufsgruppen geplant, verwaltet und erbracht werden	[26]: Strandberg-Larsen (2011), S. 8

(Fortsetzung)

Tab. 2.2 (Fortsetzung)

Definition	Referenz/Autoren
Integrierte Gesundheitsleistungen werden so verwaltet und erbracht, dass die Menschen ein Kontinuum von Gesundheitsförderung, Krankheitsprävention, Diagnose, Behandlung, Krankheitsmanagement, Rehabilitation und Palliativversorgung erhalten, das über die verschiedenen Versorgungsebenen und -orte innerhalb des Gesundheitssektors und darüber hinaus koordiniert ist und ihren Bedürfnissen im gesamten Lebensverlauf entspricht	[27]: World Health Organization (2016), S. 2
Die integrierte Versorgung umfasst Initiativen, die darauf abzielen, die Ergebnisse der Versorgung zu verbessern, indem sie Probleme der Fragmentierung durch die Verknüpfung oder Koordinierung von Dienstleistungen von Anbietern entlang des Versorgungskontinuums überwinden	[28]: Expert Group on Health Systems Performance Assessment (2017), S. 10

auf Medizin, Betriebswirtschaft, Zeitmanagement, Gesundheitsmanagement und Patientenzufriedenheit" ([32], S. 252). Je nach Integrationstiefe können die Leistungserbringer auf unterschiedliche Weise in das Netzwerk integriert und die Koordination über die Leistungserbringer hinweg standardisiert werden. Bei geringer Integrationstiefe bleibt die organisationale Eigenständigkeit der Beteiligten, z. B. hinsichtlich Finanzierung oder Personalverantwortung, bestehen. Sie vereinbaren jedoch im Rahmen von Netzwerktreffen die Versorgungskontinuität in der Region zu fördern. Ein wesentlicher Bestandteil dieser Vereinbarung sind bspw. Regelungen zur Überleitung und Priorisierung von Fällen.

Erreicht das Netzwerk eine hohe Integrationstiefe, sind unter anderem Strukturen und Prozesse geschaffen worden, um die Versorgung über verschiedene Sektoren hinweg abzustimmen, zu standardisieren und zu harmonisieren. Das umfasst die Beantwortung von Fragen des standardisierten Informationsaustausches, des Entlass- und Überleitungsmanagements, Fallmanagements und gemeinschaftlichen Qualitätsmanagements. Ergänzend sind bereits Strukturen wie eine Managementgesellschaft aufgebaut und finanziert, um allgemeine Querschnittsaufgaben in den Bereichen Nachwuchsgewinnung, Qualitätsmanagement und IT-Support abzudecken [33, 34].

Die höchste Integrationstiefe wird erreicht, wenn Ressourcen so gebündelt werden, dass ein ganzheitliches, patientenzentriertes Angebot an Gesundheitsdienstleistungen im Versorgungsverbund besteht und auch Themen der Prävention und Sekundärprophylaxe aktiv mitgedacht werden. Damit übernimmt das Versorgungsnetzwerk die gemeinsame Verantwortung für das Leistungsangebot, Ressourcen und die Finanzierung.

Durch die Trennung von ambulanter und stationärer Versorgung sowie die mangelnde Incentivierung qualitäts- und performanceorientierter Vergütungsmodelle [35] ist die flächendeckende Umsetzung sektorenübergreifender, integrierter Versorgungsmodelle in Deutschland weiterhin begrenzt [36]. Daneben braucht es flächendeckende Informations- und Kommunikationstechnologien, wie elektronischen Patienten-/ Gesundheitsakten [37, 38].

Die Existenz und Verstetigung von Versorgungsnetzwerken in Deutschland verdeutlicht jedoch ihr Potenzial und Wirkung auf das regionale Versorgungsgeschehen [39]. Die Zusammenfassung ihrer Merkmale zeigt zudem die Rolle und Notwendigkeit prozessualer Standards, wie sie durch Patientenpfade gegeben sind [40]:

- **Patientenzentrierung:** Entwicklung integrierter Versorgungsprozesse und Bereitstellung von Informationen angepasst für definierte Patientengruppen; Berücksichtigung individueller Bedarfe und Bedürfnisse von Patienten (siehe auch Abschn. 2.4)
- **Harmonisiertes Versorgungssystem:** Koordinierung und Optimierung des Patientenflusses (Logistik) entlang des gesamten Versorgungskontinuums; Einigung aller Netzwerkmitglieder auf anzuwendende Prozesse, Technologien und Verfahren zur Patientenversorgung im Netzwerk
- **Performance Management:** Messung, Analyse und kontinuierliche Steuerung der im Versorgungsnetz erbrachten Leistung und Qualität; Verwendung standardisierter Indikatoren, z. B. für Ergebnisse der Versorgung wie Überlebensrate als klinische Ergebniskennzahl, für patientenbezogene Indikatoren wie Zufriedenheit oder Lebensqualität, für ökonomische Kennzahlen; Durchführung von Fehleranalyse und Implementierung von Feedbackmechanismen
- **Evidenzbasierte Versorgung mittels Patientenpfaden:** Entwicklung, Anwendung und kontinuierliche Verbesserung von interdisziplinären Patientenpfaden, die auf evidenzbasierten Leitlinienempfehlungen beruhen und die Patientenbedarfe und -bedürfnisse einbeziehen
- **Ergebnisorientiertes Lernen:** Schaffen einer Lernkultur ausgerichtet auf die kontinuierliche Verbesserung der Versorgung; Voneinander-Lernen; Förderung des Wissensaustauschs in offener Atmosphäre; Setzen von Anreizen zur kontinuierlichen Leistungsverbesserung
- **Interprofessionelle Teamarbeit:** Zusammenarbeitendes Team interdisziplinärer Leistungserbringer entlang der Versorgungskette zur gemeinsamen Versorgung der definierten Patientengruppen; Förderung des Verständnisses als Team anstatt Einzelakteur
- **Klare Rollen und Aufgaben:** Klarheit über Expertise, Rollen und Aufgaben der am Versorgungsverlauf beteiligten Netzwerkmitglieder; effektive Zusammenarbeit; Fähigkeit zur wirksamen Integration neuer Partner; Schaffung von Koordinierungsstellen
- **Engagement und Verbindlichkeit:** Gemeinsamer sowie individueller Einsatz und Bewusstsein der Netzwerkmitglieder für das Netzwerk, seine Rolle und Ziele
- **Transparente Geschäftsführung:** Unternehmertum; Raum für Innovationen; Führungsverantwortung für die Budgetvereinbarungen und das Erreichen der Performance Ziele

2.3.3 Patientenpfade als Instrument zur Gestaltung und Steuerung der integrierten Versorgung im Netzwerk

Die Rolle von Patientenpfaden zur Umsetzung integrierter Versorgungslösungen tritt in den Elementen erfolgreicher integrierter Versorgungsnetzwerke (siehe Abschn. 2.3.2) bereits klar hervor. Mit ihrem inhärenten Anspruch der Harmonisierung, Koordinierung und Patientenzentrierung von Versorgungsabläufen in einem Verbund von Gesundheitsdienstleistern (siehe Abschn. 1.3) eignen sich Patientenpfade unmittelbar als Werkzeug zur Gestaltung und zum Management von integrierten Versorgungslösungen. Mit der Entwicklung und Anwendung von Patientenpfaden werden u. a. die Zielgruppen des Versorgungsnetzwerks analysiert und definiert sowie Schnittstellen zwischen Versorgungsepisoden identifiziert und koordiniert. Die Netzwerkbeteiligten verständigen und einigen sich über die Rollen, Aufgaben, Verantwortlichkeiten und zeitliche Abfolge der Patientenversorgung im Netzwerk.

Darüber hinaus dienen Patientenpfade nicht nur dem individuellen Netzwerkmanagement, sondern haben auch das Potenzial zur Unterstützung der Versorgungssteuerung über mehrere Versorgungsnetzwerke hinweg (im Sinne der Netzwerk Governance). Entwickelt und bereitgestellt von internationalen oder nationalen Gesundheitsorganisation und Dachverbänden, z. B. von Gesundheitsministerien, medizinischen Fachgesellschaften oder Patientenvertretungen, können Patientenpfade auch als Werkzeug zur Etablierung eines einheitlich hohen, evidenzbasierten Versorgungsstandards über verschiedene nationale oder internationale Netzwerke hinweg wirken. In diesem Fall sprechen wir von Referenzpatientenpfaden (kurz: Referenzpfade, siehe auch Abschn. 2.1). Das sind generische zumeist internationale Patientenpfadvorlagen für spezifische Patiententypen, die an die Spezifika von nationalen Gesundheitssystemen und konkreten Versorgungsnetzwerke angepasst werden müssen. Referenzpfade für integrierte Versorgungsnetzwerke (z. B. indikationsspezifische Netzwerke wie Krebs- oder Parkinsonnetzwerke) können sowohl die Entwicklungszeit und -kosten reduzieren als auch die Klarheit des Entwicklungsprozesses und die Qualität implementierter Patientenpfade verbessern. In der aktuellen Versorgungsrealität steckt der Einsatz von Patientenpfaden als Werkzeug der Netzwerk Governance jedoch noch in den Anfängen und wird in einzelnen Versorgungsbereichen erprobt (siehe Beispiel).

Referenzpatientenpfade zur Versorgung von Krebsbetroffenen in europäischen Comprehensive Cancer Care Networks

Um ein möglichst einheitlich hohes Qualitätsniveau für die Versorgung von Krebspatienten über die Comprehensive Cancer Care Networks (CCCNs) (siehe Abschn. 1.5) von EU-Mitgliedsstaaten hinweg zu erreichen, werden generische Referenzpfade für tumorspezifische Patientenpfade zur Nutzung in CCCNs bereitgestellt. In der Joint

Action iPAAC wurden dazu die Referenzpatientenpfade für die Versorgung von Patienten mit kolorektalem Karzinom[3] und Pankreaskarzinom[4] entwickelt und zur Verfügung gestellt. Die Entwicklung anderer tumorspezifischer Referenzpfade ist in der Umsetzung (z. B. Lungenkrebs[5]) und weiterer Planung. Die Referenzpfade dienen der evidenzbasierten und patientenzentrierten Gestaltung und Steuerung von Pfaden in CCCNs. Sie müssen entsprechend der lokalen, regionalen oder nationalen Gegebenheiten angepasst werden. Der Referenzpfad zur Versorgung von Patienten mit kolorektalem Karzinom wurde beispielsweise in zwei CCCNs in Polen und Deutschland getestet, d. h. hinsichtlich nationaler und regionaler Spezifika angepasst und implementiert. Damit konnte die Implementierung der Standards als CCCN unterstützt, nachgewiesen und letztlich erfolgreich ausgezeichnet werden. In Luxemburg wurden der iPAAC Referenzpfad dazu genutzt, um auf nationaler Ebene einen Patientenpfad für die Versorgung von Patienten mit kolorektalem Karzinom festzulegen.

Auf diese Weise werden Patientenpfade in der Onkologie nicht ausschließlich für das interne Management einzelner integrierter Krebsversorgungsnetzwerke genutzt, sondern konnten sich bereits als Werkzeug zur Etablierung und Steuerung eines einheitlich hohen Versorgungsstandards über verschiedene CCCNs in den Mitgliedsstaaten der EU beweisen. Mit der Bereitstellung und Anwendung generischer Referenzpfade für CCCNs sollen insbesondere die evidenzbasierte Versorgung von Krebspatienten, die Wiederverwendbarkeit und Qualität von Patientenpfaden sowie die Informationsbereitstellung verbessert, die Pfadentwicklungszeit verkürzt und ein einheitlich hohes Qualitätsniveau in CCCNs erzielt werden [41]. Damit haben Patientenpfade das Potenzial auch im Zuge der Netzwerk Governance eingesetzt zu werden. Sie können als Teil eines kontinuierlichen Managementprozesses auf Makroebene eingesetzt werden, durch den Gesundheitssysteme oder -regionen die Qualität, Leistungsfähigkeit und Ergebnisse der Krebsversorgung gewährleisten, entwickeln und verbessern wollen [42]. Dieses Prinzip wird in Deutschland bereits durch die Bereitstellung des Patientenpfades in der S3-Leitlinie Exokrines Pankreaskarzinom erprobt. Als einheitlicher, auf den Empfehlungen der Leitlinie basierender Referenzpfad definiert dieser Patientenpfad den Rahmen und die zentralen Bestandteile zur Implementierung von Pankreaspfaden in zertifizierten Krebszentren in Deutschland (siehe auch Beispiel unter Abschn. 2.2.2).◄

---

[3] Colorectal Cancer Patient Pathway Template for CCCNs: https://www.ipaac.eu/res/file/outputs/wp10/patient-pathway-template-crc.pdf (Zugriff: 02.08.2024).

[4] Pancreatic Cancer Patient Pathway Template for CCCNs: https://www.ipaac.eu/res/file/outputs/wp10/patient-pathway-template-pancreas.pdf (Zugriff: 02.08.2024).

[5] Lung Cancer Patient Pathway Template for CCCNs: https://crane4health.eu/wp-content/uploads/2024/06/CraNE_WP6_Sub-Task-6.4.2._LungCancer_PatientPathway.pdf (Zugriff: 02.08.2024).

2.4 Patientenpfade und Patientenzentrierung

2.4.1 Patientenzentrierung als integraler Bestandteil hochwertiger Gesundheitsversorgung

Gesundheitssysteme stehen vor erheblichen Herausforderungen hinsichtlich einer patientenzentrierten Versorgungspraxis [43, 44]. Dazu zählen insbesondere ungedeckte Informationsbedarfe von Patienten hinsichtlich ihrer Erkrankung und Behandlung, Schwierigkeiten bei der Navigation durch das komplexe Versorgungssystem sowie beim Auffinden existierender Versorgungsangebote und weiterführender Beratungs- und Hilfsangebote. Beispielsweise sind 70 % der Patienten nicht über die möglichen Nebenwirkungen ihrer verschriebenen Medikamente informiert und mehr als 20 % der Patienten, die den Wunsch geäußert haben, sich an Entscheidungsprozessen zu beteiligen, fühlen sich nicht ausreichend eingebunden [45]. Ein weiteres Beispiel zeigt, dass sich 30 bis 50 % der Krebspatienten nicht ausreichend über ihren Zustand und ihre Behandlung informiert fühlen. Diese Statistiken legen eine tiefgreifende Kommunikationslücke nahe, die es zu überbrücken gilt [46, 47]. An vielen Stellen kommt es in der Patientenversorgung zu Navigationsschwierigkeiten: Betroffene wissen nicht, an wen sie sich wann wenden können/sollten, ob sie selbst aktiv werden können/sollten oder ob das Versorgungssystem es schon für sie „regelt". Im schlimmsten Fall kommt es zu Versorgungsdiskontinuitäten und wesentliche Versorgungsschritte werden nicht oder nur mit Verspätung durchgeführt [48]. Diese Problematik ist seit Langem bekannt und wird international meist unter dem Schlagwort „(dis)continuity of care" diskutiert [49]. In Deutschland werden solche Navigationsschwierigkeiten insbesondere an den Sektorenübergängen (ambulant zu stationär und vice versa) und zwischen den Sozialgesetzbüchern, am Übergang zwischen Akutversorgung und Rehabilitation oder am Übergang zwischen Krankengeld und Erwerbsminderungsrente am deutlichsten (z. B. [50]). Die Schnittstellen, an denen es zu Diskontinuitäten für Betroffene kommen kann, sind in integrierten Versorgungsnetzwerken also zahlreich und betreffen die gesamte Versorgungskette von Patienten. Darüber hinaus belegt die aktuelle Studienlage, dass die Unbeherrschbarkeit des eigenen Versorgungsgeschehens zu psychosozialen Belastungen für Betroffene und Angehörige führt. Zugleich treffen informierte Betroffene selbstsicherere Entscheidungen und bereuen eigene Entscheidungen rückblickend weniger. Dass Interventionen zur Steigerung der Informiertheit von Patienten und ihrer Einbeziehung in die Entscheidungsfindung grundsätzlich zu geringeren Ängstlichkeits- und Depressionssymptomen führen können, konnte auch für Deutschland gezeigt werden [51].

Sowohl das Konzept der patientenzentrierten Versorgung als auch der Befähigung und Ermächtigung von Patienten zur aktiven Mitwirkung an ihrer eigenen Gesunderhaltung und Gesundung (Patient Engagement und Patient Empowerment)[6] haben sich im letzten

[6] Für eine begriffliche Bestimmung und Abgrenzung der Konzepte Patient Engagement, Patient Empowerment und weiteren assoziierten Termen sei auf (Hickmann et al. 2022) [65] verwiesen.

Jahrzehnt zu Grundpfeilern einer qualitativ hochwertigen, medizinischen und pflegerischen Leistungserbringung entwickelt [52, 53 und 54]. Sie werden gesundheitspolitisch sowohl gefördert als auch gefordert [55, 56]. Die Patientenzentrierung rückt die Perspektive, Bedürfnisse und persönliche Gesundheitsziele von Patienten in den Mittelpunkt der Gesundheitsversorgung [57]. Die Transformation weg von einer institutionenbasierten und paternalistischen Versorgungsperspektive hin zu einer stärker patientenorientierten Sichtweise befähigt Patienten, in einem integrierten Gesundheitsnetzwerk interdisziplinärer Versorgungsdienstleister, zu Co-Managern ihres individuellen Versorgungsprozesses zu werden [58] und sich für ihre Genesung selbst zu engagieren. Positive Effekte dieser Entwicklungen, wie zum Beispiel eine erhöhte Zufriedenheit sowohl von Patienten als auch von Gesundheitsdienstleistern, eine effizientere Ressourcenallokation, geringere Gesundheitskosten und verbesserte Behandlungs-/Gesundheitsergebnisse, wurden in der Forschung bereits zahlreich bestätigt [59, 60 und 61]. Trotz dieser vorhandenen Evidenz ist die Umsetzung der patientenzentrierten Versorgung in der Praxis weiterhin eine Herausforderung. Organisatorische Strukturen und Prozesse stellen ein wichtiges Handlungsfeld dar, um eine patientenzentrierte Versorgung zu fördern [62]. In diesem Zusammenhang zeigen sich Patientenpfade als geeignetes Instrument, um die Patientenzentrierung in integrierten Gesundheitsnetzwerken zu stärken.

2.4.2 Patientenpfade als Instrument der Patientenzentrierung

Um Patienten zu mündigen Entscheidungen zu befähigen und zu „achtsamen Beifahrern" und „Co-Managern" [63, 64] im eigenen Versorgungsprozess zu machen, benötigen sie entlang ihres gesamten Versorgungsprozesses strukturierte und evidenzbasierte Informationen hinsichtlich ärztlicher, pflegerischer, psychosozialer als auch bürokratischer Fragestellungen. Dies ist bei den hohen Versorgungs- und Qualitätsanforderungen allein durch das ärztliche und pflegerische Personal nicht zu leisten. Auch der Verweis auf die bestehenden Patientenleitlinien ist nicht ausreichend, um der prozessualen Komplexität des Versorgungsgeschehens gerecht zu werden (siehe Abschn. 2.2.2). Diese prozessuale Komplexität kann in leitlinienbasierten Patientenpfaden sowohl für Behandelnde als auch für Patienten strukturiert abgebildet und damit reduziert werden, indem sie die Versorgung eines bestimmten Patiententyps entlang der gesamten Versorgungskette im Versorgungsnetzwerk beschreiben. Durch ihre inhärente Eigenschaft der Patientenzentrierung sind Patientenpfade ein vielversprechendes Instrument, um die Versorgungsqualität, -koordination und -kontinuität, die Informiertheit von Patienten sowie die Patienteneinbeziehung und -stärkung in der Versorgungspraxis zu verbessern. Entlang eines Patientenpfades können beispielsweise allgemeine (leitlinien-basierte) und regional-/netzwerkspezifische Informationen über Schmerzambulanzen, Sozialdienste, Anschlussheilbehandlungen, Sportprogramme, laufende Studien oder Spezialisierte Ambulante Palliativversorgung (SAPV) verortet werden. So würden sie Betroffenen einfach auffindbar und zu ihrer individuell vorherrschenden Entscheidungs- oder Belastungssituation passend im Patientenpfad zur Verfügung stehen. Ebenso sind Informationen über individuelle organisatorische Belange (z. B. Beantragung eines Schwerbehindertenausweises, Berentung), regional ansässige Sanitätshäuser, Selbsthilfegruppen/Angehörigentreffen oder Beratungsstellen von zentraler Bedeutung für Patienten, über die entlang des Patientenpfades informiert werden kann. Neben der Integration von für die adressierte Patientenpopulation relevanten Informationen im Patientenpfad kann die Patientenzentrierung auch durch die Integration konkreter Patient Empowerment und Patient Engagement Elemente, wie Shared Decision-Making (gemeinsame Entscheidungsfindung), weiter gestärkt werden. Patientenzentrierung sollte jedoch nicht allein im Patientenpfad selbst, sondern in allen Phasen des Pfadlebenszyklus (siehe Abschn. 1.4) mitgedacht und umgesetzt werden. Da es bislang an einer systematischen Integration der Patientenperspektive entlang des Pfadlebenszyklus fehlt, werden in diesem Buch patientenzentrierte Elemente entlang aller Schritte zur Initiierung und Planung, Entwicklung, Implementierung und Evaluation von Patientenpfaden in einem integrierten Versorgungsnetzwerk stets dediziert mitbesprochen.

Literatur

1. Sackett, D. L., Rosenberg, W. M., Gray, J. A., Haynes, R. B., Richardson, W. S. (1996): Evidence based medicine: what it is and what it isn't. In: BMJ 312, S. 71–72. https://doi.org/10.1136/bmj.312.7023.71.
2. Graham, R., Mancher, M., Wolman, D. M., Greenfield, S., Steinberg, E. (Hrsg.) (2011): Clinical Practice Guidelines We Can Trust, Institute of Medicine (US), Washington (DC): The National Academies Press.
3. Quaseem, A., Forland, F., Macbeth, F., Ollenschläger, G., Phillips, S., van der Wees, P., Board of Trustees of the Guidelines International Network (2012): Guidelines International Network: Toward International Standards for Clinical Practice Guidelines. In: Annals of Internal Medicine 156(7), S. 525–31. https://doi.org/10.7326/0003-4819-156-7-201204030-00009.
4. Ärztliches Zentrum für Qualität in der Medizin (gemeinsames Institut von BÄK und KBV) (2023): Nationale Versorgungsleitlinien. Über das NVL-Programm. Verfügbar: https://www.leitlinien.de/hintergrund/ueber-das-nvl-programm (Zugriff: 02.08.2024).
5. Deutsche Gesellschaft für Allgemeinmedizin und Familienmedizin (DEGAM): Leitlinien der DEGAM. Verfügbar: https://www.degam.de/degam-leitlinien-379 (Zugriff: 02.08.2024).
6. Arbeitsgemeinschaft der Wissenschaftlichen Medizinischen Fachgesellschaften (AWMF) – Ständige Kommission Leitlinien (2020): AWMF-Regelwerk „Leitlinien". 2. Auflage. Verfügbar: http://www.awmf.org/leitlinien/awmf-regelwerk.html (Zugriff: 02.08.2024).
7. Kopp, I., Encke, A., Lorenz, W. (2002): Leitlinien als Instrument der Qualitätssicherung in der Medizin. Das Leitlinienprogramm der Arbeitsgemeinschaft Wissenschaftlicher Medizinischer Fachgesellschaften (AWMF). In: Bundesgesundheitsblatt – Gesundheitsforschung – Gesundheitsschutz 45 (3), S. 223–233. https://doi.org/10.1007/s00103-002-0378-3.
8. Ollenschläger, G., Kirchner, H., Fiene, M. (2001): Leitlinien in der Medizin – Scheitern sie an der praktischen Umsetzung? In: Der Internist 42(4), S. 473–483. https://doi.org/10.1007/s001080050782.

9. Francke, A. L., Smit, M. C., de Veer, A. J., Mistiaen, P. (2008): Factors influencing the implementation of clinical guidelines for health care professionals: A systematic meta-review. In: BMC Medical Informatics and Decision Making 8(1), Beitrag 38. https://doi.org/10.1186/1472-6947-8-38.
10. Beckmann, M. W., Schlieter, H., Richter, P., Wesselmann, S. (2016): Considerations on the improved integration of medical guidelines into routine clinical practice – a review and concept proposal. In: Geburtshilfe und Frauenheilkunde 76(4), S. 369–376. https://doi.org/10.1055/s-0042-102056.
11. Bundesministerium für Gesundheit (BMG): Nationaler Krebsplan (Stand 2017). Verfügbar: https://www.bundesgesundheitsministerium.de/fileadmin/Dateien/5_Publikationen/Praevention/Broschueren/Broschuere_Nationaler_Krebsplan.pdf (Zugriff: 02.08.2024).
12. Langer, T., Follmann, M. (2005): Das Leitlinienprogramm Onkologie (OL): Nukleus einer evidenzbasierten, patientenorientieren, interdisziplinären Onkologie? In: Zeitschrift für Evidenz, Fortbildung und Qualität im Gesundheitswesen, EbM und Qualitätssicherung in der Onkologie 109, S. 437–444. https://doi.org/10.1016/j.zefq.2015.09.007.
13. Schaefer, C., Zowalla, R., Wiesner, M., Siegert, S., Bothe, L., Follmann, M. (2015): Patientenleitlinien in der Onkologie: Zielsetzung, Vorgehen und erste Erfahrungen mit dem Format. In: Zeitschrift für Evidenz, Fortbildung und Qualität im Gesundheitswesen, EbM und Qualitätssicherung in der Onkologie 109, S. 445–451. https://doi.org/10.1016/j.zefq.2015.09.013.
14. Leitlinienprogramm Onkologie: Onkologische S3-Leitlinien – jetzt als App. Verfügbar: https://www.leitlinienprogramm-onkologie.de/app/ (Zugriff: 02.08.2024).
15. Leitlinienprogramm Onkologie (Deutsche Krebsgesellschaft, Deutsche Krebshilfe, AWMF) (2021): S3-Leitlinie Exokrines Pankreaskarzinom, Langversion 2.0, AWMF Registernummer: 032-010OL. Verfügbar: https://www.leitlinienprogramm-onkologie.de/leitlinien/pankreaskarzinom/ (Zugriff: 02.08.2024).
16. Deutsche Krebsgesellschaft: Das Zertifizierungsprogramm der Deutschen Krebsgesellschaft. Verfügbar: https://www.krebsgesellschaft.de/deutsche-krebsgesellschaft/zertifizierung.html (Zugriff: 02.08.2024).
17. Minkman, M. (2012): The current state of integrated care: an overview. In: Journal of Integrated Care 20(6), S. 346–358.
18. Hujala, A., Taskinen, H., Rissanen, S. (2016): Policy Brief 26. How to support integration to promote care for people with multimorbidity in Europe?. Kopenhagen (Dänemark): European Observatory on Health Systems and Policies.
19. Bräuninger, M., Wilke, C. B. (2014): Zur Zukunftsfestigkeit der Europäischen Sozialstaaten. Hamburger Weltwirtschaftsinstitut (HWWI) im Auftrag des Deutsches Institut für Altersvorsorge. Verfügbar: http://funkkolleg-wirtschaft.de/files/2016/03/140409_9_DIA_Studie_Sozialstaaten_final.pdf (Zugriff: 02.08.2024).
20. Busse, R., Blümel, M., Scheller-Kreinsen, D., Zentner, A. (2010): Tackling chronic disease in Europe. Strategies, interventions and challenges. Verfügbar: https://apps.who.int/iris/bitstream/handle/10665/326484/9789289041928-eng.pdf?sequence=1&isAllowed=y (Zugriff: 02.08.2024)
21. Statistisches Bundesamt (2023): Durchschnittliche Verweildauer in deutschen Krankenhäusern in den Jahren 1992 bis 2022 (in Tagen), Statista. Verfügbar: https://de.statista.com/statistik/daten/studie/2604/umfrage/durchschnittliche-verweildauer-im-krankenhaus-seit-1992/ (Zugriff: 02.08.2024).
22. Contel, J. C., Ledesma, A., Blay, C., Mestre, A. G., Cabezas, C., Puigdollers, M., Zara, C., Amil, P., Sarquella, E., Constante, C. (2015): Chronic and integrated care in Catalonia. In: International Journal of Integrated Care 15, e025. https://doi.org/10.5334/ijic.2205.

23. Stopford, R., Winkley, K., Ismail, K. (2013): Social support and glycemic control in type 2 diabetes: a systematic review of observational studies. In: Patient Education and Counseling 93(3), S. 549–558. https://doi.org/10.1016/j.pec.2013.08.016.
24. Amelung, V., Wolf, S., Ozegowski, S., Eble, S., Hildebrandt, H., Knieps, F., Lägel, R., Schlenker, R.-U., Sjuts, R. (2015): Totgesagte leben länger. Empfehlungen zur Integrierten Versorgung aus Sicht der gesetzlichen Krankenkassen. In: Bundesgesundheitsblatt, Gesundheitsforschung, Gesundheitsschutz 58(4–5), S. 352–359.
25. Kodner, D., Spreeuwenberg, C. (2002): Integrated care: meaning, logic, applications, and implications – a discussion paper. In: International Journal of Integrated Care 2, e12. https://doi.org/10.5334/ijic.67.
26. Strandberg-Larsen, M. (2011): Measuring integrated care. In: Danish Medical Bulletin 58(2), B4245.
27. World Health Organization (2016): Framework on integrated, people-centred health services. Report by the Secretariat (Sixty-ninth World Health Assembly. Provisional agenda item 16.1). Verfügbar: http://apps.who.int/gb/ebwha/pdf_files/WHA69/A69_39-en.pdf (Zugriff: 02.08.2024).
28. Expert Group on Health Systems Performance Assessment (2017): BLOCKS – Tools and Methodologies to Assess Integrated Care in Europe. European Commission. Verfügbar: https://health.ec.europa.eu/system/files/2020-03/2017_blocks_en_0_0.pdf (Zugriff: 02.08.2024).
29. Gröne, O., Garcia-Barbero, M., WHO European Office for Integrated Health Care Services (2001): Integrated care: a position paper of the WHO European Office for Integrated Health Care Services. In: International Journal of Integrated Care 1, e21.
30. Rocks, S., Berntson, D., Gil-Salmerón, A., Kadu, M., Ehrenberg, N., Stein, V., Tsiachristas, A. (2020): Cost and effects of integrated care: a systematic literature review and meta-analysis. In: The European Journal of Health Economics 21, S. 1211–1221. https://doi.org/10.1007/s10198-020-01217-5.
31. Kodner, D. L., Kyriacou, C. K. (2000): Fully integrated care for frail elderly: two American models. In: International Journal of Integrated Care, 1(0). https://doi.org/10.5334/ijic.11.
32. Schlicht, G. (2001): Angewandtes Netzmanagement. In: W. Hellmann (Hrsg.), Management von Gesundheitsnetzen, S. 252–270, Stuttgart: Kohlhammer.
33. Leutz, W. N. (1999): Five Laws for Integrating Medical and Social Services: Lessons from the United States and the United Kingdom. In: Milbank Quarterly 77, S. 77–110. https://doi.org/10.1111/1468-0009.00125.
34. Shaw, S., Rosen, R., Rumbold, B. (2011): What is integrated care? Research Report, Nuffield Trust. Verfügbar: https://www.nuffieldtrust.org.uk/research/what-is-integrated-care (Zugriff: 02.08.2024).
35. Wiig, S., Aase, K., von Plessen, C., Burnett, S., Nunes, F., Weggelaar, A. M., Anderson-Gare, B., Calltorp, J., Fulop, N., For QUASER-team (2014): Talking about quality: exploring how "quality" is conceptualized in European hospitals and healthcare systems. In: BMC Health Services Research 14, Beitrag 478. https://doi.org/10.1186/1472-6963-14-478.
36. Amelung, V., Hildebrandt, H., Wolf, S. (2012): Integrated care in Germany – a stony but necessary road! In: International Journal of Integrated Care 12. https://doi.org/10.5334/ijic.853.
37. Protti, D. (2009): Integrated Care Needs Integrated Information Management and Technology. Healthcare Quarterly 13 (Special Issue on Integrated Care), S. 24–29. https://doi.org/10.12927/hcq.2009.21093.
38. Richter, P., K. Gand, K., Esswein, W. (2016): Lifetime Electronic Health Records as an Enabler for Integrated Care. In: Proceedings of the 49th Hawaii International Conference on System Sciences (HICSS 2016), S. 3199–3207. https://doi.org/10.1109/HICSS.2016.401.

39. Verband der Privaten Krankenversicherungen e. V. (2023): Neue Gesundheitsnetze für den ländlichen Raum. Verfügbar: https://www.neue-gesundheitsnetze.de/w/files/broeschure-final/neue-gesundheitsnetze.pdf (Zugriff: 02.08.2024).
40. Minkman, M., Ahaus, K., Fabbricotti, I., Nabitz, U., Huijsman, R. (2009): A quality management model for integrated care: results of a Delphi and Concept Mapping study. In: International Journal for Quality in Health Care 21(1), S. 66–75. https://doi.org/10.1093/intqhc/mzn048.
41. Richter, P. (2021): Patient Pathways in Integrated Care – Understanding, Development and Utilisation. Dissertation, Technische Universität Dresden.
42. Jelenc, M., Albreht, T., Federici, A., Hribar, K. (2019): Report on the basis of the literature review and terminological assessment of the terms „Governance/Stewardship in/of Cancer Care". Report, iPAAC Projekt Arbeitspaket 10. Verfügbar: https://www.ipaac.eu/res/file/outputs/wp10/governance-stewardship-cancer-care-literature-review.pdf (Zugriff: 02.08.2024).
43. Bozan, K. (2016): Patient-centered Information System to Enhance Patient Experience for the Elderly and Provide Strategic Advantage for the Provider. In: Procedia Computer Science 98, S. 407–412. https://doi.org/10.1016/j.procs.2016.09.062.
44. Krist, A. H., Woolf, S. H. (2011): A Vision for Patient-Centered Health Information Systems. In: Journal of the American Medical Association 305(3), S. 300–301. https://doi.org/10.1001/jama.2010.2011.
45. Care Quality Commission (2022): Adult inpatient survey 2021. Verfügbar: https://www.cqc.org.uk/publications/surveys/adult-inpatient-survey (Zugriff: 02.08.2024).
46. Mitchell, K.-A. R., Brassil, K. J., Rodriguez, S. A., Tsai, E., Fujimoto, K., Krause, K. J., Shay, L. A., Springer, A. E. (2020): Operationalizing patient-centered cancer care: A systematic review and synthesis of the qualitative literature on cancer patients' needs, values, and preferences. In: Psychooncology 29(11), S. 1723–1733. https://doi.org/10.1002/pon.5500
47. Moghaddam, N., Coxon, H., Nabarro, S., Hardy, B. and Cox, K. (2016): Unmet care needs in people living with advanced cancer: a systematic review. In: Supportive Care in Cancer 24(8), S. 3609–3622. https://doi.org/10.1007/s00520-016-3221-3
48. Lopez, D., Pratt-Chapman, M. L., Rohan E. A., Sheldon, L. K., Basen-Engquist, K., Kline, R., Shulman, N. L., Flores, E. J. (2019): Establishing effective patient navigation programs in oncology. In: Support Care Cancer 27, S. 1985–96. https://doi.org/10.1007/s00520-019-04739-8.
49 Haggerty, J. L. (2003): Continuity of care: a multidisciplinary review. In: The BMJ 327, S. 1219–21. https://doi.org/10.1136/bmj.327.7425.1219.
50. Walther J. (2013): Wegfall des Krankengeldes, Antrag auf Leistungen zur Teilhabe. in: Soziale Beratung in der Onkologie § 51 SGB V. DKG Forum: 28, S. 152–5.
51. Härter, M., Buchholz, A., Nicolai, J., Reuter, K., Komarahadi, F., Kriston, L., Kallinowski, B., Eich, W., Bieber, C. (2015): Shared Decision Making and the Use of Decision Aids. In: Deutsches Ärzteblatt International 112, S. 672–679. https://doi.org/10.3238/arztebl.2015.0672.
52. Fox B. I., Felkey B. G. (2014): Engaging patients with digital tools: what we think we know. In: Hospital Pharmacy 49, S. 992–993. https://doi.org/10.1310/hpj4910-992.
53. Castro, E. M., Van Regenmortel, T., Vanhaecht, K., Sermeus, W., Van Hecke, A. (2016): Patient empowerment, patient participation and patient-centeredness in hospital care: a concept analysis based on a literature review. In: Patient Education and Counseling 99, S. 1923–1939. https://doi.org/10.1016/j.pec.2016.07.026.
54. De Santis, M., Hervas, C., Weinman, A. and Bottarelli, V. (2018): Patient Empowerment (Policy Brief). National Centre for Rare Diseases, Rome, Italy. Verfügbar: http://www.rd-action.eu/wp-content/uploads/2018/09/PATIENT-EMPOWERMENT.pdf (Zugriff: 02.08.2024).

55. World Health Organization (2013): Health 2020 – A European policy framework and strategy for the 21st century. WHO Regional Office for Europe. Verfügbar: https://pns.dgs.pt/files/2022/02/Health2020-Long.pdf (Zugriff: 02.08.2024).
56. World Health Organization (2013). People-centred health care: a policy framework. WHO Regional Office for the Western Pacific. Verfügbar: https://www.who.int/publications/i/item/9789290613176 (Zugriff: 02.08.2024).
57. Bombard, Y., Baker, G. R., Orlando, E., Fancott, C., Bhatia, P., Casalino, S., Onate, K., Denis, J.-L., Pomey, M.-P. (2018): Engaging patients to improve quality of care: a systematic review. In: Implementation Science 13(1), Beitrag 98. https://doi.org/10.1186/s13012-018-0784-z.
58. Härter, M., Dirmaier, J., Scholl, I., Donner-Banzhoff, N., Dierks, M.-L., Eich, W., Müller, H., Klemperer, D., Koch, K., Bieber, C. (2017): The long way of implementing patient-centered care and shared decision making in Germany. In: Zeitschrift für Evidenz, Fortbildung und Qualität im Gesundheitswesen 123–124, S. 46–51. https://doi.org/10.1016/j.zefq.2017.05.006.
59. Epstein, R. M., Street, R. L. (2011): The values and value of patient-centered care. In: The Annals of Family Medicine 9, S. 100–103. https://doi.org/10.1370/afm.1239.
60. Katz, D. A., Wu, C., Jaske, E., Stewart, G. L., Mohr, D. C. (2020): Care practices to promote patient engagement in VA primary care: Factors associated with high performance. In: The Annals of Family Medicine 18, S. 397–405. https://doi.org/10.1370/afm.2569.
61. Kuipers, S. J., Cramm, J. M. and Nieboer, A. P. (2019): The importance of patient-centered care and co-creation of care for satisfaction with care and physical and social well-being of patients with multi-morbidity in the primary care setting. In: BMC Health Services Research 19(1), Beitrag 13. https://doi.org/10.1186/s12913-018-3818-y.
62. Bokhour, B. G., Fix, G. M., Mueller, N. M., Barker, A. M., Lavela, S. L., Hill, J. N., Solomon, J. L., Vandeusen Lukas, C. (2018): How can healthcare organizations implement patient-centered care? Examining a large-scale cultural transformation. In: BMC Health Services Research 18, Beitrag 168. https://doi.org/10.1186/s12913-018-2949-5.
63. Kayser, L., Karnoe, A., Duminski, E., Somekh, D., Vera-Muñoz, C. (2019): A new understanding of health related empowerment in the context of an active and healthy ageing. In: BMC Health Services Research 19, Beitrag 242. https://doi.org/10.1186/s12913-019-4082-5.
64. Pfaff, H., Schulte, H. (2012): Der onkologische Patient der Zukunft. In: Onkologe 18, S. 127–133. https://doi.org/10.1007/s00761-011-2201-y.
65. Hickmann, E., Richter, P., Schlieter, H. (2022): All together now – patient engagement, patient empowerment, and associated terms in personal healthcare. In: BMC Health Services Research 22(1), https://doi.org/10.1186/s12913-022-08501-5.

Entwicklung von Patientenpfaden 3

Zusammenfassung

In diesem Kapitel werden die Phasen und Schritte einer erfolgreichen Entwicklung von Patientenpfaden für integrierte Versorgungsnetzwerke adressiert. Die dazu vorgestellte Entwicklungsmethode wurde wissenschaftlich erarbeitet und mehrfach in der Praxis erprobt. Die Methode umfasst insgesamt fünf übergeordnete Phasen: (1) die Projektinitiierung und -planung, (2) die Bestandsaufnahme der aktuellen Versorgungspraxis und verfügbaren Evidenz, (3) die Vorbereitung der Pfaderarbeitung durch Festlegung grundlegender Pfadinformationen, des Geltungsbereichs sowie der Darstellungsform des Patientenpfades, (4) die iterative Erarbeitung, Gestaltung (prozessuale Modellierung) sowie Testung und Implementierungsfreigabe des Patientenpfades und letztlich (5) seine Kommunikation und Bereitstellung für die Mitglieder des Versorgungsnetzwerkes. Für jede Phase werden die Zielstellung, notwendige Schritte, praktische Werkzeuge und zu erwartende Ergebnisse beschrieben.

3.1 Methodischer Hintergrund

Trotz der genannten Vorteile und Potenziale des Einsatzes von Patientenpfaden in integrierten Versorgungsnetzwerken (siehe Abschn. 2.2 bis 2.4) existiert kein einheitlicher Leitfaden für Pfadentwicklungsprojekte in diesem Kontext. In der Praxis definieren sich Akteure daher entweder selbst Vorgehensweisen oder adaptieren bestehende Ansätze der Entwicklung klinischer Pfade für ihren individuellen Bedarf. Die Realität der Pfadentwicklung zeigt sich damit sehr divers und ermöglicht nur geringe Vergleichbarkeit und Wiederverwendbarkeit sowohl des methodischen Vorgehens zur Entwicklung als auch der resultierenden Pfade über verschiedene Versorgungsnetzwerke hinweg. Vor diesem

P. Richter and H. Schlieter, *Patientenpfade in der integrierten Versorgung*,
https://doi.org/10.1007/978-3-658-44986-5_3

Hintergrund kann die Pfadentwicklung mit erhöhten Aufwänden und Kosten verbunden sein.

Anstatt eine Methode für die erfolgreiche Durchführung von Pfadentwicklungsprojekten in integrierten Versorgungsnetzwerken von Grund auf neu zu entwickeln, wurden bestehende Ansätze systematisch identifiziert, synthetisiert und um fehlende, aber notwendige Aspekte erweitert. Diese zusätzlichen Aspekte wurden in einem Workshop mit potenziellen Methodenanwendern analysiert. Die Teilnehmer formulierten Anforderungen und Anwendungsszenarien für eine Methode zur Entwicklung und Implementierung von Patientenpfaden. In den folgenden Abschnitten werden daher zunächst andere Ansätze zur Pfadentwicklung und ihre Grenzen der Verwendbarkeit im integrierten Versorgungskontext aufgezeigt (siehe Abschn. 3.1.1). Anschließend werden die identifizierten Nutzeranforderungen an eine Methode zur Entwicklung und Implementierung von Patientenpfaden vorgestellt (siehe Abschn. 3.1.2).

3.1.1 Bestehende Ansätze zur Pfadentwicklung und ihre Grenzen

Auf Basis einer systematischen Literaturanalyse konnten neun bestehende Ansätze zur Pfadentwicklung identifiziert werden [1]. Alle Ansätze leiten in unterschiedlicher Detailtiefe und verschiedenem Umfang die Vorbereitung, Entwicklung, Implementierung, Überarbeitung sowie Bewertung und Evaluierung von Pfaden praktisch an. Wie in Tab. 3.1 notiert, beziehen sie sich dabei auf unterschiedliche Pfadkonzepte (siehe auch Abschn. 1.3). Die Begriffe werden dabei jedoch weder einheitlich noch systematisch verwendet. Keiner der bestehenden Ansätze adressiert die Entwicklung von Patientenpfaden in einem integrierten Versorgungskontext so, wie sie in diesem Buch charakterisiert werden. Wesentlichen Merkmale der Netzwerkorientierung und Patientenzentrierung werden außerdem nicht ausreichend adressiert. Allein das von Vanhaecht et al. beschriebene Vorgehensmodell bezieht die Patientenperspektive bereits explizit mit in die Pfadentwicklung ein [1]. Dazu wird die Nutzung verschiedener Methoden wie Interviews, Fokusgruppen oder Befragungen empfohlen. Das soll helfen, den typischen Versorgungsprozess zu erschließen und Kriterien für die Erhebung von Zufriedenheit zu finden, aber auch Erwartungen und Präferenzen der Patienten an die Versorgung zu formulieren. Während sich sechs der vorhandenen Ansätze vor allem auf intraorganisationale Pfade im klinischen Setting, also innerhalb einer Institution fokussieren, behandeln drei auch die organisationsübergreifende Pfadentwicklung, u. a. im Rahmen von Disease Management Programmen (DMP).

Die von Vanhaecht et al. [1] beschriebene Pfadentwicklungsmethode ist von allen betrachteten Ansätzen der umfassendste. Die Methode besteht aus sieben Phasen und durchläuft einen Zyklus der kontinuierlichen Verbesserung (im Sinne eines „Plan-Do-Study-Act“ (PDSA) Zyklus‘). Für jede Phase werden Startbedingungen, Ziele, potenziell einsetzbare Werkzeuge und Methoden, die ungefähre Dauer und die Bewertung der

Tab. 3.1 Überblick zu bestehenden Ansätzen der Pfadentwicklung

Bezeichnung des Ansatzes	Benanntes Pfadkonzept	Versorgungskontext	Erkrankungsfokus	Referenz/ Autoren
Lebenszyklus zur Entwicklung von klinischen Versorgungsplänen	Caremap	Klinisch	Generisch	[2]: McLachlan et al. (2019)
10-Stufen-Framework zur Unterstützung der Implementierung evidenzbasierter klinischer Pfade	Clinical pathway	Klinisch	Generisch	[3]: Flores et al. (2018)
Methodik zur Entwicklung von Pfaden	Pathway map	Organisationsübergreifendes DMP	Onkologie	[4]: Cancer Care Ontario (2017)
Methodik zur Modellierung von Prozessen im Gesundheitswesen	Medical process	Klinisch, organisationsübergreifend	Generisch	[5]: Ferrante et al. (2016)
7-Phasen-Methode zur Gestaltung, Umsetzung und Evaluierung von Versorgungspfaden	Clinical pathway, care pathway	Klinisch, organisationsübergreifend	Generisch	[1]: Vanhaecht et al. (2012)
Vier Phasen der Pfadentwicklung	(Clinical) patient pathways	Klinisch	Generisch	[6]: Wicke et al. (2004)
Review zur Entwicklung kritischer Pfade	Critical pathway	Kein spezifischer Kontext	Generisch	[7]: Harkleroad et al. (2000)
Prozess zur Entwicklung und Implementierung von Versorgungspfaden in Krebszentren	Care pathway	Klinisch, Krebszentren	Onkologie	[8]: Bisanz et al. (1999)
Schritte zur Pfadentwicklung	Pathway	Klinisch, Abteilung/Zentrum für Verbrennungen	Verbrennungen	[9]: Gordon (1995)

Phasenergebnisse beschrieben. Die Methode wurde von einem internationalen Expertengremium der European Pathway Association validiert und bietet eine gute Grundlage zur Weiterentwicklung. Für die Erweiterung wurden sowohl die Empfehlungen der anderen Methoden untersucht als auch das Feedback von Entwicklungsexperten einbezogen. In der Entwicklungsphase war beispielsweise kein Hinweis auf praktische Werkzeugunterstützung vorhanden. Hierfür schlagen Ferrante et al. [5] die konzeptionelle Modellierung zur Visualisierung von Pfaden vor. Weitere Empfehlungen zu spezifischen Werkzeugen der Pfadentwicklung sind in existierenden Arbeiten nicht zu finden.

3.1.2 Anwenderperspektive und Anforderungen an eine Methode zur Entwicklung von Patientenpfaden

Mit dem Ziel, eine Methode zur Entwicklung von Patientenpfaden im integrierten Versorgungssetting zu erarbeiten, wurden zunächst Nutzeranforderungen hinsichtlich der methodischen Zweckbestimmung festgehalten. Diese wurden aus User Stories abgeleitet, die in einem Workshop mit internationalen Teilnehmenden mit praktischer Erfahrung in der integrierten Versorgung formuliert wurden [10]. Unter den Teilnehmenden waren praktizierende Gesundheitsdienstleister (z. B. Klinikärzte und Krankenpfleger), Manager von Gesundheitseinrichtungen, Methodiker (z. B. aus der Leitlinienentwicklung), Vertreter nationaler Gesundheitsministerien, Vertreter nationaler und internationaler Gesundheitsorganisationen sowie Patientenvertreter und Forschende.

Eine User Story, auch Anwendererzählung genannt, ist eine Aussage in der Form „Als [Rolle] möchte ich [Ziel], um [Nutzen]" [11]. Sie werden demzufolge aus Sicht der Endanwender der Methode verfasst und geben Hinweise auf Anforderungen, die eine Methode zur Pfadentwicklung und -implementierung erfüllen muss bzw. kann. Im Workshop wurden insgesamt 33 User Stories erhoben[1]. Mit ihnen konnten sowohl beteiligte Rollen bei der Pfadentwicklung und -implementierung als auch funktionale und nicht-funktionale Anforderungen identifiziert und im Rahmen der Methodenentwicklung genutzt werden. Dabei wurden insbesondere Anforderungen an die Phase der Pfadentwicklung – sowohl solche bezogen auf den Prozess der Pfadentwicklung als auch auf die Pfaddarstellung selbst – fokussiert, da diese in anderen existierenden Pfadansätzen bisher weniger unterstützt wurde (siehe Abschn. 3.1.1). Aus Nutzersicht soll eine Methode zur Entwicklung und Implementierung von Patientenpfaden die folgenden Anforderungen erfüllen:

- **Patientenpfade müssen krankheitsspezifisch sein.** Sie müssen für einen definierten Patiententyp gelten, z. B. für Patienten mit einer bestimmten Tumorerkrankung. Es müssen demzufolge klare Kriterien für den Ein- und Ausschluss von Patienten festgelegt werden. *Beispiel User Story: Als Mediziner in der Ausbildung möchte ich, dass Patientenpfade tumorspezifisch formuliert sind, damit ich eine qualitativ hochwertige Versorgung leisten kann.*
- **Patientenpfade müssen von einer multidisziplinären Arbeitsgruppe entwickelt werden.** Die Arbeitsgruppe sollte aus Vertretern der Rollen und Organisationen im integrierten Versorgungsnetz bestehen, die an der Versorgung des mit dem Pfad adressierten Patiententyps beteiligt sind. Dabei muss auch die Patientenperspektive einbezogen werden, sodass auch Patientenvertretungen Teil der Arbeitsgruppe sind. *Beispiel User Story: Als Arzt möchte ich in einer Arbeitsgruppe zur Entwicklung eines nützlichen Patientenpfades beitragen, von dem alle Kollegen im Versorgungsnetzwerk und in anderen Versorgungsnetzwerken sowie alle Patienten profitieren können.*

[1] Im Text werden beispielhafte User Stories auf Deutsch wiedergegeben. Die vollständige Liste der erhobenen, englischsprachigen User Stories ist in Richter (2021) [12] zu finden.

- **Eine Methode zur Entwicklung von Patientenpfaden muss die Gruppenprozesse definieren.** Dazu gehören zum Beispiel die Definition der Rollen und Zusammensetzung der Arbeitsgruppe zur Pfadentwicklung, der Prozess der Konsensfindung und damit Entscheidungs-, Priorisierungs- oder Prüfprozesse. *Beispiel User Story: Als Methodiker in einer Arbeitsgruppe zur Entwicklung eines Patientenpfades möchte ich Klarheit über den Konsensfindungsprozess haben, sodass die Entwicklung transparent und kontrolliert abläuft.*
- **Eine Methode zur Entwicklung von Patientenpfaden muss die aktuelle Evidenz nutzen.** Patientenpfade müssen auf Grundlage wissenschaftlicher Erkenntnisse entwickelt werden. Sie sollten insbesondere die Empfehlungen medizinischer Leitlinien in den Versorgungsprozess überführen. Im Patientenpfad sollte die Referenz zur Evidenzbasis ersichtlich bleiben. Daher sollte die Darstellung von Patientenpfaden Möglichkeiten bieten, den Evidenzgrad eines Pfadelements (z. B. eine Aktivität oder Entscheidung) anzugeben und die Evidenzquelle zu referenzieren. *Beispiel User Story: Als Methodiker in einer Arbeitsgruppe zur Entwicklung eines Patientenpfades möchte ich eine Beschreibung der Evidenzbasis und der Empfehlungsstärke erhalten, um transparente und reproduzierbare Ergebnisse der Pfadentwicklung zu ermöglichen.*
- **Ein Patientenpfad muss alle Phasen des Versorgungsprozesses im integrierten Versorgungsnetzwerk abbilden.** Im Patientenpfad müssen die Abfolge von obligatorischen und optionalen Elementen sowie die relevanten Informationen entlang aller Versorgungsphasen im Versorgungsnetzwerk für die beteiligten Leistungserbringer und die Patienten dargestellt werden. *Beispiel User Story: Als Vertreter einer nationalen Gesundheitsorganisation möchte ich ein Mittel haben, um obligatorische Aufgaben entlang des Patientenpfades zu definieren.*
- **Die Patientenperspektive muss sowohl in der Pfadentwicklung als auch im Patientenpfad selbst widergespiegelt werden.** Patientenpfade sollen damit die informierte Entscheidungsfindung von Patienten entlang ihres individuellen Versorgungsweges unterstützen. Sie sollten dazu auch solche Aufgaben darstellen, an denen ein Patient direkt und aktiv beteiligt ist (z. B. Konsultationen, Einwilligungen, partizipative Entscheidungsfindung) oder selbst durchführen muss. Patientenpfade sollten die Anpassung an patientenindividuelle Situationen, Bedarfe und Bedürfnisse ermöglichen (z. B. Patientenpräferenzen oder Komorbiditäten berücksichtigen). *Beispiel User Story: Als Patient möchte ich einen Patientenpfad, den ich verstehe und der mir hilft, Entscheidungen gemeinsam mit meinem Arzt und meiner Familie zu treffen, damit ich die Kontrolle über mein individuelles Versorgungsgeschehen habe und steuern kann, dass alles nach meinen Erwartungen stattfindet.*
- **Patientenpfade sollten generischen Vorlagencharakter haben.** Eine Methode zur Entwicklung von Patientenpfaden sollte daher auch die Möglichkeit bieten, generische Referenzpatientenpfade (siehe Abschn. 2.1) zu erzeugen. Sie geben dann den Rahmen und wesentliche Bausteine der integrierten Versorgung für einen definierten Patiententyp vor. Patientenpfade sollten dann Implementierungs- und Adaptionshinweise

für ihre Anpassung an nationale, regionale, lokale und netzwerkspezifische Bedingungen beinhalten. Damit können Referenzpatientenpfade die Netzwerk Governance unterstützen (siehe auch Abschn. 2.3.3). *Beispiel User Story: Als Netzwerkmanager möchte ich, dass die Pfadmethode einen Leitfaden für die Entwicklung von Pfaden liefert und die wesentlichen Pfadbestandteile identifiziert, auf deren Basis netzwerkspezifische Patientenpfade unter Anpassung an den lokalen Kontext entwickelt werden können.*

Zusätzlich zu diesen funktionalen Anforderungen an die Pfadmethode wurden nichtfunktionale Anforderungen, im Sinne von Qualitätskriterien für die Methode, identifiziert. Die Anforderungen umfassen insbesondere Aussagen zur Anwendbarkeit und zum Darstellungsformat von Patientenpfaden. Eine Methode zur Entwicklung von Patientenpfaden soll generisch, einfach zu handhaben (praktikabel), inklusiv und leicht zu verstehen sein. Es sollte ein standardisiertes, klar und leicht zu analysierendes Darstellungsformat für Patientenpfade verwendet werden.

3.2 Entwicklungsmethode – Schritt für Schritt zum Patientenpfad

Die in diesem Buch beschriebene Schritt-für-Schritt-Anleitung wurde auf Grundlage der existierenden Pfadansätze (siehe Abschn. 3.1.1) und den identifizierten Nutzeranforderungen (siehe Abschn. 3.1.2) entwickelt und erprobt. Sie wird im Folgenden entlang von fünf Entwicklungsphasen beschrieben.

3.2.1 Überblick der Entwicklungsphasen

Der Lebenszyklus eines Patientenpfades beginnt mit der Projektinitiierung und Konstitution des Projektteams, gefolgt von der initialen Pfadentwicklung (siehe Abschn. 1.4). Um ein strukturiertes und effektives Vorgehen sicherzustellen, wird der Prozess in fünf handhabbare Phasen unterteilt. Diese Untergliederung ermöglicht es, den Entwicklungsprozess in überschaubare Schritte zu unterteilen und somit eine gezielte Steuerung und Überwachung des Fortschritts sicherzustellen. Eine Zusammenfassung der einzelnen Phasen bietet Tab. 3.2. Sie beschreibt die übergeordnete Zielstellung sowie die wesentlichen Aufgaben innerhalb jeder Projektphase. Die vierte Projektphase der inhaltlichen Erarbeitung und Gestaltung des Patientenpfades beinhaltet dabei keine linear abzuarbeitenden Aufgaben, sondern stellt einen iterativen Prozess dar. Dabei werden die notwendigen Schritte so lange wiederholt, bis eine validierte, im Versorgungsnetzwerk getestete und konsentierte Version des Patientenpfades vom Pfad-Entwicklungsteam zur Implementierung (siehe Kap. 4) freigegeben werden kann.

Tab. 3.2 Überblick über die fünf Phasen der Entwicklung von Patientenpfaden

Phase (Abschnittsverweis)	Zielstellung	Wesentliche Aufgaben
1. Projektinitiierung und -planung (Abschn. 3.2.2)	Die Notwendigkeit zur Entwicklung des Patientenpfades für den gewünschten Patiententyp begründen, das Pfadprojekt anstoßen und vorbereiten	• Bedarfs- und Potenzialanalyse zum geplanten Patientenpfad • Definition des Projektziels und Planung der Projektdurchführung • Zusammenstellen des Projektteams • Information und Sensibilisierung des Projektteams
2. Bestandsaufnahme von Versorgungspraxis und Evidenz (Abschn. 3.2.3)	Inhaltliche Vorbereitung der Pfadentwicklung und der späteren Pfadevaluation durch systematische Erhebung und Bewertung existierender Evidenz, relevanter Regularien und des aktuellen Versorgungsprozesses	• Analyse des aktuellen Versorgungsgeschehens im Netzwerk aus Versorger- und Patientenperspektive • Analyse der verfügbaren Evidenz, bestehender Patientenpfade sowie von Indikatoren zur Erfolgs- und Leistungsmessung des Patientenpfades
3. Vorbereitung der Pfaderarbeitung (Abschn. 3.2.4)	Entscheidung und Festhalten grundlegender Pfadinformationen, des Geltungsbereichs sowie der Beschreibungs- und Darstellungsform des Patientenpfades	• Festhalten grundlegender Pfadinformationen (Metainformationen) wie Patientenpopulation, Ein- und Ausschlusskriterien • Eingrenzen des Geltungsbereichs des Patientenpfades durch Beschreibung der Phasen des Versorgungsprozesses • Entscheidung der Beschreibungs- und Darstellungsform des Patientenpfades und Wahl passender Werkzeuge

(Fortsetzung)

Tab. 3.2 (Fortsetzung)

Phase (Abschnittsverweis)	Zielstellung	Wesentliche Aufgaben
4. Erarbeitung und Gestaltung des Patientenpfades (Abschn. 3.2.5)	Inhaltliche Ausarbeitung, Modellierung, Validierung, Testung und letztlich Freigabe des Patientenpfades zur Implementierung im Versorgungsnetzwerk	• Beschreibung der Prozesslandschaft unter Definition von Prozesskandidaten • Detaillierte inhaltliche Beschreibung der Prozesskandidaten • Konsolidierung der erarbeiteten Inhalte in einen prozessualen Ablauf (Modellierung des Patientenpfades) • Prüfung und Validierung durch interne und externe Fachexperten • Testen des Pfades im Netzwerk • Konsentierung und Freigabe
5. Kommunikation und Bereitstellung des Patientenpfades (Abschn. 3.2.6)	Bereitstellung des entwickelten Patientenpfades zum Zweck der Implementierung, Kommunikation und Information	• Entwicklung und Umsetzung einer Kommunikations- und Verbreitungsstrategie • Vorbereitung der Implementierung und kontinuierlichen Pfadevaluation • Information der Netzwerkmitglieder über den Patientenpfad

In den folgenden Abschnitten wird entlang dieser Projektphasen die Pfadentwicklung in integrierten Versorgungsnetzwerken Schritt für Schritt erläutert. Jeder Abschnitt widmet sich einer der fünf Entwicklungsphasen. Sie beginnen jeweils mit einem Überblick zur Zielstellung der jeweiligen Phase sowie einer Checkliste mit einer Zusammenfassung der notwendigen Schritte und erwarteten Ergebnisse. Im Anschluss werden diese Schritte näher beschrieben und mit konkreten Werkzeugen und Methoden untersetzt. Besonderes Augenmerk liegt dabei auf der Einbeziehung von Patienten entlang des Entwicklungsprozesses, um sicherzustellen, dass deren Bedürfnisse und Perspektiven kontinuierlich Berücksichtigung finden.

3.2.2 Projektinitiierung und -planung

3.2.2.1 Überblick

Ziele der Projektinitiierung und -planung

Die Ziele der Phase „Projektinitiierung und -planung" sind es, den Patientenpfad für die avisierte Patientenpopulation systematisch zu begründen, das Pfadprojekt anzustoßen und vorzubereiten. Dazu müssen vor allem der Projektumfang definiert, das Vorgehen geplant und alle Rollen im Entwicklungsteam besetzt werden.

Checkliste

- ☐ Der Bedarf und die Potenziale der Entwicklung und Implementierung des avisierten Patientenpfades für das integrierte Versorgungsnetzwerk wurden analysiert und dargelegt.
- ☐ Das Ziel des Pfadprojektes wurde definiert, die Entscheidung zur Pfadentwicklung im Versorgungsnetzwerk getroffen und das Vorgehen zur Projektdurchführung geplant.
- ☐ Das Projektteam wurde definiert und alle Rollen adäquat besetzt. Im Falle mangelnder Expertise im Team wurde auch die Unterstützung durch externe Dienstleister geprüft.
- ☐ Das Projektteam wurde über das Vorgehen zur Pfadentwicklung geschult und für Hemmnisse sensibilisiert.

3.2.2.2 Bedarfe und Potenziale analysieren

3.2.2.2.1 Notwendigkeit zur Entwicklung eines Patientenpfades

Verschiedene Einflüsse können den Bedarf für die Entwicklung eines Patientenpfades auslösen, beispielsweise wirtschaftliche Faktoren. Prozesse mit einer hohen Fallzahl oder hohem Ressourcenverbrauch werden oft für die Entwicklung eines Patientenpfades ausgewählt, da diese ein hohes Potenzial der Prozessoptimierung und Standardisierung sowie Kostenreduktion versprechen [6, 13]. Ebenso können externe Ereignisse wie neue oder geänderte rechtliche Vorschriften die Neuentwicklung oder Überarbeitung von Patientenpfaden motivieren. So können beispielsweise der Anspruch gesetzlich versicherter Patienten auf ein Entlassmanagement zur Unterstützung des Übergangs in die Versorgung nach einem Krankenhausaufenthalt (gem. § 39 SGB V) oder die Aktualisierung von Empfehlungen medizinischer Leitlinien eine Pfadüberarbeitung begründen. Schließlich können auch erkannte Qualitäts- und Schnittstellenprobleme in der Netzwerkversorgung den Bedarf für die Implementierung eines Patientenpfades rechtfertigen. Besonders in integrierten Versorgungsnetzwerken führen Koordinations-, Kommunikations- und Informationsdefizite zwischen den Netzwerkmitgliedern häufig sowohl zu ineffektiver und ineffizienter Patientenversorgung als auch zu unzufriedenen Patienten und Behandlern. Die Einführung von Patientenpfaden fördert eine standardisierte und koordinierte Behandlung. Sie hilft, redundante Untersuchungen zu vermeiden und stellt sicher, dass fehlende oder unvollständige Informationen innerhalb des Netzwerks reduziert werden. Außerdem fördert sie eine einheitliche Behandlung, indem sie unterschiedliche fachliche Auffassungen harmonisiert (siehe auch Abschn. 2.3). Die Entwicklung und Implementierung von Patientenpfaden eignet sich dementsprechend besonders für ein integriertes Versorgungsnetzwerk, wenn Probleme im Bereich der Kommunikation, Koordination, Transparenz, Qualität, Standardisierung und Überwachung der Versorgung einer spezifischen Patientengruppe auftreten [1]. Demzufolge sind die Initiatoren von Pfadentwicklungsprojekten in integrierten Versorgungsnetzwerken meist die medizinische Leistungserbringer selbst, die in ihrer täglichen Arbeit die Notwendigkeit eines abgestimmten Pfades selbst erleben.

3.2.2.2.2 Methoden und Werkzeuge zur Bedarfs- und Potenzialanalyse

Um Indikatoren und Probleme im aktuellen Versorgungsgeschehen zu identifizieren, sollten zunächst vorhandene Daten aus Zertifizierungen, internen Audits, Qualitätszirkeln, Leistungsergebnissen (insbesondere Finanzdaten und Patientenvolumina) oder Patienten- und Mitarbeiterbefragungen als mögliche Datenquellen herangezogen werden. Ergänzend sollten neue Daten insbesondere zur Bedarfsanalyse und Erschließung von Verbesserungspotenzialen im Versorgungsgeschehen erhoben werden. Dazu eignen sich folgende Methoden:

- Kreativitätstechniken und Brainstorming
- Interviews mit den Beteiligten am Versorgungsgeschehen im Netzwerk
- Befragungen der Beteiligten am Versorgungsgeschehen im Netzwerk
- Diskussion im Qualitätszirkel oder der Netzwerkkonferenz des integrierten Versorgungsnetzwerks
- Fehlermöglichkeits- und Einflussanalyse (FMEA)
- Care Process Self Evaluation Tool (CPSET)

An dieser Stelle möchten wir das CPSET besonders hervorheben. Es ist ein dediziertes Instrument zur Bewertung der tatsächlichen Organisation des Versorgungsprozesses, wie sie von den beteiligten Akteuren des multidisziplinären Versorgungsteams wahrgenommen wird [14]. Das CPSET ist ein valides und verlässliches Selbstbewertungs-Instrument, das vor dem Hintergrund der Verbesserung der Patientensicherheit entwickelt wurde. Es umfasst 29 Items in den fünf Kategorien (1) patientenorientierte Organisation, (2) Koordination des Versorgungsprozesses, (3) Zusammenarbeit mit der Primärversorgung, (4) Kommunikation mit Patienten und Angehörigen und (5) Nachverfolgung des Versorgungsprozesses. Anhand von Punktzahlen in den einzelnen Kategorien und einem übergeordneten „CPSET-Score" können Versorgungsnetzwerke den Organisationsgrad ihrer Versorgungsprozesse bewerten und miteinander vergleichen.

Zur weiteren Analyse der Bedarfe und Potenziale einer Pfadentwicklung sollten auch die Bereitschaft und die Fähigkeiten zu Veränderungen und Innovationen der am Versorgungsprozess beteiligten Akteure im integrierten Versorgungsnetzwerk betrachtet werden. Ein fehlender Wille zur Kooperation und zur gemeinsamen Zielerreichung hat schon so manches Pfadprojekt zum Erliegen gebracht. Der Faktor Mensch spielt hier eine bedeutende Rolle (siehe auch Abschn. 3.2.2.5). Durch eine frühzeitige Analyse der Stakeholder-Interessen und dem Ausmachen möglicher Konflikte kann zumindest das Risiko mangelnder Umsetzungsbereitschaft reduziert werden. Folgende Ansätze stehen für diese Aufgaben zur Verfügung:

- **Stakeholder Mapping** zur visuellen Darstellung der Stakeholder (externe und interne Akteure) des Versorgungsnetzwerks; wird häufig zu Beginn einer Stakeholder Analyse durchgeführt; gibt einen Überblick, wie die Stakeholder das Netzwerk beeinflussen und wie sie miteinander verbunden sind.
- **Stakeholder Analyse** zur Identifikation und Gruppierung von Stakeholdern; zur Definition von Interessen und Einflüssen der Stakeholdergruppen im/auf das Versorgungsnetzwerk; zur Identifikation von aktuellen und notwendigen Kommunikationskanälen.
- **Qualitative Befragungen, Interviews und Diskussionen** mit den Akteuren des Versorgungsnetzes, auch mit Patienten und Patientenvertretern.
- **Change-Readiness Assessment** zur Bestimmung der Veränderungsbereitschaft und -fähigkeit von einzelnen Stakeholdergruppen sowie des Versorgungsnetzwerkes als Ganzes; ermittelt sieben Eigenschaften zur Veränderungsbereitschaft: Einfallsreichtum, Optimismus, Abenteuerlust, Leidenschaft/Antrieb, Anpassungsfähigkeit, Selbstvertrauen und Toleranz von Ungewissheit.[2]

3.2.2.3 Projektziel definieren und Projektdurchführung planen

Auf Basis der Ergebnisse der durchgeführten Bedarfs- und Potenzialanalysen wird die Entscheidung für oder gegen die Entwicklung eines Patientenpfades getroffen. Die Entscheidung findet beispielsweise in der Netzwerkkonferenz statt und sollte von den Mitgliedern des Netzwerkes und allen potenziell am Patientenpfad beteiligten Akteuren getragen werden.

Wurde sich gemeinschaftlich dafür entschieden den Patientenpfad zu entwickeln, muss als nächstes der Projektplan erstellt werden [1, 9]. Dazu sollte das Projektziel klar definiert und die Durchführung des Projektes geplant werden. Letzteres umfasst die Planung der Projektaufgaben und notwendiger Personal- und Finanzressourcen, die Zuweisung von Aufgaben und die Erstellung des Zeitplans. Dazu kann sich gängiger Projektmanagementmethoden und -tools bedient werden. Im Detail sollten folgende Tätigkeiten in der Planungsphase abgearbeitet werden:

---

[2] Fragebogen und Auswertung der Ergebnisse zum Change-Readiness Assessment: https://www.ecfvp.org/files/uploads/2_-change_readiness_assessment_0426111.pdf (Zugriff: 07.08.2024).

- **Projekt- und Pfadziele definieren:** Es sollte festgehalten werden, welche Ziele mit der Entwicklung und Implementierung des Patientenpfades für die adressierte Patientenpopulation und für das Versorgungsnetzwerk erreicht werden sollen [15]. Beispiele hierfür sind die Reduktion der Infektionsfälle um 20 %, die Verfügbarkeit von Laborergebnissen vor einer Konsultation oder die Verbesserung der Zusammenarbeit im Netzwerk. Solche Ziele leiten sich insbesondere aus Bedarfen und Potenzialen der Versorgungsverbesserung (siehe Abschn. 3.2.2.2), Qualitätszielen oder organisatorischen und strategischen Zielstellungen des Netzwerkes ab. Die frühzeitige Formulierung dieser Zielwerte ermöglicht eine kontinuierliche Verfolgung der Netzwerkleistung und bereitet die spätere Evaluation des Pfades vor (siehe Kap. 5). Hierbei sollten auch Ziele im Bereich der Patientenautonomie und -beteiligung mitgedacht werden.
- **Patientenpopulation definieren:** Die Definition der Patientenpopulation legt fest, für welche Art von Patienten der Patientenpfad konzipiert ist und welche spezifischen medizinischen Bedürfnisse und Herausforderungen berücksichtigt werden sollen. Diese Zielgruppe wird anhand verschiedener Merkmale wie Diagnosen, Alter, Geschlecht, klinischen Merkmalen, Schweregrad der Erkrankung, Vorbehandlungen, Komorbiditäten und anderen relevanten Faktoren, wie soziale, sozioökonomische und demografische Merkmale, charakterisiert (Details siehe Abschn. 3.2.4.2). Die Auswahl und Beschreibung der Merkmale hängen von der Zielsetzung des Patientenpfads, der Art der Versorgung im Netzwerk und den spezifischen Anforderungen des Versorgungsnetzwerks ab.
- **Aufgabenplanung:** Die wesentlichen Phasen und Aufgaben zur Entwicklung eines Patientenpfades sind mit der in diesem Kapitel dargelegten Methode bereits beschrieben (siehe Abschn. 3.2.1). Zur Aufgabenplanung und -verwaltung sollten die einzelnen Aufgaben in einem Projektstrukturplan in hierarchische Aufgabenpakete zerlegt und im Projektablaufplan in eine zeitliche Sortierung gebracht werden.
- **Ressourcen bestimmen und Aufgaben zuweisen:** Neben immateriellen Ressourcen wie z. B. Datenbanken, Lizenzen für Entwicklungswerkzeuge spielen materielle Ressourcen wie die technologische Ausstattung und personelle Ressourcen eine entscheidende Rolle bei der Entwicklung eines Patientenpfades. Die Rollen im Projektteam (siehe Abschn. 3.2.2.4) müssen geeigneten Personen zugewiesen und mit den passenden Aufgaben untersetzt werden. Darauf aufbauend kann eine Finanzplanung für das Projekt erstellt werden.
- **Zeitplan erstellen:** Der Zeitplan (siehe auch Projektablaufplan) hilft dabei, den zeitlichen Rahmen für das Pfadentwicklungsprojekt festzulegen und Meilensteine zu definieren. Zur Erstellung eignet sich zum Beispiel die Verwendung eines Gantt-Diagramms. Neben den personellen Ressourcen haben die Versorgungskomplexität sowie die verfügbare Evidenz ausschlaggebende Einfluss auf die Zeitplanung. Die zu veranschlagende Projektdauer variiert daher zwischen unterschiedlichen Pfadprojekten

und kann nicht pauschaliert werden. Die eigene Erfahrung aus erfolgreich abgeschlossenen Pfadentwicklungsprojekten zeigt, dass mit einer Entwicklungsdauer zwischen 4 und 12 Monaten gerechnet werden kann.

- **Über Projekthemmnisse informieren:** Für die Entwicklung von Patientenpfaden existiert eine Reihe bekannter Hemmnisse, für die das Projektteam von Beginn an sensibilisiert werden sollte (siehe Abschn. 3.2.2.5). Dies hilft dabei, geeignete Gegenmaßnahmen zu ergreifen und Strategien zur Risikominderung zu entwickeln, um einen reibungslosen Fortschritt des Projektes sicherzustellen. Folgende Hemmnisse sind bekannt und sollten vergegenwärtigt werden [16]:
  - Mangelnde Einbeziehung der entlang des Patientenpfades beteiligten Leistungserbringer, des Netzwerkmanagement und des Managements der beteiligten Institutionen sowie der Patienten bzw. Patientenvertretung
  - Fehlende Einbeziehung von Methodikern in den Pfadentwicklungsprozess
  - Mangelndes Bewusstsein bzw. mangelnde Vertrautheit mit Patientenpfaden im Projektteam
  - Mangelnde Anwendbarkeit für bestimmte beteiligte Berufsgruppen
  - Fehlender Kooperationswille der Netzwerkmitglieder während der Pfadentwicklung als auch -implementierung
  - Unterschiedliche Einstellung zur Standardisierung der Versorgung mittels Patientenpfaden
  - Medizinisch geprägte Sprache/Terminologie, wodurch die Kommunikation mit anderen Disziplinen erschwert ist
  - Nicht verfügbare Ressourcen/Ansprechpartner, Zeitmangel bzw. unzureichendes Personal im Projektteam
  - Fehlende oder ungenügende Finanzierung der Entwicklungs- und Implementierungskosten
  - Ungenügende und ungeeignete Werkzeuge zur Pfadentwicklung, insbesondere zur Pfadgestaltung

Planung der Entwicklung europäischer Referenzpfade für die Versorgung von Patienten mit Darm- und Bauchspeicheldrüsenkrebs in integrierten Krebsnetzwerken

In vergangenen europäischen Projektinitiativen wie der Joint Action CanCon [17] wurden Patientenpfade bereits als vielversprechendes Instrument zur evidenzbasierten Steuerung einer qualitätsorientieren Versorgung von Krebspatienten in integrierten Krebsnetzwerken, d. h. Comprehensive Cancer Care Networks (CCCNs) verankert (s. Abschn. 1.5). In der anschließenden Joint Action iPAAC sollten nun zum ersten Mal europäische Referenzpatientenpfade (siehe Abschn. 2.1) für die Versorgung von Patienten mit kolorektalem Karzinom und Pankreaskarzinom entwickelt und getestet werden, um das Qualitätsniveau der Krebsversorgung in CCCNs auf ein einheitlich hohes Qualitätsniveau zu heben. Die Planung dieser Pfadentwicklung umfasste folgende Aspekte:

- **Projektziel:** Das Ziel war die Entwicklung von europäischen Referenzpatientenpfaden für die Versorgung von Patienten mit kolorektalem Karzinom und Pankreaskarzinom in CCCNs unter Berücksichtigung der Qualitätsstandards für CCCNs und aktueller Evidenz. Die Versorgungsphase „Screening" sollte dabei nicht Teil der Referenzpfade sein, da hier die Zielpopulation nicht Patienten, sondern die Bevölkerung allgemein ist. Die Referenzpatientenpfade sollen als „Blaupausen" für die Entwicklung von Patientenpfaden für CCCNs in europäischen Mitgliedsstaaten fungieren. Sie sollten daher auch Anwendungshinweise für die Anpassung an nationale, regionale und lokale Kontexte beinhalten. Die initiale Zielgruppe zur Anwendung dieser Referenzpatientenpfade sind die professionellen Leistungserbringer in CCCNs.
- **Aufgabenplanung:** Die Aufgaben zur Entwicklung der Referenzpatientenpfade wurden entlang der Schritte wie in diesem Kapitel beschrieben geplant. Nach dem Entwurf eines initialen Patientenpfades basierend auf den identifizierten Prozesskandidaten und deren Beschreibungen, lag im iterativen Entwicklungsprozess der Fokus insbesondere auf der kontinuierlichen Integration von Rückmeldungen aus internen und externen Feedbackschleifen.
- **Ressourcen und Aufgabenzuweisung:** Die Entwicklung der Referenzpatientenpfade war Teil der europäischen Joint Action iPAAC. Damit waren alle notwendigen personellen und zeitlichen Ressourcen gut verfügbar. Hemmende Faktoren, die sonst typischerweise Pfadentwicklungen bremsen – wie ungenügende Finanzierung, geringer Kooperationswille oder uneinheitliche Zielstellung zwischen den beteiligten Mitgliedern des Pfadentwicklungsteams – waren damit nicht gegeben. Die Arbeitsgruppe zur Entwicklung der Referenzpfade wurde zu Beginn des Projektes festgelegt, um sicherzustellen, dass alle notwendigen Rollen (siehe Abschn. 3.2.2.4) vertreten sind.
- **Zeitplan:** Der aufgestellte Zeitplan zur Entwicklung der Referenzpatientenpfade umfasste sechs Monate. Zwei Monate entfielen auf die Projektinitiierung, -planung und Evidenz- sowie Kontextanalyse. Vier Monate wurden für die fachliche Entwicklung, Gestaltung, Dokumentation, Validierung, Konsentierung und Bereitstellung der Referenzpfade geplant.◄

3.2.2.4 Projektteam zusammenstellen

Ein entscheidender Schritt während der Initiierung einer Pfadentwicklung ist die Zusammenstellung des Projektteams (auch Pfad-Entwicklungsteam) und die Besetzung der notwendigen Rollen [1, 3, 6, 9]. Sie umfassen Domänenexperten des Versorgungskontexts (typischerweise Mediziner), Patienten, Pfad-Designer, Methodenexperten sowie das

Projektmanagement. Externe Fachexperten sind zudem entscheidend für die externe Validierung des entwickelten Patientenpfades. Die Aufgaben und notwendigen Qualifikationen dieser Rollen im Projektteam werden im Folgenden beschrieben.

Das Pfadentwicklungsteam ist maßgeblich auf das pfadbezogene Wissen und die Expertise der fachlichen **Domänenexperten** angewiesen. Hierzu zählen insbesondere die am Versorgungsprozess beteiligten medizinischen und pflegerischen Leistungserbringer. Darüber hinaus sollten sich auch Vertreter des Netzwerk- und Qualitätsmanagements beteiligen. Für den Fall, dass ein Referenzpfad zur Anwendung in mehreren Versorgungsnetzwerken (siehe Abschn. 2.1) das Ziel der Pfadentwicklung ist, sollten darüber hinaus auch Vertreter der Gesundheitspolitik (z. B. nationale oder regionale Behörden), Vertreter nationaler oder internationaler Gesundheitsorganisationen oder -verbände (z. B. Vertreter von Akkreditierungsorganisationen oder der medizinischen Leitlinienentwicklung), Forscher sowie Vertreter anderer integrierter Versorgungsnetzwerke einbezogen werden. Die **Domänenexperten** haben die Aufgabe, die inhaltlichen Elemente des Patientenpfades zu identifizieren und zu beschreiben. Im Detail umfasst dies die Beschreibung von Tätigkeiten und ihrer sachlogischen Abfolge sowie Informations- oder Ressourcenflüsse, beteiligte Rollen, Schnittstellen, obligatorische und optionale Teile. Die ausgewählten Domänenexperten sollten gemeinsam die folgenden Qualifikationen und Fähigkeiten mitbringen, um die Aufgaben im Pfadentwicklungsteam erfolgreich umsetzen zu können:

- Umfassende Kenntnisse und Erfahrungen in der Versorgung der adressierten Patientenpopulation
- Gutes Verständnis der Bedürfnisse und Perspektiven der Patienten und anderer Interessengruppen im Versorgungsnetzwerk
- Fähigkeit zur Identifizierung von Prozessen im Versorgungsnetzwerk und zur Optimierung der Versorgung
- Erfahrung in der Entwicklung von Patientenpfaden
- Analytische Fähigkeiten, um Information zu sammeln, zu analysieren und Entscheidungen zu treffen
- Ausgezeichnete Kommunikationsfähigkeiten, um komplexe Sachverhalte entlang des Versorgungsprozesses zu vermitteln und zu diskutieren
- Teamfähigkeit und Zusammenarbeit mit anderen Mitgliedern des Pfadentwicklungsteams

Um die Patientenperspektive während der Pfadentwicklung einzubeziehen, sollten im Versorgungsnetzwerk versorgte **Patienten oder Patientenvertreter** aus regionalen, nationalen oder internationalen Patientenorganisationen ebenso Teil des Entwicklungsteams sein [18, 19]. Die Einbindung der Patienten während des gesamten Prozesses stellt sicher, dass der Patientenpfad wirklich auf Patientenbedürfnisse abgestimmt ist. Ein Beispiel für gut Patientenbeteiligung ist die Entwicklung medizinischer Leitlinien der AWMF. Hier sind Patienten bzw. Bürger fester Bestandteil der Leitliniengruppe und Patienteneinbeziehung dient als Indikator für gute Qualität einer Leitlinie. Ein ähnlicher Ansatz sollte auch bei der Entwicklung von Patientenpfaden angestrebt werden. Dabei sollte bedacht werden, inwieweit Patienten der Patientenpopulation generell in der Lage oder bereit dazu sind, sich aktiv in den Gesundheitsversorgungsprozess einzubringen. Faktoren wie das Durchschnittsalter, der Gesundheitszustand oder das Gesundheitswissen haben einen wichtigen Einfluss sowohl auf das Informations- und Partizipationsbedürfnis als auch auf die Fähigkeit der Patienten, sich aktiv am Versorgungsprozess zu beteiligen [20]. Darüber hinaus benötigen Patienten zur Beteiligung im Projektteam ein umfangreiches Wissen zur Krankheit und Hintergrundinformationen zum Gesundheitssystem bzw. zur Versorgung im integrierten Versorgungsnetzwerk. Daher sind geschulte Patientenvertreter oftmals eine wertvolle Ergänzung für das Entwicklungsteam [18].

Pfad-Designer helfen, das Wissen der Domänenexperten in ein Patientenpfad zu übersetzen. Der Pfad-Designer ist verantwortlich für die Darstellung des Patientenpfades im gewählten Format, in der Regel als Prozessmodell, und für die Ausgestaltung des Pfades entsprechend der regionalen und lokalen Gegebenheiten des Netzwerkes. Er stellt die korrekte Anwendung der gewählten Modellierungssprache sicher und überführt die identifizierten Pfadelemente in einen Patientenpfad als Prozessmodell. Der Pfad-Designer stellt Rückfragen an die Domänenexperten bei identifizierten Unstimmigkeiten. Er bereitet den Patientenpfad zur Implementierung vor und überprüft die Einhaltung der Anforderungen an den Patientenpfad. Sollte ein Referenzpatientenpfad zur Nutzung in mehreren Versorgungsnetzwerken entwickelt werden, hat der Pfad-Designer darüber hinaus die Aufgabe, den Patientenpfad wiederverwendbar und anpassbar an regionale und lokale Gegebenheiten einzelner Netzwerke zu gestalten. Dazu können beispielsweise Referenzmodellierungstechniken herangezogen werden. Der Pfad-Designer sollte daher die folgenden Qualifikationen und Fähigkeiten mitbringen:

- Erweiterte Kenntnisse über Prozess- und/oder Pfad-Modellierungssprachen und -Werkzeuge und ggf. Referenzmodellierungstechniken
- Erfahrungen in der Analyse und Standardisierung von Prozessen im Gesundheitswesen
- Erfahrung in der Analyse und Umsetzung von Patientenpfaden
- Grundkenntnisse der Bedürfnisse und Perspektiven der Beteiligten im Gesundheitswesen, einschließlich der Patienten
- Teamfähigkeit und Zusammenarbeit mit den anderen Mitgliedern des Pfadentwicklungsteams
- Ausgezeichnete Kommunikationsfähigkeiten, um komplexe Konzepte und Methoden zu vermitteln und anzuleiten
- Analytische Fähigkeiten, um notwendige Informationen zu sammeln, zu analysieren und Entscheidungen zu treffen

Zur Sicherstellung der korrekten Umsetzung der Methode zur Pfadentwicklung, sollte das Projektteam die Rolle eines **Methodenexperten** besetzen. Er organisiert die Pfadentwicklung aus methodischer Perspektive. Dazu bereitet der Methodenexperte die Arbeitstreffen methodisch vor, moderiert und dokumentiert sie und leitet die Teilnehmer der Treffen entsprechend an. Darüber hinaus führt er notwendige Schulungen zur Methode oder zu einzelnen Methodenschritten durch. Er muss zudem in der Lage sein, das konkrete Vorgehen auch an die individuellen Projektbedarfe anzupassen. Vor dem Hintergrund dieses Aufgabenspektrums sollte ein Methodenexperte die folgenden Qualifikationen und Fähigkeiten aufweisen:

- Umfassende Kenntnisse der relevanten Methoden und Werkzeuge für die Pfadentwicklung
- Erfahrung in der Arbeit mit interdisziplinären Teams
- Gutes Verständnis für die Dynamik und Herausforderungen von interdisziplinären Teams
- Ausgezeichnete Kommunikations- und Schulungsfähigkeiten
- Fähigkeit, komplexe Methoden und Konzepte verständlich zu erklären
- Erfahrung in der Umsetzung von Pfaden in der Praxis und der Analyse von Versorgungsprozessen

Weiterhin sollte die Rolle eines **Projektmanagers** im Projektteam besetzt werden. Dieser trägt die Gesamtverantwortung für den erfolgreichen Verlauf des Pfadentwicklungsprojekts. Dazu gehören die Planung, Koordination, Überwachung und das Risikomanagement der Projektaktivitäten sowie die enge Zusammenarbeit mit den verschiedenen Teammitgliedern, einschließlich Domänenexperten, Pfad-Designern und Methodenexperten. Im Zuge des Risikomanagements identifiziert er proaktiv potenzielle Herausforderungen oder Hindernisse im Projektverlauf und erarbeitet Lösungen. Weitere Aufgaben umfassen die Überwachung des Projektfortschritts, die Erstellung von Statusberichten und regelmäßige Berichterstattung, z. B. an das Netzwerkmanagement. Darüber hinaus unterstützt der Projektmanager bei der Ressourcenplanung, -zuweisung und -verwaltung innerhalb des Pfadentwicklungsprojektes. Folgende Qualifikationen und Fähigkeiten sollte ein Projektmanager mitbringen:

- Erfahrung im Projektmanagement im Gesundheitswesen, idealerweise im Zusammenhang mit der Entwicklung von Patientenpfaden und Projekten in der integrierten Versorgung
- Umfassendes Verständnis der Projektmanagementprinzipien, -methoden und -tools
- Fähigkeit zur effektiven Planung, Organisation und Überwachung von Projekten, einschließlich Zeitmanagement und Budgetkontrolle
- Ausgeprägte Führungsqualitäten und die Fähigkeit, ein interdisziplinäres Team zu motivieren, zu führen und zu koordinieren

- Hervorragende Kommunikations- und Präsentationsfähigkeiten, um mit Teammitgliedern, Stakeholdern und anderen relevanten Parteien zu interagieren
- Analytische und problemlösende Fähigkeiten, um Herausforderungen und Risiken zu identifizieren und angemessene Lösungsstrategien zu entwickeln
- Flexibilität und Anpassungsfähigkeit, um auf sich ändernde Anforderungen und Umstände reagieren zu können
- Fähigkeit zur Zusammenarbeit und zum Aufbau von Partnerschaften mit verschiedenen Stakeholdern im Gesundheitswesen

Die Rollenmodelle sehen vor, dass einzelne Personen verschiedene Rollen ausfüllen können. Beispielsweise könnte der Methodenexperte gleichzeitig die Rolle des Projektmanagers übernehmen. Ebenso wäre denkbar, dass ein Domänenexperte gleichzeitig die Rolle des Projektmanagers übernimmt. Zur Besetzung der Rollen der Domänenexperten sind aufgrund der notwendigen unterschiedlichen Perspektiven der Leistungserbringung entlang des Patientenpfades natürlicherweise mehrere Personen notwendig. Die Erfahrung aus Pfadentwicklungsprojekten legt eine Teamgröße von 6 bis 12 Personen nahe. Es sollte bei der Zusammenstellung des Projektteams darauf geachtet werden, dass die Anzahl der Mitglieder insofern angemessen ist, als dass die Teamdynamik und Effizienz nicht beeinträchtigt werden. Die Mitglieder des Teams sollten in der Lage sein, zusammenzuarbeiten und ihre Expertisen einzubringen, um ein effektives und qualitativ hochwertiges Ergebnis zu erzielen.

Neben dem internen Projektteam, zumeist zusammengesetzt aus Mitgliedern des eigenen Versorgungsnetzwerkes, sollten auch **externe Fachexperten** zur Validierung des entwickelten Patientenpfades identifiziert und zur Unterstützung angefragt werden. Ihre Einbeziehung ermöglicht eine umfassendere Überprüfung und Verbesserung des Patientenpfades (siehe Abschn. 3.2.5.4).

Die Zusammenstellung eines qualifizierten interdisziplinären Projektteams ist ein wesentlicher Schritt bei der Entwicklung von Patientenpfaden in einem integrierten Versorgungsnetzwerk. Durch die Berücksichtigung der verschiedenen Interessengruppen und Perspektiven können Patientenpfade entwickelt werden, die den Anforderungen und Bedürfnissen aller Beteiligten gerecht werden.

Arbeitsgruppe zur Entwicklung und regionalen Anpassung der Referenzpfade für die Versorgung von Patienten mit Darmkrebs und Bauchspeicheldrüsenkrebs in integrierten Krebsnetzwerken

Für die Entwicklung der generischen Referenzpatientenpfade zur Behandlung von Patienten mit kolorektalem Karzinom sowie Pankreaskarzinom in Comprehensive Cancer Care Networks wurde eine interdisziplinäre und internationale Arbeitsgruppe mit fachlichen und methodischen Experten besetzt. Die folgenden Domänenexperten unterstützten dabei das Projektteam:

- Vertreter nationaler öffentlicher Gesundheitsinstitutionen (z. B. Gesundheitsministerien), nationaler Krebsinstitute sowie internationaler (europäischer) Krebsorganisationen
- Vertreter nationaler Gesundheitsdienstleister (insbesondere medizinische und pflegerische Versorger von Krebspatienten) aus verschiedenen Bereichen der Versorgung in integrierten Krebsnetzwerken
- Management und Klinikleitung mehrerer integrierter Krebsnetzwerke aus unterschiedlichen europäischen Ländern
- Methodiker der Leitlinienentwicklung

Darüber hinaus war eine Patientenvertretung einer europäischen Patientenorganisation für Patienten mit Krebserkrankungen des Verdauungssystems beteiligt. Die Domänenexperten als auch Patienten haben gleichzeitig die Rolle und Perspektive potenzieller zukünftiger Anwender der zu entwickelnden Patientenpfade abgedeckt. Die Aufgaben des Projektmanagements, Pfad-Designs und der methodischen Anleitung und Durchführung der Pfadentwicklung verteilte sich auf zwei Experten mit Qualifikationshintergrund im Bereich der Netzwerkentwicklung und Pfadmodellierung. Insgesamt bestand die Arbeitsgruppe damit aus 16 Personen aus unterschiedlichen europäischen Mitgliedsstaaten und Organisationen bzw. Versorgungsnetzwerken, die in mehreren Workshops zur Entwicklung der Referenzpfade zusammenkamen. Die Arbeitsgruppe schätzte es selbst als sehr wertvoll ein, dass viele Spezialisten für die Behandlung von gastrointestinalen Tumoren involviert waren. Darüber hinaus wurden zwei externe Fachexperten – aus dem Klinikalltag sowie aus der Arbeitsgruppe zur Entwicklung der Leitlinie zum kolorektalen Karzinom – zur Validierung des entwickelten Patientenpfades eingebunden.

Diese Referenzpatientenpfade wurden zur Implementierung an die spezifischen Gegebenheiten konkreter Krebsnetzwerke angepasst (siehe Abschn. 2.3.3). Hierfür wurden dedizierte, kleinere Arbeitsgruppen in den jeweiligen Netzwerken vor Ort eingerichtet. Das Projektteam zur Adaption des generischen Referenzpfades für Patienten mit kolorektalem Karzinom für ein Krebsnetzwerk in Polen bestand beispielsweise in der Hauptverantwortung aus der Koordinatorin des Comprehensive Cancer Care Networks sowie einer Mitarbeiterin der Tumordokumentation. Diese beiden koordinierten die Abstimmung und Diskussion zum Patientenpfad mit den am Netzwerk beteiligten Ärzten, je nachdem, wessen Expertise entlang der Phasen im Patientenpfad gerade benötigt wurde, und führten die Erkenntnisse inhaltlich im Pfad zusammen. Die methodische Begleitung und die Pfadmodellierung lag bei den an der Entwicklung des Referenzpfades beteiligten Experten (in der Rolle der Pfad-Designer und Methodenexperten).◄

3.2.2.5 Projektteam informieren und sensibilisieren

Nachdem das Projektteam konstituiert wurde, muss es über die anstehenden Aufgaben und den geplanten Ablauf des Pfadentwicklungsprojektes informiert und im Verständnis des Pfadkonzeptes sowie einzusetzender Werkzeuge geschult werden [1, 3]. In dieser Phase ist es entscheidend, dass alle Teammitglieder ein gemeinsames Verständnis für die Projektziele, den Zeitplan, die Ressourcen und die erwarteten Ergebnisse haben. Weiterhin sollten die Teilnehmer in diesem Zusammenhang auch explizit für die identifizierten Risiken und typische Hemmnisse in Pfadentwicklungsprojekten sensibilisiert werden (siehe Abschn. 3.2.2.3). Der Prozess der Konsensfindung innerhalb des Teams sollte zudem gemeinsam festgelegt werden [1]. Zur Lösung von Unstimmigkeiten zwischen den Beteiligten während der Entwicklung von Pfadinhalten können strukturierte Konsensfindungsprozesse genutzt werden. Hierfür eignen sich zum Beispiel die Delphi-Methode, eine Konsensuskonferenz oder Fokusgruppen.

Das Informieren des Projektteams beinhaltet die Kommunikation der Projektziele, der geplanten Meilensteinen, des Zeitplans und der Zuständigkeiten der einzelnen Teammitglieder. Dadurch soll sichergestellt werden, dass jedes Teammitglied die Ziele und den geplanten Ablauf des Projekts versteht und in der Lage ist, seine Aufgaben entsprechend zu planen und umzusetzen. Dies ist besonders wichtig, da die beteiligten ärztlichen und pflegerischen Leistungserbringer diese Aufgaben sehr häufig zusätzlich zu ihren regulären Tätigkeiten übernehmen. Darüber hinaus können frühzeitig Fragen, Bedenken oder Unklarheiten geklärt werden. Es stellt zudem sicher, dass alle Mitglieder auf dem gleichen Wissensstand sind. Dies schafft eine solide Grundlage für eine effektive Zusammenarbeit und Koordination im gesamten Projektverlauf. Das Informieren des Projektteams kann in einem Kick-off-Meeting, durch das Verteilen von Projektdokumenten oder die individuelle Kommunikation mit den Teammitgliedern unterstützt werden. Zur Vermeidung von Missverständnissen sollten die Informationen klar, umfassend und präzise vermittelt werden.

Die Schulung und Information des Projektteams sollte auch für den Stellenwert der Patientenzentrierung im gesamten Pfadentwicklungsprojekt sensibilisieren. Zu diskutierende Themen, sind unter anderem die Einbeziehung der Patientensicht, die Nutzung von Instrumenten zur Patientenbeteiligung und Patientenaufklärung, die Anpassung des Pfades an individuelle Bedürfnisse und Berücksichtigung von Faktoren, die die Lebensqualität beeinflussen, wie Finanzen, Transport und Beschäftigung.

3.2.3 Bestandsaufnahme von Versorgungspraxis und Evidenz

3.2.3.1 Überblick

Ziele der Bestandsaufnahme von Versorgungspraxis und Evidenz
Das Ziel der Phase „Bestandsaufnahme von Versorgungspraxis und Evidenz" ist die Analyse der aktuellen Versorgung aus den Perspektiven: 1) Netzwerk- und Versorgerperspektive für die Zielindikation, 2) Patientenperspektive und 3) verfügbare Evidenz und existierende Pfade sowie Indikatoren zur Leistungs- und Erfolgsmessung. Bei der Analyse sollten auch Schwachstellen und Engpässe im Versorgungsprozess identifiziert werden. Die Analyseergebnisse werden sogfältig dokumentiert, um sie als Inputs für die nächsten Entwicklungsschritte verwenden zu können.

Checkliste

- ☐ Die aktuell praktizierten Prozesse sowie Schnittstellen zwischen den beteiligten Leistungserbringern im integrierten Versorgungsnetzwerk als auch mit externen Partnern zur Versorgung der adressierten Patientenpopulation wurden analysiert.
- ☐ Der aus Sicht von Patienten und deren Angehörigen erlebte Versorgungsprozess im Versorgungsnetzwerk wurde erhoben.
- ☐ Die aktuell verfügbare Evidenz zur Versorgung des adressierten Erkrankungsbildes (Patientenpopulation) wurde systematisch erhoben und analysiert. Darüber hinaus wurden bereits verfügbare Patientenpfade recherchiert und ihre Eignung zur Verwendung oder Anpassung für das eigene Pfadentwicklungsprojekt bewertet.
- ☐ Verfügbare Indikatoren zur Leistungs- und Erfolgsmessung des Patientenpfades wurden recherchiert und ihre Eignung für den eigenen Versorgungskontext bewertet.

3.2.3.2 Netzwerk- und Versorgerperspektive

Für die Entwicklung des Patientenpfades ist die Evidenzlage zur Versorgung und Behandlung der definierten Patientenpopulation ein wesentlicher Baustein (siehe Abschn. 3.2.3.4). Zudem müssen netzwerkspezifische Gegebenheiten und Strukturen separat analysiert und definiert werden, da sie selten Gegenstand medizinischer Forschung sind. Als Grundlage dafür dient eine Bestandsaufnahme zur aktuellen Versorgungspraxis, d. h. die Analyse des typischen Versorgungsgeschehens im Versorgungsnetzwerk. Hierzu werden der Status quo der Prozesse und bestehende Defizite der Patientenversorgung erhoben und beschrieben [1].

Die Perspektive der Versorger ist dabei zentral für die Erlangung eines tieferen Verständnisses der realen Versorgungspraxis und der „alltäglichen“ Herausforderungen im Prozess. Diese Erfahrungen und Erkenntnisse sind essenziell, um den Patientenpfad sowohl für Versorgende als auch Patienten adäquat zu gestalten (siehe Abschn. 3.2.3.3). Herausforderungen im Prozess können zum Beispiel Engpässe aufgrund mangelnder Versorgungskapazitäten und ineffiziente Versorgungsabläufe sein, die sich negativ auf die Patientenerfahrung und die Versorgungsqualität auswirken können. Sie liefern wichtige Verbesserungspotenziale, sei es in Bezug auf den Informationsaustausch, die Koordination der Versorgungsschritte oder die Zusammenarbeit zwischen den verschiedenen Akteuren im Netzwerk. Ein effektives integriertes Versorgungsnetzwerk setzt schließlich voraus, dass verschiedene Fachrichtungen und Gesundheitsdienstleister ohne Unterbrechungen oder Hindernisse eng und lückenlos zusammenarbeiten. Die Partizipation der Versorgenden an der Pfadentwicklung fördert zudem die Akzeptanz für die Implementierung und Nutzung des Patientenpfades sowie letztendlich den Erfolg der Pfadnutzung. Sie fühlen sich stärker mit dem Ergebnis verbunden und sind eher bereit, die neuen Ansätze in ihrer täglichen Praxis umzusetzen.

Zur Analyse der aktuell praktizierten Prozesse und Schnittstellen zwischen den beteiligten Leistungserbringern im integrierten Versorgungsnetzwerk eignen sich grundsätzlich die bereits während der Bedarfs- und Potenzialanalyse vorgeschlagenen Methoden und erhobenen Daten (siehe Abschn. 3.2.2.2). Zusätzlich kann die Prozessanalyse durch die Anwendung folgender Methoden unterstützt werden:

- **Datenanalysen:** Eine umfassende Analyse von versorgungsbezogenen Daten kann wertvolle Informationen über den Versorgungsprozess liefern. Hierzu gehören beispielsweise die Analyse von Krankenakten, Abrechnungsdaten, Behandlungsprotokollen und Ergebnissen diagnostischer Tests. Diese Daten sind relevant, um Engpässe, wiederkehrende Probleme oder ineffiziente Abläufe zu identifizieren. Existiert bereits eine gut strukturierte digitale Behandlungsdokumentation, bieten sich Process-Mining-Tools an, um aus den Bestandsdaten (Event-Logs) tatsächliche Abläufe und Prozesse zu rekonstruieren, visualisieren und auszuwerten.
- **Interviews und Fokusgruppen:** Gespräche mit den am Versorgungsprozess beteiligten Leistungserbringern ermöglichen direkte Einblicke in das Versorgungsgeschehen. Interviews und Fokusgruppen bieten die Möglichkeit, Bedenken, Herausforderungen und Verbesserungsvorschläge zu erfassen und ein umfassendes Verständnis über die gegenwärtige Versorgungspraxis zu entwickeln. Dazu kann beispielsweise die „Brown-Paper-Methode“ eingesetzt werden. Diese visuelle und partizipative Technik kann dazu genutzt werden, den aktuellen Versorgungsprozess zu verstehen. In Workshops wird der Versorgungsprozess und seine Schnittstellen auf einem großen Blatt Papier oder einer Wandtafel visualisiert und anhand dessen, bereits gut funktionierende Schritte, bisher fehlende Elemente, Engpässe und Verbesserungspotenziale analysiert.

- **Beobachtungen vor Ort („Shadowing"):** Indem man den Versorgungsprozess direkt vor Ort beobachtet, können Prozessabläufe, Kommunikationsmuster und Arbeitsweisen besser verstanden werden. Diese Methode ermöglicht verborgene Probleme und Aspekte des Versorgungsprozesses aufzudecken, die in anderen Datenquellen möglicherweise nicht ersichtlich sind (siehe auch „Shadowing" in Abschn. 3.2.3.3)
- **Qualitative und quantitative Befragungen:** Die Durchführung von Befragungen der Versorgenden und Netzwerkpartner mittels Fragebögen oder Checklisten ermöglicht eine systematische Erfassung des Status quo der Versorgung aus Leistungserbringersicht. Zum Beispiel können Fragebögen zur Erhebung der Zufriedenheit oder des Kooperationsgrads im Versorgungsnetzwerk genutzt werden.
- **Benchmarking:** Der Vergleich des Versorgungsprozesses mit anderen, ähnlichen Versorgungsnetzwerken oder Best Practices kann hilfreiche Erkenntnisse liefern und als Grundlage für Verbesserungsmaßnahmen im eigenen Netzwerk dienen. Hierzu werden zum Beispiel Versorgungsergebnisse und -prozesse mittels Qualitätsindikatoren miteinander verglichen.
- **Root-Cause-Analyse:** Die Ursachen identifizierter Probleme können mit der Root-Cause-Analyse systematisch analysiert werden. Sie bietet eine Möglichkeit entlang von definierten Kategorien (bspw. Finanzen, Personal, Technik, Prozesse), Ursachen für festgestellte Probleme zu analysieren. Die Methode wird häufig auch in Verbindung mit dem Ishikawa-Diagramme genannt.

Durch die Kombination dieser vielfältigen Ansätze zur Analyse des Netzwerkgeschehens lässt sich ein umfassendes Bild der aktuellen Situation und eine solide Grundlage für ihre Verbesserung durch die Entwicklung des Patientenpfades schaffen.

3.2.3.3 Patientenperspektive

Neben der Perspektive der Versorgenden (siehe Abschn. 3.2.3.2) ist die Perspektive der Patienten und ihrer Angehörigen wichtig. Dies stellt sicher, dass die Versorgung den Bedürfnissen und Erwartungen der Patienten gerecht wird und deckt durch die Patienten wahrgenommene Schwachstellen im Versorgungsprozess auf [1, 21, 22]. Themen, die für Patienten von hoher Bedeutung sind, sollten in die Gestaltung des Patientenpfades einfließen. Die Betrachtung der Versorgungspraxis aus der Patientenperspektive kann dazu beitragen, eine patientenzentrierte Versorgung zu fördern, die Versorgungsqualität und Patientensicherheit zu verbessern, die Rolle und Zufriedenheit der Patienten zu stärken. Durch diese „Ko-Produktion" mit Patienten können beispielsweise unnötige Schritte, Verfahren oder Praktiken im Versorgungsprozess identifiziert werden, die keinen Mehrwert liefern und auf welche deshalb verzichtet werden kann. Patienten können zudem Ideen zur Verbesserung des Informations- und Kommunikationsgeschehens einbringen. Patienten können jedoch auch als Promoter exzellenter Versorgung fungieren, in dem sie gute Beispiele hervorheben, von denen im und über die Grenzen des Versorgungsnetzwerks hinweg gelernt werden kann [21, 23]. Darüber hinaus können Patientenverbände und

Patientenvertreter zur Analyse beitragen, da sie zumeist einen Überblick über bestehende Defizite haben und diese fundiert kommunizieren können [1].

Um einen Patientenpfad unter Einbeziehung der realen Erfahrungen von Patienten auf ihrem Weg durch das Versorgungsgeschehen entwickeln zu können, sind ihre Erfahrungen zu erfassen und sie dabei zu unterstützen, ihre „Geschichte" zu erzählen. Für Patienten sind dabei insbesondere auch emotionale Aspekte wichtig. Das kann konkret bedeuten [21]:

- Das Gefühl, gut informiert zu sein und Entscheidungsmöglichkeiten zu haben.
- Versorgende, die zuhören und sich Zeit nehmen.
- Als Mensch behandelt zu werden und nicht als Nummer.
- In den Versorgungsprozess einbezogen zu werden und Fragen stellen zu können.

Zur Erhebung der Patientenperspektive bieten sich die folgenden Methoden an: Interviews, Fokusgruppen oder Umfragen zur Patientenzufriedenheit, zu Erwartungen und Präferenzen. Eine häufig verwendete Methode ist das „Shadowing" (siehe auch Abschn. 3.2.3.2). Hierbei wird beobachtet, was mit und um den Patienten geschieht. Auf diese Weise ergeben sich zum Beispiel Erkenntnisse darüber, wie lange ein Patient an verschiedenen Stellen im Versorgungsprozess wartet, wie oft ein Patient zu Informationen über sich selbst befragt wird, ob Beschilderungen einfach zu verstehen und eindeutig sind oder wie klar Anweisungen und Informationen von Versorgenden für einen Patienten zu verstehen sind [21]. Weitere Möglichkeiten zur Erhebung der Patientenperspektive sind Storyboards, Tagebücher, Blogs oder gar Filmaufnahmen durch die Patienten [21]. Insbesondere emotionale und wertende Formulierungen signalisieren dabei die wahrgenommene Wirkung des Versorgungsgeschehens.

Die Untersuchungen sollte sich nicht allein auf die Patientenperspektive beschränkt, sondern auch die Sicht der Angehörigen einbeziehen. Dies können Familienangehörige oder Personen aus dem näheren sozialen Umfeld eines Patienten sein. Dadurch wird eine noch umfassendere Sicht auf die aktuelle Versorgungspraxis generiert und eventuelle Verzerrungen durch den Patienten aufgedeckt. Die Einbeziehung Angehöriger ist deshalb so wertvoll, weil sie als wichtige Begleiter am Versorgungsprozess beteiligt sind, wie folgende Beispiele zeigen:

- **Physische und organisatorische Unterstützung der Patienten:** Angehörige spielen oft eine wichtige Rolle bei der Betreuung, Unterstützung oder Pflege von Patienten. Sie begleiten Patienten beispielsweise zu Arzt-/Aufklärungsgesprächen oder Therapieeinheiten, erledigen Einkäufe oder übernehmen administrative Aufgaben, wie den Kontakt zu Versicherungen und Arbeitgebern.
- **Emotionale Unterstützung der Patienten:** Das familiäre und soziale Umfeld eines Patienten ist oftmals eine wichtige Säule emotionaler Unterstützung, die dabei hilft, die Krankheit zu bewältigen oder mit ihr zu leben. Als Gesprächspartner hören Angehörige

zu, beruhigen, ermutigen, spenden Trost. Sie können dabei helfen, eine positive Atmosphäre für die Patienten zu schaffen und sie zu motivieren, mit krankheitsbedingten Herausforderungen umzugehen.

- **Entscheidungsunterstützung:** Angehörige unterstützen Patienten beim Einholen relevanter Informationen zum Krankheitsbild und zum Versorgungsgeschehen. Sie sind oft „ihr zweites Paar Ohren" im Arztgespräch, achten darauf, dass alle Anliegen geklärt sind, stellen Fragen oder animieren den Patienten dazu, gewisse Fragen zu stellen. Sie sind auf diese Weise daran beteiligt, dass ein Patient eine informierte Entscheidung zu seinem Versorgungsverlauf treffen kann.

Die Erfahrungen, die Angehörige eines Patienten entlang deren Versorgungsverlauf machen, können helfen, die Bedürfnisse und Wünsche der Patienten entlang des Patientenpfades besser zu verstehen und den Patientenpfad dahingehend weiterzuentwickeln. Sie können zusätzliche Informationen über den wahrgenommenen Versorgungsprozess, Informations- und Unterstützungsbedarfe oder Schwachstellen liefern, die für die Bewertung der aktuellen Versorgungspraxis relevant sein können. Ihre Einschätzungen können Einblicke in Aspekte geben, die Patienten möglicherweise selbst so nicht wahrnehmen und kommunizieren, oder selbst äußern konnten. Die Begleitung und Pflege eines erkrankten Familienmitglieds stellen jedoch häufig auch eine große emotionale Belastung für die Angehörigen dar. Auch hinsichtlich dieser Belange können Maßnahmen ergriffen werden, um diesen Bedürfnissen im Patientenpfad zu adressieren.

3.2.3.4 Verfügbare Evidenz, existierende Pfade und Indikatoren

3.2.3.4.1 Recherche und Bewertung aktueller Evidenz und Indikatoren

Patientenpfaden sollten stets auf den neuesten nationalen und internationalen Empfehlungen und Standards zur Versorgung der adressierten Patientenpopulation beruhen. Obwohl nicht für alle Aktivitäten im Pfad Evidenz vorhanden ist, sollten zumindest solche Interventionen, die einen großen Einfluss auf das Behandlungsergebnis bei den Patienten haben, durch die Empfehlungen medizinischer Leitlinien oder Evidenz aktueller klinischer Studien unterstützt werden [1, 22]. Dazu sollte eine systematische Literaturanalyse durchgeführt werden [6, 9, 21, 22].

Für viele Krankheitsbilder existieren bereits medizinische Leitlinien. Sie dienen als Startpunkt für die Evidenzrecherche und damit für Entscheidungen zur Gestaltung des Patientenpfades. In Deutschland gibt vor allem die Arbeitsgemeinschaft der Wissenschaftlichen Medizinischen Fachgesellschaften (AWMF)medizinische Leitlinien heraus. Die Suche kann zudem auf internationale Leitlinien ausgeweitet werden, wenn die nationale Evidenzlage unzureichend ist. In Tab. 3.3 sind anerkannte Anlaufstellen für die nationale und internationale Recherche von medizinischen Leitlinien und Versorgungsempfehlungen mit hohem Evidenzniveaus zusammengestellt.

Im Anschluss sollten die Empfehlungen aus den ausgewählten Leitlinien gesichtet werden. Dabei wird sich in erster Linie auf diagnostische und therapeutische Maßnahmen

Tab. 3.3 Nationale und internationale Quellen medizinischer Leitlinien und evidenzbasierter Versorgungsempfehlungen

	Herausgeber/ Trägerschaft	Ressource	Zugang (Stand: 07.08.2024)
National	Arbeitsgemeinschaft der Wissenschaftlichen Medizinischen Fachgesellschaften e. V. (AWMF)	AWMF Leitlinien-Register	https://register.awmf.org/de/suche
	Bundesärztekammer, Kassenärztliche Bundesvereinigung, AWMF	Nationale Versorgungsleitlinien des NVL-Programms	https://www.leitlinien.de/
International	Guidelines International Network (GIN)	International Guidelines Library	https://guidelines.ebmportal.com
	Agency for Healthcare Research and Quality (AHRQ)	AHRQ Guidelines and Measures	https://www.ahrq.gov/gam/
	National Institute for Health and Care Excellence (NICE)	NICE Guidance, insb. NICE Guidelines, NICE Quality Standards	https://www.nice.org.uk/guidance/
	European Medicines Agency (EMA)	Compilation of European Commission and Agency guidelines	https://www.ema.europa.eu/en/human-regulatory/research-development/scientific-guidelines
	World Health Organization (WHO)	WHO Leitlinien, bewilligt durch das Guidelines Review Committee	https://www.who.int/publications/who-guidelines

konzentriert. Zunehmend finden sich auch Aussagen zur Nachsorge und Langzeitbetreuung, Rehabilitation oder Supportiven Therapieansätzen, die allesamt relevant für die Erarbeitung des Patientenpfades sind. Patientenleitlinien könne zusätzliche Informationen zur Umsetzung patientenrelevanter Aktivitäten im Patientenpfad liefern. Bei der Durchsicht der Leitlinienempfehlungen sollte der Empfehlungsgrad sowie das Evidenzniveau berücksichtigt werden. Darüber hinaus sind die Reihenfolge der Maßnahmen, die beteiligten Fachdisziplinen, der Zeitpunkt und die Entscheidungsgrundlage zur Durchführung von Maßnahmen sowie eventuelle Kontraindikationen oder Nebenwirkungen zu analysieren. Dies sollte bereits während der Recherche steckbriefartig festgehalten werden.

Wenn noch keine Leitlinien verfügbar sind, sollte eine eigene Recherche zur aktuellen Evidenz durchgeführt werden. Es gibt mittlerweile unzählige Beschreibungen zur

Durchführung solcher Recherchen. In dem Beitrag von Xiao und Watson (2019) [24] sind verschiedene Typen von Literaturrecherchen kategorisiert und die acht essenziellen Schritte zur Durchführung jeder Literaturrecherche beschrieben. Diese sind im Folgenden überblicksartig zusammengefasst und in kursivem Text vor dem Hintergrund des Pfadentwicklungsprojektes reflektiert.

1. **Formulieren des Forschungsproblems:** Die Formulierung des Forschungsproblems umfasst die Festlegung von zielgerichteten Forschungsfragen, die den gesamten Prozess der Literaturrecherche und -analyse lenken und sicherstellen, dass die Auswahl der Studien, die Datenextraktion und -synthese sowie ggf. die Publikation darauf abzielen, diese Forschungsfragen zu beantworten.
   Im Pfadentwicklungsprojekt werden die Forschungsfragen auf die Versorgung des adressierten Patiententyps entlang des Versorgungskontinuums abzielen, zum Beispiel zur Wirksamkeit und Sicherheit einer bestimmten Intervention. Um die Forschungsfrage(n) zu definieren, wird für klinische Fragestellungen das PICO[3] Schema genutzt.
2. **Entwickeln und Testen des Suchprotokolls:** Das Suchprotokoll beschreibt alle Elemente der Recherchedurchführung, einschließlich des Studienzwecks, der Forschungsfragen, der Einschlusskriterien, der Suchstrategien, der Screening-Verfahren, der Kriterien zur Bewertung der Qualität der gefundenen Studien sowie der Strategien für die Datenextraktion, -synthese und -berichterstattung.
   Auf Basis der definierten Forschungsfrage(n) wird das Suchprotokoll erstellt. Ein Beispiel für genutzte Datenbanken, Suchanfragen und Ein-/Ausschlusskriterien ist am Ende von Abschn. 3.2.3.4.2 formuliert.
3. **Durchführen der Suche:** Es erfolgt eine systematische Suche nach relevanter Literatur in elektronischen Datenbanken, durch Rückwärts- und Vorwärtssuchen sowie die Konsultation von Experten. Die Auswahl der richtigen Suchbegriffe und die Dokumentation der Suchergebnisse sind von entscheidender Bedeutung.
   Häufig verwendete wissenschaftliche Fachdatenbanken zur Beantwortung von Fragestellungen im Gesundheitsbereich sind CINHAL, Cochrane Library, Embase, MEDLINE, PubMed und Web of Science.
4. **Screening der Suchergebnisse:** Die Suchergebnisse werden anhand von festgelegten Ein- und Ausschlusskriterien hinsichtlich ihrer Relevanz geprüft, wobei ein zweistufiges Vorgehen angewendet wird: Zunächst wird anhand der Titel und Zusammenfassungen (Abstracts) eine grobe Vorauswahl getroffen, gefolgt von einer Beurteilung anhand der Volltexte. Bei Meinungsverschiedenheiten zwischen den Gutachtern werden diese durch Diskussion oder Einbeziehung einer dritten Partei gelöst. Die Liste der ausgeschlossenen Artikel wird zum Zwecke der Nachvollziehbarkeit und Überprüfbarkeit aufbewahrt.

[3] PICO: P = Patient/Problem/Population, I = Intervention/diagnostisches/therapeutisches Verfahren, C = Comparison/Control (Vergleichsintervention), O = Outcome (Zielgröße, die erreicht werden soll).

Das Screening sollte solche Treffer einschließen, die wirksame Interventionen zur Diagnose und (Weiter-) Behandlung von Patienten des adressierten Patiententyps in einem Netzwerk aus Versorgern beschreiben. Sie sollen dabei helfen, die Schritte im Patientenpfad zu definieren und die Aufgaben der beteiligten Akteure zu formulieren.

5. **Bewertung der Qualität:** Die Volltexte der ausgewählten Studien werden einer detaillierten Überprüfung unterzogen, um festzustellen, ob sie den Qualitätskriterien – insb. interne und externe Validität der Publikationen – entsprechen, und um die endgültige Auswahl für die Datenextraktion und -synthese vorzubereiten. Hierbei wird in der Regel ein paralleler, unabhängiger Bewertungsprozess von zwei oder mehreren Personen durchgeführt.
   Die interne Validität (z. B. durch Überprüfung der verwendeten Methodik, der durchgeführten Datenanalyse und der gezogenen Schlussfolgerungen einer Publikation) spielt eine große Rolle bei der Bewertung der Qualität und damit Eignung der gefundenen Literatur. Die externe Validität zielt auf die Generalisierbarkeit der Ergebnisse und auf ihre Anwendbarkeit im eigenen Versorgungskontext ab.
6. **Extrahieren der Daten:** Es werden Methoden zur Datenextraktion und Synthese der Forschungsergebnisse aus den eingeschlossenen Publikationen angewendet (siehe Übersichtsarbeiten zum Beispiel von [25, 26]). Die Wahl der geeigneten Synthesemethode hängt von der Art der zu synthetisierenden Literatur und der eigenen Zielstellung ab. Die Datenextraktion erfolgt entsprechend der gewählten Synthesemethode, zum Beispiel durch Codierung von Studien, um thematische Zusammenfassungen zu erstellen. Dabei ist es wichtig, klare Codierungsrichtlinien festzulegen und bei Teamarbeit zunächst gemeinsam einige Artikel zu codieren, um vergleichbare, einheitliche Ergebnisse zu gewährleisten. Die sorgfältige Durchsicht der gesamten Artikel ist essenziell, um den Kontext der Ergebnisse zu verstehen und Verzerrungen zu vermeiden. Bei der Datenextraktion ist es entscheidend, klare Codierungsrichtlinien festzulegen, gemeinsam Artikel zu codieren und eine gründliche Durchsicht durchzuführen, um vergleichbare Ergebnisse zu erzielen und Verzerrungen zu vermeiden.
   Aus den identifizierten Studien müssen die relevanten Daten extrahiert werden. Dazu gehören u. a. Informationen zur Patientenpopulation, den Interventionen oder Maßnahmen, den Ergebnissen (Wirksamkeit) sowie aller relevanten Variablen, die für die Entwicklung des Patientenpfades relevant sind.
7. **Analyse und Synthese der Daten:** Nachdem die relevanten Daten extrahiert wurden, werden sie entsprechend der gewählten Synthesemethode strukturiert und präsentiert, um die Ergebnisse der Literaturübersicht auf verständliche Weise zu analysieren und zusammenzufassen. Je nach Art der zu kombinierenden Studien können unterschiedliche Ansätze zur Datenanalyse und -synthese angewendet werden. Häufig werden die Ergebnisse mit einer Kombination aus Diagrammen, Tabellen und einer textlichen Beschreibung strukturiert und präsentiert.
   Auch die Evidenzklasse, resultierend aus dem Studiendesign, sollte für alle Publikationen mit analysiert werden. Dazu kommt die Betrachtung der Stärken und Schwächen

der vorhandenen Evidenz, das Identifizieren von Lücken oder Unklarheiten und das Aufzeigen von Implikationen für die Entwicklung des Patientenpfades im eigenen Versorgungskontext.

8. **Veröffentlichen der Ergebnisse:** Der letzte Schritt umfasst die Veröffentlichung der Ergebnisse der Literaturrecherche und -analyse. Das Manuskript sollte sich an den gängigen Empfehlungen zur Beschreibung des Vorgehens und der Ergebnisse aus systematischen Literaturübersichten, wie sie zum Beispiel im PRISMA Statement[4] formuliert sind, orientieren.
Es ist individuell zu entscheiden, ob die Recherche- und Analyseergebnisse zur Versorgung der adressierten Patientenpopulation auch wissenschaftlich publiziert werden oder ausschließlich als Grundlage zur Entwicklung des Patientenpfades dienen sollen.

Dasselbe Vorgehen lässt sich zur Recherche bestehender, evidenzbasierter und erfolgreich getesteter Qualitätsindikatoren anwenden. Sie sind Messgrößen, die die Beurteilung der Qualität der Strukturen, Prozesse und Ergebnisse der Versorgung im Netzwerk ermöglichen. Qualitätsindikatoren sind ein wichtiger Baustein zur Evaluation von Patientenpfaden (siehe Kap. 5). In einigen medizinischen Leitlinien werden Qualitätsindikatoren heute schon mit angegeben. Sie werden systematisch, vorrangig auf Basis starker Leitlinienempfehlungen entwickelt und von der Leitliniengruppe verabschiedet. Ist dies nicht der Fall, sollte die Recherche nach geeigneten Indikatoren selbst durchgeführt werden.

Die Projektgruppe sollte zudem die während der Projektinitiierung und -planung (siehe Abschn. 3.2.2.3) formulierten Pfadziele beachten und Indikatoren zur Messung der Zielerreichung formulieren. Hierzu zählen auch patientenbezogene Prozess- und Ergebnisindikatoren (Patient Reported Experience Measures (PREMs), Patient Reported Outcome Measures (PROMs)). Sie sind jedoch bisher kein Teil medizinischer Leitlinien.

Identifikation und Bewertung von Qualitätsindikatoren für die Versorgung in integrierten Krebsnetzwerken

In Deutschland obliegt die Erstellung, Implementierung und Evaluierung von evidenzbasierten onkologischen Leitlinien dem Leitlinienprogramm Onkologie[5] (OL) – ein Programm der Arbeitsgemeinschaft der Wissenschaftlichen Medizinischen Fachgesellschaften, der Deutschen Krebsgesellschaft e. V. und der Deutschen Krebshilfe. In den onkologischen S3-Leitlinien werden Qualitätsindikatoren mit einer standardisierten Methodik [27] während der (Weiter-) Entwicklung der Leitlinien auf Basis starker Empfehlungen entwickelt und als Bestandteil der Leitlinie geführt. Mit ihnen kann überprüft werden, inwieweit die Strukturen, Prozesse und Ergebnisse der medizinischen onkologischen Versorgung den Anforderungen (insbesondere im Zuge des

[4] Mit PRISMA (Preferred Reporting Items for Systematic Reviews and Meta-Analyses) werden die empfohlenen Elemente zur Berichterstattung über systematische Literaturübersichten und Meta-Analysen beschrieben. Verfügbar: http://prisma-statement.org/ (Zugriff: 07.08.2024).

[5] Verfügbar unter https://www.leitlinienprogramm-onkologie.de (Zugriff: 07.08.2024).

deutschen Zertifizierungsprozesses von Krebszentren) entsprechen. Die Liste der leitlinienbasierten, onkologischen Qualitätsindikatoren [28] wird vom OL herausgegeben und kontinuierlich aktualisiert.

Solche Qualitätsindikatoren können demzufolge auch zur Evaluation des Patientenpfades im eigenen Versorgungsnetzwerk (siehe Kap. 5) erste medizinische Anhaltspunkte bieten. Um sie um nicht-medizinische Indikatoren zu ergänzen, sollte eine Recherche nach Qualitätsindikatoren durchgeführt werden. Hierzu kann die Methode zur Identifikation und Bewertung von onkologischen Qualitätsindikatoren, welche in der europäischen Joint Action iPAAC entwickelt und getestet wurde, eingesetzt werden. Auf Grundlage einer systematischen Recherche evidenzbasierter Qualitätsindikatoren wie in Abschn. 3.2.3.4.1 beschrieben, werden zunächst potenziell geeignete Indikatoren gesucht und zusammengestellt. Im Anschluss wird anhand klar festgelegter Bewertungskriterien (u. a. Relevanz, Messbarkeit, Anwendbarkeit/Klarheit eines Qualitätsindikators sowie erfolgreiche Erprobung) die Eignung der Qualitätsindikatoren festgestellt. Auf diese Weise wurden zum Beispiel Qualitätsindikatoren für die Versorgung von Patienten mit Pankreaskarzinom und kolorektalem Karzinom in europäischen Krebsnetzwerken entwickelt und implementiert[6].◄

3.2.3.4.2 Recherche und Bewertung verfügbarer Pfade

In Vorbereitung auf die Entwicklung des Patientenpfades sollte neben aktueller Evidenz (siehe Abschn. 3.2.3.4.1) auch explizit nach bereits existierenden Pfaden (und Referenzpfaden, siehe auch Abschn. 2.1) für die Versorgung der Patientenpopulation recherchiert werden. Dieses Vorgehen kann helfen, verfügbare Ressourcen im Projektteam zu schonen und den Entwicklungsprozess zu beschleunigen. Das Grundgerüst oder konkrete Inhalte, wie Aktivitäten oder Entscheidungen in bestehenden Pfaden, können als Entwicklungsgrundlage für den eigenen Patientenpfad genutzt werden.

Zur Recherche existierender Pfade kann eine systematische Literaturrecherche in wissenschaftlichen Fachdatenbanken sowie eine Recherche grauer Literatur, insbesondere Veröffentlichungen von Pfaden durch Gesundheitsorganisationen oder internationalen Dachverbänden, durchgeführt werden. Eine systematische Suche sollte, wie auch in Abschn. 3.2.3.4.1 beschrieben, in den gängigen wissenschaftlichen Fachdatenbanken stattfinden. Eine Suchanfrage setzt sich typischerweise aus einer UND-Verknüpfung folgender drei Bausteine zusammen:

[6] Das vollständige Vorgehen zur Identifikation und Bewertung von Qualitätsindikatoren für die Versorgung in integrierten Krebsnetzwerken (Comprehensive Cancer Care Networks) ist auf der iPAAC Projektwebsite dokumentiert: https://www.ipaac.eu/res/file/outputs/wp10/quality-indicators-methodology-comprehensive-cancer-care-network.pdf (Zugriff: 07.08.2024).

Tab. 3.4 Vorgeschlagene Bausteine und Beispiel einer Suchanfrage für die Recherche bestehender Patientenpfade

	Zielpopulation	Intervention Pfad	Implementierungskontext
Beschreibung	Suche nach der adressierten Patientenpopulation	Suche nach Umsetzung eines Patientenpfades über verschiedene Synonyme des Pfadkonzeptes	Suche nach dem Implementierungskontext des Patientenpfades: Netzwerk, Versorgungsfokus (z. B. ambulant, stationär, konkrete Versorgungsepisoden)
Beispiel	*Lung cancer OR lung carcinoma OR mesothelioma OR lung nodules OR pulmo* cancer OR pulmo* carcinoma*	*Patient pathway OR care pathway OR clinical pathway OR integrated pathway OR care map OR treatment pathway OR patient journey OR patient route OR patient navigation OR critical pathway*	*Integrated care OR care continuity OR comprehensive care OR care coordination OR integrated care network OR care integration OR coordinated patient care OR care service integration OR coordinated care*

1. Zielpopulation
2. Intervention des Pfades
3. Implementierungskontext des Pfades

In Tab. 3.4 sind diese Bestandteile charakterisiert und mit einem konkreten Beispiel für die Formulierung einer Suchanfrage in englischer Sprache untersetzt. Diese kann zur Formulierung der eigenen Suchanfrage genutzt werden. Insbesondere der formulierte Suchstring zur Intervention „Patientenpfad" hat sich bereits in einer Vielzahl von Suchanfragen positiv bewährt und wird daher zur Suche nach bestehenden Pfaden empfohlen. Die Suche sollte sich dabei nicht ausschließlich auf den deutschsprachigen Raum begrenzen.

Häufig ist eine Suche im Titel von Publikationen ausreichend und zielführend. Sie kann ansonsten auf die Felder Titel und Abstract ausgeweitet werden. Die gefundenen Suchtreffer sollten, wie auch in Abschn. 3.2.3.4.1 zur Recherche bestehender Evidenz vorgeschlagen, systematisch auf inhaltliche Relevanz geprüft und damit eine finale Liste existierender Pfade erzeugt werden. Die inhaltliche Relevanz kann unter Verwendung der in Tab. 3.5 vorgeschlagenen Ein- und Ausschlusskriterien festgestellt werden. Diese Kriterien sind jedoch auf ihre Eignung in Hinblick auf das individuelle Projektziel zu prüfen und gegebenenfalls anzupassen. Beispielsweise könnte festgelegt werden, dass ein Pfad bereits in einem bestimmten Format – wie nicht prosaisch oder tabellarisch, sondern als Prozessmodell – repräsentiert sein muss. Es wurde an dieser Stelle im Rechercheprozess jedoch bewusst noch kein Einschlusskriterium aufgenommen, mit dem die gängigen

Tab. 3.5 Ein- und Ausschlusskriterien zur Auswahl relevanter Rechercheergebnisse

Einschlusskriterien	Ausschlusskriterien
• Es wird ein Patientenpfad für die adressierte Patientenpopulation beschrieben und in einem beliebigen Format in der Veröffentlichung dargestellt (oder es kann davon ausgegangen werden, dass der besprochene Pfad im Anhang, externen Quellen oder Referenzen verfügbar ist) • Der beschrieben Patientenpfad hat planenden Charakter, d. h. er fungiert als Prozessbeschreibung bzw. –vorlage	• Es wird kein konkreter Patientenpfad beschrieben • Der beschriebene Pfad hat retrospektiven Charakter (rückblickende Analyse des „Weges von Patienten eines bestimmten Patiententyps")

Merkmale eines Patientenpfades geprüft werden (siehe Abschn. 1.3). In der Regel wird die Suche eher zu solchen Pfaden führen, die nicht vollständig den eigenen Anforderungen entsprechen. Erst die endgültige Liste der identifizierten Pfade wird einer Überprüfung hinsichtlich Qualität und Anwendbarkeit im eigenen Projektkontext unterzogen.

Auf diese Weise werden alle existierenden Pfade systematisch für die weitere Analyse eingeschlossen. Eine Rückwärtssuche in den Referenzen der eingeschlossenen Veröffentlichungen kann die Ergebnisse noch erweitern. Neben der Suche in wissenschaftlichen Fachdatenbanken kann die Recherche auch auf graue Literatur, wie zum Beispiel Pfade veröffentlicht von Ministerien, Gesundheitsorganisationen oder Gesundheitseinrichtungen, ausgeweitet werden [29].

Die endgültige Liste der gefundenen Pfade gilt es auf Qualität und tatsächliche Nutzbarkeit im eigenen Versorgungskontext hin zu bewerten. Dafür kann das in Tab. 3.6 dargestellte Analyseschema herangezogen werden. Es integriert die grundsätzlichen Merkmale von Patientenpfaden (siehe Abschn. 1.3) mit Merkmalen, die typischerweise zur Qualitätsbewertung oder Auditierung von Pfaden genutzt werden [30–34]. Für jeden mit der Recherche gefundenen Pfad sollten die benannten Merkmale des Analyseschemas erfasst werden, um eine Aussage über seine Verwendbarkeit treffen zu können. Die Anforderungen, die ein bestehender Pfad hinsichtlich jedes Merkmals erfüllen sollte, um für die Pfadentwicklung im eigenen Versorgungskontext nützlich zu sein, sind in Tab. 3.6 ebenfalls ergänzt und können die Entscheidung unterstützen. Welche Prioritäten dabei die einzelnen Merkmale im Entscheidungsprozess erhalten, muss im Projektkontext individuell festgelegt werden.

Recherche und Bewertung des Status quo bestehender Patientenpfade in der onkologischen Versorgung

Das Ziel der nachfolgend beispielhaft beschriebenen Recherche zur Erfassung bestehender Patientenpfade in der onkologischen Versorgung bestand darin, den Status quo bestehender onkologischer Patientenpfade zu erheben, nicht jedoch den Stand zu einer

Tab. 3.6 Merkmale zur Analyse bereits verfügbarer Pfade

Merkmal	Fragestellungen	Entscheidungsunterstützung
Inhaltliche Relevanz	Inwiefern passt der Pfad zu den Zielen des eigenen Versorgungsnetzwerks im Kontext der betrachteten Patientenpopulation? Sind die notwendigen Übereinstimmungen bezüglich der betrachteten Patientengruppe gegeben? Ist das zugrundeliegende Pfadverständnis (siehe Abschn. 1.3) dasselbe?	Der Pfad sollte eine hohe inhaltliche Passfähigkeit aufweisen. Die betrachtete Patientenpopulation sollte dieselbe sein. Das Pfadverständnis sollte dem eines Patientenpfades möglichst nahekommen und insbesondere auch den Netzwerkcharakter umfassen.
Evidenzgrundlage	Handelt es sich um einen evidenzbasierten Pfad? Auf welcher Evidenzgrundlage basiert der Pfad? Wie aktuell ist sie? Welchen Evidenzgrad weist sie auf?	Der Pfad sollte evidenzbasiert sein. Die Referenzen sollten transparent dokumentiert worden sein. Die verwendete Evidenz sollte aktuell sein und den starken Empfehlungen evidenzbasierter nationaler Leitlinien nicht widersprechen.
Netzwerkkontext und Interdisziplinarität	Wird die Zusammenarbeit zwischen verschiedenen Fachdisziplinen und Gesundheitsdienstleistern berücksichtigt? Werden Schnittstellen zwischen den Akteuren beschrieben? Sind alle für das Netzwerk relevanten Phasen im Versorgungsprozess der Patientengruppe abgedeckt?	Der Pfad sollte die relevanten Phasen entlang der Patientenversorgung im Netzwerk adressieren (z. B. Vorsorge, Prävention, Diagnose, Therapie, Rehabilitation, Palliativversorgung) sowie die Aufgaben und Schnittstellen der beteiligten Leistungserbringer beschreiben. Gegebenenfalls deckt der Pfad nur einen Teil davon ab, der weiterverwendet werden kann.

(Fortsetzung)

Tab. 3.6 (Fortsetzung)

Merkmal	Fragestellungen	Entscheidungsunterstützung
Patientenzentrierung	Wie wurden Patienten oder Patientenvertreter sowie Angehörige in die Pfadentwicklung einbezogen? Inwiefern sind Elemente des Patient Empowerments und der Patienteneinbeziehung berücksichtigt? Wird die Patientenperspektive im Pfad berücksichtigt?	Es ist wünschenswert, dass der Pfad bereits patientenzentriert entwickelt wurde und die Patientenperspektive einschließt. Das Hinzufügen von Elementen des Patient Empowerments und der Patienteneinbeziehung ist auch nachträglich im eigenen Pfadentwicklungsprojekt gut möglich.
Anleitungscharakter	Sind klare Start- und Endpunkte im Pfad definiert? Sind Schlüsselkomponenten der Patientenversorgung in einem zeitlichen Verlauf dargestellt? Sind Abweichungsgründe und zu ergreifende Maßnahmen benannt? Sind Entscheidungsmomente und -kriterien detailliert? Sind die Rollen und Verantwortlichkeiten für Aufgaben im Pfad definiert?	Der Pfad sollte Anleitungscharakter haben und insbesondere den zeitlichen Ablauf und Zusammenhang von Schritten und Entscheidungen im Versorgungsverlauf beschreiben. Rollen und Verantwortlichkeiten werden im eigenen Versorgungskontext angepasst und festgelegt.
Kennzahlen	Sind Kennzahlen zur Messung des Versorgungserfolgs entlang des Pfades benannt oder direkt im Pfad mit verankert?	Mit dem Pfad definierte Kennzahlen können die eigene Evaluationsplanung unterstützen und sind daher wünschenswert.
Pfaddarstellung	Wie ist der Pfad dargestellt (siehe auch Abschn. 3.2.4.3)? Ist die gewählte Darstellungsform passend zum eigenen Vorhaben? Kann sie ggf. in eine andere Darstellungsform überführt werden und wenn ja, mit welchem Aufwand?	Der Pfad sollte idealerweise in einem ähnlichen Format vorliegen, wie es im eigenen Projekt genutzt werden soll. Der Aufwand einer Formatüberführung sollte den Aufwand einer Neuentwicklung basierend auf der genutzten Evidenz nicht übersteigen.
Entwicklungsmethode und -team	Wie wurde der Pfad entwickelt? Wer hat den Pfad entwickelt? Wurde die verwendete Entwicklungsmethode dokumentiert, sodass sie nachvollzogen werden kann?	Der Pfad sollte systematisch und nachvollziehbar entwickelt worden sein. Die Entwickler und Herausgeber des Pfades sollten bekannt und in der Anwendungsdomäne des Pfades nachweislich qualifiziert sein.

festgelegten Tumorentität zu recherchieren [35]. Dadurch sollte einerseits ein umfassendes Bild der aktuellen Praxis gewonnen und andererseits die Qualität und Eignung der bestehenden Angebote für eine Anwendung in europäischen Krebsnetzwerken bewertet werden.

Die Suche nach bestehenden Patientenpfaden wurde in den Datenbanken PubMed, Scopus und Embase durchgeführt. Die Suchanfrage umfasste die Kombination der folgenden Suchbausteine:

- Zielpopulation: Kinder und Erwachsene mit Krebserkrankungen
- Intervention Pfad: Patientenpfad (patient pathway) und englischsprachige Synonyme
- Implementierungskontext: Krebsversorgungsnetzwerke

Der vollständige Suchstring ist im Report zur Recherche und Analyse dokumentiert [35]. Durch eine Suche nach grauer Literatur, eine Abfrage bestehender Pfade bei Projektpartnern und eine Rückwärtssuche in der eingeschlossenen Literatur konnten insgesamt 70 bestehende onkologische Patientenpfade identifiziert werden.

Die Ergebnisse der Analyse zur Qualität und Nutzbarkeit im Versorgungskontext europäischer Krebsnetzwerke zeichnen folgendes Bild onkologischer Patientenpfade:

- **Inhaltliche Relevanz:** Da die Suche auf keine spezifische Patientenpopulation (Tumorentität) eingegrenzt war und stattdessen einen Überblick über den Status quo existierender Patientenpfade in der onkologischen Versorgung liefern sollte, wurde die inhaltliche Relevanz nur am Versorgungskontext festgestellt (siehe Merkmal „Netzwerkkontext und Interdisziplinarität“). Es wurden insgesamt 14 verschiedene Bezeichnungen für das Pfadkonzept in den analysierten Veröffentlichungen genutzt (patient pathway, parcours des patients, disease management plan, integrated care pathway, collaborative course of care, care path, pathway map, optimal care pathway, network SOP (standard operating procedure), Behandlungspfad, clinical pathway, clinical care pathway, pathway, care pathway). Die Bezeichnung „care pathway“ wurde insgesamt am häufigsten verwendet. Einige Quellen verwenden unterschiedliche Begriffe synonym. Bemerkenswert ist zudem, dass der Begriff „Patientenpfad“ (bzw. engl. patient pathway) nur einmal auftrat. Das Pfadverständnis ist daher schwer allein an der verwendeten Begrifflichkeit festzustellen. Stattdessen werden die nachfolgenden Merkmale dazu genutzt, zu analysieren, inwieweit die recherchierten Pfade den Charakteristiken von Patientenpfaden entsprechen.
- **Evidenzgrundlage:** Weniger als die Hälfte der untersuchten Pfade enthielten Referenzen zur verwendeten Evidenzbasis. Wenn vorhanden, wurden sie dem Pfad entweder in Form einer allgemeinen Referenzliste beigefügt oder der im Pfad beschriebenen, evidenzbasierten Aktivität direkt angefügt.
- **Netzwerkkontext und Interdisziplinarität:** Fast alle Pfade fokussieren die Zusammenarbeit im interdisziplinären Team. Der Fokus liegt dabei auf der Beschreibung

von Pfadaktivitäten, die von professionellen Leistungserbringern ausgeführt werden. Informelle Leistungserbringer, wie Angehörige, werden nicht adressiert. Das Kontinuum der Patientenversorgung im integrierten Krebsnetzwerk wird von den bestehenden onkologischen Pfaden selten vollständig abgedeckt. Stattdessen konzentrieren sie sich in der Mehrzahl insbesondere auf die Phasen der Diagnosestellung, Therapiedurchführung und Nachsorge. Die Behandlungsphase wird häufig durch prä-, peri- und postoperative Maßnahmen beschrieben. Daher ist die Mehrheit der analysierten Pfade krankenhausbasiert. Es gibt jedoch auch bereits interorganisationale Pfade, die das gesamte Kontinuum der Versorgung von (potenziellen) Krebspatienten abdecken, beginnend mit der Prävention und Screening. Einige schließen sogar Forschung mit ein, indem sie Krebsregister mit abbilden oder angeben, an welchen Stellen im Patientenpfad Patienten über die Möglichkeiten zur Teilnahme an klinischen Studien aufgeklärt werden sollten.

- **Patientenzentrierung:** Etwa die Hälfte der bestehenden onkologischen Patientenpfade enthalten Elemente der Patientenzentrierung, wie Patienteninformation und -aufklärung (z. B. zum Tagesablauf, zum geplanten Verlauf einer Operation, Behandlungsoptionen oder zur Erkrankung selbst), Patienteneinwilligung, Patientenfeedback (z. B. mittels Fragebogenerhebungen), Beratung und Arzt-Patienten-Gespräche. Für zwei Pfade wurden auch Patientenversionen in Form von begleitenden Broschüren zur Verfügung gestellt, die den geplanten Ablauf von Therapiemaßnahmen in patientenverständlicher Form darbieten. Die Individualisierung von Behandlungspfaden, also die Anpassung an die Bedürfnisse und Vorlieben einzelner Patienten, wird bisher nur begrenzt betrachtet. Die Berücksichtigung von Komorbiditäten und Patientenpräferenzen ist selten explizit erwähnt. Es fehlen methodische Ansätze zur Konfiguration patientenindividueller Pfade.
- **Anleitungscharakter:** Alle analysierten onkologischen Pfade haben definierte Start- und Endpunkte. Zudem beschreiben alle Schlüsselkomponenten der Versorgung und planen den erwarteten Versorgungsprozess entlang eines zeitlichen Ablaufs. Der Zeitplan wird oft auf täglicher Basis angegeben, insbesondere bei tabellarischer Darstellung. Insbesondere solche Pfade, die in der Suche nach grauer Literatur identifiziert wurden, integrieren auch Möglichkeiten des Abweichens von Pfadvorgaben, beispielsweise aufgrund von abweichenden klinischen Zuständen der Patienten, von Krankheitsstadien, verfügbaren Ressourcen zur Durchführung von diagnostischen oder therapeutischen Aufgaben oder aufgrund von individuellen potenziellen Risiken. Die Klarheit und Komplexität der beschriebenen Entscheidungskriterien in Pfaden variiert zwischen tabellarischen Darstellungen (geringer) und Prozessmodellen (höher).
- **Kennzahlen:** Für etwas mehr als die Hälfte der analysierten onkologischen Pfade wurden Kennzahlen zur Bewertung der Pfadleistung festgelegt. Diese umfassen hauptsächlich quantitative und qualitative Ergebniskennzahlen wie klinische Outcomes, Schmerzniveau, Krankenhausaufenthaltsdauer, Komplikationsraten, Sterblichkeit, Patientenzufriedenheit und Lebensqualität. Prozessbezogene Maßnahmen

wie Kommunikation und Koordination wurden selten einbezogen. Die Maßnahmen wurden retrospektiv ausgewertet und selten direkt in den Pfad integriert. In einigen Fällen wurden jedoch optimale Zeitrahmen für bestimmte Interventionen im Pfad angegeben.

- **Pfaddarstellung:** Die identifizierten Pfade wurden entweder als Tabellen oder Prozessmodelle dargestellt. In einigen Fällen wurden beiden Formate auch durch textuelle Beschreibungen ergänzt. Bei Prozessmodellen gibt es eine große Vielfalt in der Darstellung. Diese reicht von einfachen Sequenzen als Flussmodelle, die als Kombination von Rechtecken und Pfeilen dargestellt sind, bis hin zu komplexeren Modellen, die Handlungen/Interventionen, Informationsflüsse, Rollen und Verantwortlichkeiten oder Entscheidungen einschließen. Eine Legende und eine Liste von Abkürzungen sind ebenfalls häufig gegeben. Keiner der analysierten Pfade wurde mit einer standardisierten Prozess- oder Pfadmodellierungssprache dargestellt.
- **Entwicklungsmethode und -team:** Die analysierten onkologischen Pfade wurden immer von einem multidisziplinären Team entwickelt. Die Pfadentwicklungen nutzen jedoch keine gängigen, allgemein anerkannten Methoden. Sofern der Entwicklungsprozess überhaupt beschrieben wurde, spiegelt er die individuelle Anwendung und Kombination verschiedener Methoden wider.

Zusammenfassend ist festzuhalten, dass die analysierten Pfade für den Anwendungszweck der Versorgung in europäischen Comprehensive Cancer Care Networks nur zum Teil geeignet sind. Insbesondere die Patientenzentrierung und Zusammenarbeit im Netzwerk müssen weiter ausgebaut werde, bevor solche Pfade als Referenzpfade für einzelne Krebsnetzwerke genutzt werden können. Nichtsdestotrotz stellen viele bereits eine solide inhaltliche Basis für diese Weiterentwicklungen dar.◄

3.2.4 Vorbereitung der Pfaderarbeitung

3.2.4.1 Überblick

Ziele der Vorbereitung der Pfaderarbeitung
Das Ziel der Phase „Vorbereitung der Pfaderarbeitung" ist es, grundlegende Entscheidungen für die Pfadentwicklung zu treffen und die notwendigen Pfadinformationen festzuhalten. Dazu werden die Erkenntnisse aus den beiden vorangegangenen Entwicklungsphasen – insbesondere der Bedarfs-/Potenzialanalyse (siehe Abschn. 3.2.2.2) und der Bestandsaufnahme (siehe Abschn. 3.2.3) – herangezogen.

Checkliste

- ☐ Grundlegende Pfadinformationen (Metainformationen) wie die Patientenpopulation, Ein- und Ausschlusskriterien des Pfades wurden festgehalten.
- ☐ Der Geltungsbereich des Patientenpfades wurde eingegrenzt, sein(e) Beginn- und Endpunkt(e) sowie Abdeckung in Bezug auf das Versorgungskontinuum bzw. das Versorgungsangebot im Netzwerk festgesetzt und in Phasen unterteilt.
- ☐ Die Beschreibungs- und Darstellungsform des Patientenpfades wurde unter Berücksichtigung der Vor- und Nachteile unterschiedlicher Möglichkeiten entschieden und das passende Werkzeug gewählt.

3.2.4.2 Grundlegende Pfadinformationen und Geltungsbereich festhalten

Vor der inhaltlichen Detailbeschreibung sollten für jeden Patientenpfad zunächst die grundlegenden Pfadinformationen (Metainformationen) festgehalten werden. Sie umfassen allgemeine, erklärende Informationen zum Pfad. Dazu sollten sie die in Abb. 3.1 dargestellten Aspekte abdecken und in verständlicher Weise für alle relevanten Stakeholder zugänglich sein. Sie könnten beispielsweise auf dem Deckblatt oder in der Titelzeile eines Pfaddokumentes platziert werden.

Viele dieser Informationen waren bereits Gegenstand der initialen Projektphase und können übernommen werden, z. B. das Entwicklungsteam, die Zielstellung, die Patientenpopulation (siehe Abschn. 3.2.2). Die Patientenpopulation sollte entsprechend der typischen Merkmale charakterisiert werden:

Abb. 3.1 Angabe von relevanten Metainformationen über den Patientenpfad

- **Diagnose:** Bestimmte medizinische Diagnose oder Krankheitsbild, z. B. Patienten mit Diabetes Typ 2, Herzinsuffizienz oder Brustkrebs. Die Diagnose ist ein zentrales Merkmal, da der Patientenpfad darauf abzielt, eine spezifische medizinische Bedingung oder Krankheit zu behandeln.
- **Alter:** Eingrenzung der Altersspanne, z. B. Kinder und Jugendliche, Erwachsene oder Senioren. Die Charakterisierung der Patientenpopulation nach Altersgruppen ermöglicht es, altersspezifische Versorgungsbedürfnisse zu berücksichtigen.
- **Geschlecht:** Charakterisierung nach Geschlecht, wenn bestimmte Gesundheitszustände geschlechtsspezifische Prävalenz, Symptome oder Auswirkungen haben.
- **Klinische Merkmale:** Bestimmte klinische Symptome, Laborergebnisse oder physiologische Parameter. Die Berücksichtigung klinischer Merkmale ermöglicht es, Patienten mit ähnlichen klinischen Profilen in den Patientenpfad aufzunehmen.
- **Schweregrad der Erkrankung:** Schweregrad der Erkrankung oder Gesundheitszustand/Patientenverfassung, z. B. fortgeschrittenes Krankheitsstadium aber Patienten in guter psychischer Verfassung. Der Schweregrad der Erkrankung beeinflusst den Behandlungsbedarf und die Prognose der Patienten.
- **Vorbehandlung oder Komorbiditäten:** Vorbehandlungen und das Vorliegen von Begleiterkrankungen können die Behandlungsplanung und -entscheidungen beeinflussen. Die Berücksichtigung von Vorbehandlung oder Komorbiditäten in der Definition der Patientenpopulation hilft, die Komplexität der medizinischen Betreuung zu berücksichtigen.
- **Soziale, sozioökonomische und demografische Merkmale:** In einigen Fällen kann es gerechtfertigt sein, soziale oder sozioökonomische Faktoren zu berücksichtigen, wenn sie einen Einfluss auf die Gesundheit oder die Behandlung haben könnten. Zum Beispiel könnten bestimmte soziale Unterstützungsmechanismen oder Finanzierungsoptionen in die Gestaltung des Patientenpfades einbezogen werden, um sicherzustellen, dass alle Patienten die notwendige Versorgung erhalten.

Darüber hinaus sollten die **Ein- und Ausschlusskriterien** des Patientenpfades definiert werden. Das sind konkrete Vorgaben oder Bedingungen, die verwendet werden, um zu entscheiden, welche Patienten in den Patientenpfad aufgenommen werden (Einschlusskriterien) und welche nicht (Ausschlusskriterien). Diese Kriterien basieren oft auf den Merkmalen, die in der Definition der Patientenpopulation identifiziert wurden, können aber auch zusätzliche Aspekte berücksichtigen. Sie dienen dazu, die Zielgruppe klar abzugrenzen und sicherzustellen, dass der Patientenpfad für diejenigen Patienten relevant und wirksam ist, die davon am meisten profitieren können (siehe Tab. 3.7).

Mit dem **Geltungsbereich** (engl. scope of the patient pathway) werden als Nächstes alle Phasen und Bereiche entlang des Versorgungskontinuums festgelegt, die durch den Patientenpfad abgedeckt werden sollen. Typischerweise umfasst der Geltungsbereich Phasen wie Prävention, Diagnose, Behandlungsplanung, Behandlung, Nachsorge,

Tab. 3.7 Beispiele für Kriterien zum Ein- und Ausschluss von Patienten für einen Patientenpfad

Einschlusskriterien	Ausschlusskriterien
• Bestimmte Symptome mit Verdacht auf bestimmte Erkrankung • Diagnose einer bestimmten Krankheit oder medizinischen Zustands (z. B. Typ-2-Diabetes, Herzinsuffizienz) • Alter zwischen 18 und 65 Jahren • Bestimmte klinische Symptome oder Laborergebnisse (z. B. erhöhter Blutdruck, unkontrollierter Blutzuckerspiegel) • Zustimmung des Patienten zur Versorgung	• Schwere Erkrankungen oder Komorbiditäten • Fortgeschrittene Demenz oder kognitive Beeinträchtigungen, die eine notwendige aktive Teilnahme unmöglich machen • Vorliegen von Kontraindikationen für bestimmte Behandlungen oder Interventionen im Patientenpfad • Teilnahme an anderen klinischen Studien oder Versorgungsprogrammen, die eine Kollision mit dem Pfad verursachen

Rehabilitation, Supportivtherapie, Palliativversorgung oder Forschung in den Netzwerkstrukturen. Zusätzliche organisatorische Phasen können nötig sein, wie der Ein- und Austritt in die Netzwerkversorgung mit dahingehend notwendigen Schritten im Patientenpfad. Es ist auch möglich, dass bestimmte Versorgungsphasen vom Patientenpfad nicht abgedeckt werden können oder sollen. Ein Beispiel hierfür sind Versorgungsleistungen, die das Netzwerk entweder nicht anbietet oder die prinzipiell außerhalb des Netzwerkes von anderen Versorgungsstrukturen abgedeckt werden. Sie liegen damit außerhalb der Versorgung über den Patientenpfad und werden in den anschließenden Entwicklungsschritten nicht mit betrachtet oder nur per Schnittstellen angedeutet. Da Patientenpfade möglichst sektoren- und disziplinübergreifend wirken sollen, sollten sowohl stationäre und ambulante als auch allgemeinmedizinische und fachärztliche Leistungen bedacht werden.

Geltungsbereich von Patientenpfaden für Comprehensive Cancer Care Networks

Zu Beginn der Entwicklung des Referenzpatientenpfades zur Versorgung von Patienten mit kolorektalem Karzinom in Comprehensive Cancer Care Networks (CCCNs) [36] wurde der Geltungsbereich wie folgt festgelegt: Es sollen alle Patienten mit Verdacht auf eine Darmkrebserkrankung sowie Patienten mit einer histologisch bestätigten Diagnose eingeschlossen werden. Der Pfad deckt demzufolge die Versorgungsphasen Diagnostik, Therapieplanung und Therapiedurchführung inklusive supportiver Therapien, Nachsorge, Rehabilitation sowie Palliativversorgung ab. Außerdem wurden die Phasen „Aufnahme in die CCCN Versorgung" und „Austritt aus der CCCN Versorgung" als Beginn und Ende des Pfades mit aufgenommen. Der Geltungsbereich wird hinsichtlich teilnehmender Professionen, CCCN Einheiten oder Einrichtungen nicht beschränkt.◀

3.2.4.3 Entscheidung zur Pfaddarstellung – Modellierung von Patientenpfaden

Nach dem Festhalten der Metainformationen und des Geltungsbereiches des Patientenpfades sollte vom Projektteam noch über die gewünschte Beschreibungs- und Darstellungsform entschieden werden. In der Praxis finden sich ein breites Spektrum unterschiedlicher Darstellungsformen. Darunter sind textbasierte, tabellarische, modellbasierte Ansätze sowie Mischformen vertreten [37], wobei immer die Beschreibung idealtypischer Prozessvarianten im Vordergrund steht (siehe Abb. 3.2).

Rein textbasierte oder tabellarische Ansätze führen jedoch schnell zu umfangreichen und unübersichtlichen Dokumenten. Gleichzeitig sind beide Varianten nur schwer digitalisierbar oder in leicht zugänglicher Form in bestehende Dokumentationssysteme wie Verlaufskurven oder ähnliches integrierbar. Eine modellbasierte Darstellung von Patientenpfaden sollte daher der tabellarischen oder prosaischen Form stets vorgezogen werden. Sie helfen, Prozessabläufe besser zu standardisieren, zu visualisieren und zu kommunizieren [8], vorausgesetzt die Modellierungssprache ist weitestgehend bekannt oder intuitiv und ohne viel Vorwissen gut zu erschließen.

Während die fachmedizinische Terminologie und die Durchführung von medizinischen Studien präzise definiert sind, sind die Vorgaben für die Darstellung und Modellierung von Patientenpfaden im engeren sowie von klinischen Geschäftsprozessen im weiteren Sinne wenig standardisiert. Dennoch werden grafische, semiformale Modellierungsansätze häufig genutzt, um Patientenpfade zu beschreiben [42]. Der Begriff „semiformal" bezieht sich dabei auf die Verbindung einer formal definierten Modellierungssprache mit der natürlichen Sprache des Modellierers zur Beschreibung von Pfadelemente wie Aktivitäten, Entscheidungen oder zeitlichen Verläufen. Die formale Spezifikation einer Modellierungssprache umfasst dabei die Notationselemente und die Möglichkeiten ihrer Verbindungen (abstrakte Syntax) sowie deren grafischen Repräsentation (konkrete Syntax). Jedem Notationselement ist zudem eine intendierte Bedeutung (Semantik) zugewiesen.

In Forschung und Praxis existiert eine Vielzahl von Modellierungssprachen, die zum einen als universelle, domänenunabhängig Sprachen (sogenannte General Purpose Modeling Languages, kurz: GPML) entwickelt werden, oder für einen konkreten Anwendungskontext – wie zum Beispiel die Domäne Klinische Prozess- und Verfahrensbeschreibungen – bestimmt sind (sogenannte Domain-Specific Modeling Languages, kurz: DSML). Die Vorteile universeller Modellierungssprachen liegen zum Beispiel in der höheren Verbreitung der Sprachen, einer besseren Zugänglichkeit zu und Verfügbarkeit von Modellierungswerkzeugen, Dokumentation sowie des Umsetzungs-Know-Hows. Jedoch mangelt es universellen Modellierungssprachen an spezifischen Notationskonzepten, die es zur Beschreibung klinischer Prozesse und insbesondere von Inhalten von Patientenpfaden braucht [43].

An die Modellierung von Patientenpfaden stellen sich eine ganze Reihe konkreter Anforderungen, anhand derer die Auswahl einer geeigneten Modellierungssprache

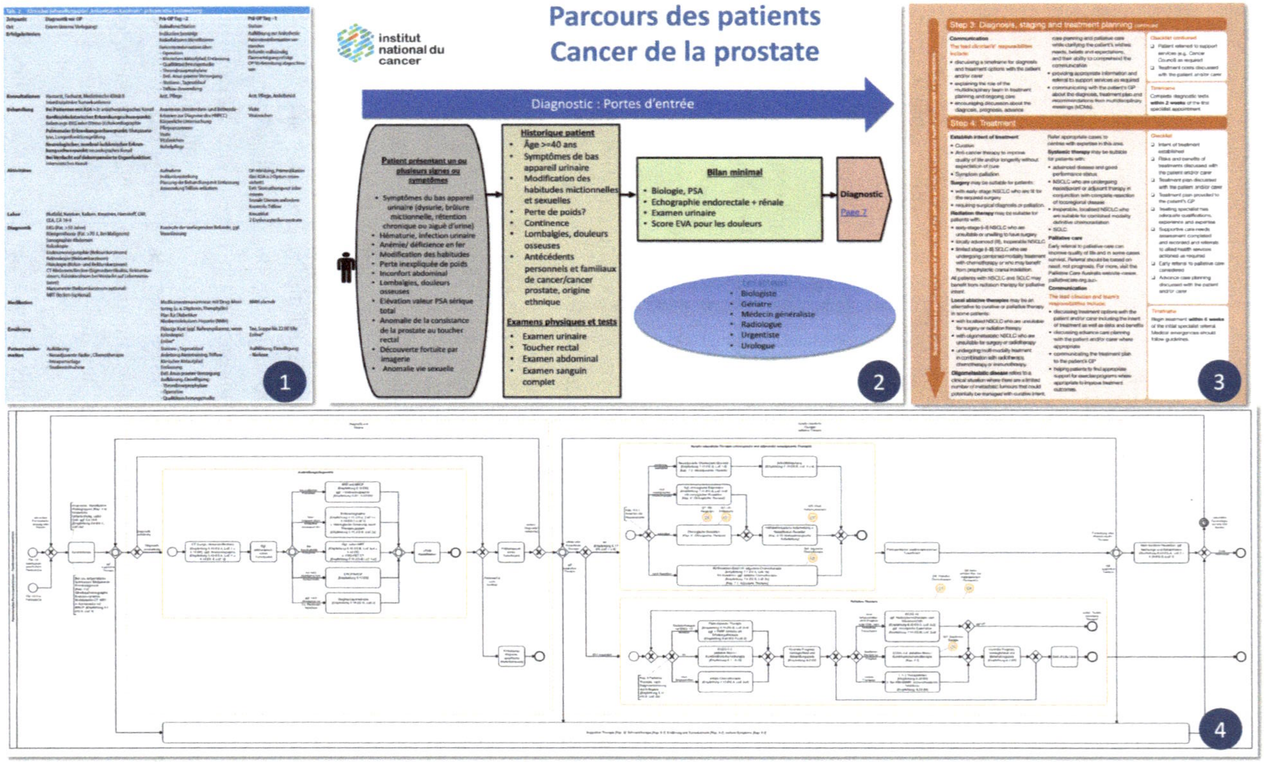

Abb. 3.2 Spektrum der Pfaddarstellung (Beispiele)[7]

[7] Pfad 1: Ausschnitt eines Pfades zur Behandlung von Patienten mit kolorektalem Karzinom [38], Pfad 2: Ausschnitt des luxemburgischen Pfades zur Behandlung von Patienten mit Prostatakrebs [39], Pfad 3: Ausschnitt eines Pfades zur Behandlung von Lungenkrebspatienten [40], Pfad 4: Patientenpfad Pankreaskarzinom, Anlage zur deutschen S3-Leitlinie [41].

erfolgen kann. Zudem sollte auch das Einsatzziel in die Entscheidung der Darstellungsform mit einfließen. Soll der Patientenpfad zum Beispiel eher als einfaches Gerüst für die Zusammenarbeit im Netzwerk fungieren, kann ein einfaches Flowchart ausreichen. Steht hingegen die digitale Umsetzung und Einbettung ins Qualitätsmanagement mit im Vordergrund, ist eine umfangreichere Modellierungssprache besser geeignet. Typische Anforderungen der Domäne sind zum Beispiel:

- **Typisierung von Behandlungsschritten,** um z. B. zwischen Aktivitäten der Diagnose, Therapie, unterstützenden Maßnahmen, Edukation, Hausbesuchen, Monitoring oder Telefonkontakt zu unterscheiden [44, 45].
- **Evidenzanzeiger** zur Explikation der Empfehlungsstärke und des Evidenzlevels der einem Element (häufig Aktivität oder Entscheidung) zugrundeliegenden Evidenzaussage [44, 45].
- **Variable Behandlungssequenzen,** um Behandlungsschritte mit variabler Ausführungsreihenfolge und variablem Umfang zu gruppieren [43].
- **Qualitätsindikatoren** zur Darstellung der für Versorgungsschritte, Entscheidungen oder andere Elemente des Patientenpfades relevanten Qualitätsindikatoren [46, 47].
- **Zeitliche Abhängigkeiten,** um den Startpunkt von zu erhebenden Wartezeiten anzuzeigen (z. B. zwischen der Therapieentscheidung und Therapiebeginn) [7].
- **Ziele und Meilensteine** zur Darstellung von Versorgungszielen für die adressierte Patientenpopulation sowie von Meilensteinen entlang des Patientenpfades [44].
- **Patienteneinbeziehung,** d. h. die Hervorhebung von solchen Elementen im Patientenpfad, die den Patienten direkt betreffen bzw. einbeziehen, z. B. durch das Markieren mittels eines Patienten-Symbols [7].
- **Patient Engagement Tools** zur Verankerung von konkreten Methoden oder Werkzeugen zur Patienteneinbeziehung entlang der Pfadelemente (insbesondere Aktivitäten und Entscheidungen) [48].

Die meisten solcher pfad-spezifischen Elemente werden bei der Nutzung von universellen Modellierungssprachen wie der Business Process Model and Notation (BPMN) oder dem Flussdiagramm (Flowchart) in Form von Freitexten innerhalb von Annotationselementen (Kommentaren) ausgelagert. Für den ersten Moment scheint dies ein probates Mittel, da damit zunächst alle Aspekte in einer Darstellung hinterlegt sind. Man kauft sich mit dieser Lösung jedoch das Problem ein, dass solche Inhalte nicht in die formal definierten Modellelemente eingebettet und damit weder durch einen Editor noch in der Weiterverwendung konsumierbar sind. Beispielsweise kann eine Liste der relevanten Qualitätsindikatoren nur erzeugt werden, wenn es auch durch die formale Syntax der Modellierungssprache definiert ist, dass in diesem Modellelement ein Qualitätsindikator beschrieben ist. Dies ist einer der zentralen Gründe für die Entwicklung domänenspezifischer Sprachen [43, 49]. Mit solchen müssen jedoch auch die besagten Limitationen geringer Toolverfügbarkeit und kleiner Community, d. h. insbesondere die geringere Bekanntheit und Verbreitung des Ansatzes, in Kauf genommen werden.

Einen guten Kompromiss zwischen diesen beiden Welten bieten domänenspezifische Erweiterungen von universellen Modellierungssprachen. Deren Vorteil ist, dass Erweiterungsmechanismen genutzt werden, die Teil der Methodenspezifikation sind. So bleibt der Kern der Modellierungssprache, der beispielsweise die Notation für Ablauf und Entscheidungsregeln umfasst, erhalten und kann um domänenspezifische Konstrukte – beispielsweise ein Notationselement wie ein Symbol für Qualitätsindikatoren – erweitert werden.

Zur Modellierung von klinischen Prozessen werden aktuell noch regelmäßig Flussdiagramme verwendet, da sie vor allem im Bereich der Qualitätsdokumentation verbreitet und in Werkzeugen wie MS Power Point und MS Visio verfügbar und ohne große Kenntnisse anwendbar sind. Daneben konnte sich die BPMN[8] zur Beschreibung komplexer Abläufe, wie von Patientenpfaden oder klinischen Pfaden, an vielen Stellen im Gesundheitswesen durchsetzen [50]. Diese Entwicklung begründet sich u. a. in der weitreichenden Akzeptanz und Verbreitung dieser Modellierungssprache in der Wirtschaft, ihrer Standardisierung[9] und den verfügbaren Modellierungswerkzeugen. Vor allem erlauben die Erweiterungsmechanismen der BPMN eine gute Anpassung der Modellierungssprache an die Notwendigkeiten der Domäne [51, 52]. Der in den Beispielen dieses Buches verwendete Modellierungsansatz basiert auf dem Spracherweiterungsvorschlag BPMN4CP (BPMN for Clinical Pathways) [44], welcher zum Beispiel Qualitätsindikatoren, Evidenzanzeiger und zeitliche Abhängigkeiten in die Modellierung integriert.

3.2.4.4 Auswahl von Modellierungssprachen und Modellierungswerkzeugen

Die Wahl des geeigneten Modellierungswerkzeugs und der zugehörigen Sprache hängen von einer Vielzahl von Faktoren ab. Daher ist es nicht möglich, eine allgemeingültige Empfehlung auszusprechen. Die Entscheidung sollte vielmehr anhand folgender Kriterien getroffen werden:

1. **Intention der Modellverwendung:** Hier sollte klar definiert werden, zu welchem Zweck das Pfadmodell erstellt wird. Dient es primär Schulungs- und Abstimmungszwecken, bei denen das Modell in physischer Form (z. B. als Poster oder

---

[8] Die BPMN umfasst verschiedene Diagrammarten wie bspw. Prozessdiagramme (Process Diagrams), Kollaborationsdiagramme (Collaboration Diagrams), Choreographie-Diagramme (Choreography Diagrams), Konversationsdiagramme (Conversation Diagrams). Jedes der Diagramme adressiert einen spezifischen Aspekt von Geschäftsprozessen. Zum Beispiel adressiert das Prozessdiagramm die Ablauffolge von Aktivitäten oder das Kollaborationsdiagramm eine Verbindung von Prozessen und das Zusammenspiel (Kollaboration) unterschiedlicher Akteure und Systembestandteile. In diesem Buch wird sich bei der Rede von BPMN auf die Kollaborations- und Prozesssicht bezogen.

[9] ISO/IEC 19.510:2013 Standard: https://www.iso.org/standard/62652.html (Zugriff: 07.08.2024).

Handreichung) verwendet wird? Oder soll es in einem Anwendungssystem auch digital integriert werden, sodass dessen Inhalte interpretierbar sein müssen und das Modell ein Bestandteil der Versorgungssteuerung und -dokumentation wird?
2. **Sprachumfang:** Hier geht es darum, welche Modellierungssprachen ein Tool unterstützt und welchen Umfang diese in Bezug auf die Darstellung von Prozessen und Arbeitsabläufen bieten.
3. **Tool-Verfügbarkeit:** Welche Tools stehen zur Verfügung und wie zugänglich sind sie? Welche Kosten fallen an? Welchen Umfang bietet ein Tool in Bezug auf die Modellierungsmöglichkeiten?

Ein praktisches Beispiel zur Verdeutlichung: Ein Versorgungsverbund, der gerade erst beginnt, einen Pfad zu entwickeln und diesen primär in physischer Form nutzen möchte, könnte ein einfaches Zeichentool wie PowerPoint in Erwägung ziehen. Der entscheidende Faktor hierbei ist, dass es in diesem Fall nicht notwendig ist, die Modelle für die Prozesssteuerung technisch zu implementieren (siehe Abschn. 4.2.2).

Neben der Intention der Modellverwendung sollte auch der benötigte Sprachumfang in den Entscheidungsprozess einfließen [53]. Es besteht die Gefahr, dass ansonsten Informationen des Gegenstandsbereiches nicht oder nur unzureichend abgebildet werden können. Grundsätzlich bieten sowohl domänenspezifische als auch universelle Sprachen die Grundelemente zur Modellierung von wesentlichen Pfadelementen wie Ablauffolgen und Entscheidung an (siehe Abb. 3.3). Daher sollte insbesondere geschaut werden, ob Aspekte wie die Kommentierung von Evidenzgrundlagen in strukturierter Form oder die Beschreibung von Qualitätsindikatoren mit modelliert werden sollen. Ggf. kann diese Entscheidung auch Teil der ersten Teamsitzungen im Projekt, zum Beispiel während der Bestandsaufnahme sein (siehe Abschn. 3.2.3).

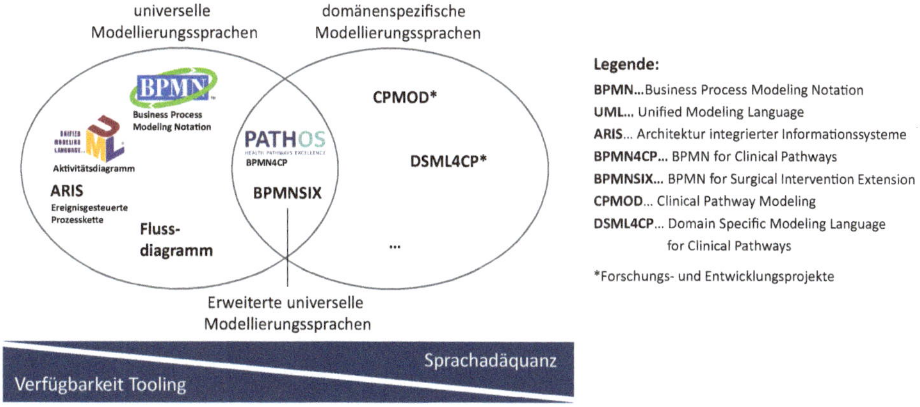

Abb. 3.3 Übersicht möglicher Modellierungssprachen

Ein weiterer Punkt ist die Auswahl des Modellierungs- bzw. Pfaddarstellungswerkzeuges (siehe Abschn. 3.2.5.3). Es unterstützt den Prozess der Visualisierung, Organisation und Zusammenführung der Informationen. Die Wahl des richtigen Werkzeugs hängt davon ab, in welcher Form der Patientenpfad dargestellt und implementiert werden soll. Es sollte ein Werkzeug gewählt werden, das die Darstellung aller benötigten Pfadelemente – auch von ggf. zusätzlichen Elementen, wie zuvor beschrieben – ermöglicht. Darüber hinaus können auch die Präferenzen des Pfad-Entwicklungsteams und die verfügbaren Ressourcen eine Rolle bei der Wahl des Modellierungswerkzeugs spielen. Die Palette verfügbarer Werkzeuge ist groß. Grundsätzlich existiert für universelle Sprachen (wie z. B. BPMN, UML-Aktivitätsdiagramm, EPK) ein breites Spektrum an Modellierungswerkzeugen sowohl als Standalone- als auch als Cloud-Lösung. Weniger gut verbreitet sind Werkzeuge, die domänenspezifische Sprachen bereitstellen. Diese sind häufig als eigenständige Produkte positioniert oder werden als Erweiterung für generische Modellierungswerkzeuge angeboten, die über Plug-In-Schnittstellen verfügen (wie z. B. Eclipse oder Microsoft Visio). Einige Beispiele von Werkzeugen sind die Folgenden:

- Verwendung von MS Excel o. ä. Softwarelösungen zur tabellarischen Darstellung von Patientenpfaden
- Verwendung von MS Power Point o. ä. Softwarelösungen oder Online-Plattformen wie draw.io zur Darstellung von Flowcharts
- Nutzung grafischer Editoren wie yEd oder MS Visio – die bereits typische grafische Elemente bekannter Prozessmodellierungssprachen wie BPMN oder UML-Aktivitätsdiagrammen zur Verfügung stellen
- Web-basiertes Werkzeug zur Erstellung von BPMN-Prozessmodellen (bpmn.io)

3.2.5 Erarbeitung und Gestaltung des Patientenpfades

3.2.5.1 Überblick

Ziele der Erarbeitung und Gestaltung des Patientenpfades
Das Ziel der iterativen Phase „Erarbeitung und Gestaltung des Patientenpfades" ist es, einen validierten, im Versorgungsnetzwerk getesteten, konsentierten und vom Projektteam freigegebenen Patientenpfad für die Implementierung im integrierten Netzwerk zu erarbeiten. Dazu werden die Pfadinhalte systematisch und unter Konsolidierung der zuvor identifizierten Evidenz entwickelt und der Patientenpfad entsprechend der ausgewählten Darstellungsform beschrieben.

Checkliste

- ☐ Die Prozesslandschaft wurde durch die Definition von Prozesskandidaten entlang des Patientenpfades aufgespannt.
- ☐ Die Prozesskandidaten wurden inhaltlich detailliert beschrieben.
- ☐ Die erarbeiteten Inhalte der Prozesskandidaten wurden konsolidiert, in einen prozessualen Ablauf überführt und in der zuvor festgelegten Art und Weise als Patientenpfadmodell dargestellt.
- ☐ Der erarbeitete Patientenpfad wurde durch interne und externe Experten geprüft.
- ☐ Nach positivem Ergebnis der internen und externen Prüfung wurde der Patientenpfad im Versorgungsnetzwerk getestet und notwendige Änderungen eingearbeitet.
- ☐ Der entwickelte Patientenpfad wurde konsentiert und freigegeben.

3.2.5.2 Prozesskandidaten des Patientenpfades identifizieren und detaillieren

Die erste Aufgabe während der iterativen Gestaltung des Patientenpfades ist das Aufspannen und Beschreiben der Prozesslandschaft im Versorgungsnetzwerk als sogenannte **Prozesslandkarte** [13]. Dazu ist insbesondere die Mitarbeit der Domänenexperten des Pfadentwicklungsteams gefragt. Es bietet sich an, die Prozesslandschaft in einem gemeinsamen Workshop zu erarbeiten. Hierbei ist die Teilnahme des Pfad-Designers wünschenswert, damit er ein Verständnis für die Inhalte des Patientenpfades entwickelt und Diskussionen um kritische Aspekte miterlebt. Zudem kann er aus seiner Perspektive zielgerichtete Nachfragen stellen und so offene Fragen frühzeitig klären, die es zur Modellierung des Pfades zu beantworten gilt.

In den Workshops werden wichtige Schritte bzw. Schlüsselinterventionen entlang des Patientenpfads – auch Prozesskandidaten genannt – identifiziert und geordnet. Prozesskandidaten beschreiben solche Schritte, die für die Effektivität und Effizienz des Versorgungsprozesses von großer Bedeutung sind und somit unmittelbare Auswirkungen auf die Genesung der Patienten haben [18]. Sie gelten als die wichtigsten Entscheidungs- und Durchführungshinweise des Patientenpfades. Die Entwicklung der Prozesslandkarte ist bewusst eine selektive, systematische Herangehensweise, da sie zunächst allein die essenziellen Aktivitäten berücksichtigt, und so verhindert, sich bereits zu Beginn der Pfadentwicklung in den Details sämtlicher möglicher Aktivitäten zu verlieren. Ein anschauliches Beispiel ist die Durchführung einer Patientenkonsultation zur Besprechung der Diagnostikergebnisse und zur Vorbereitung auf die Therapie. Spezifische Informationen zur Durchführung der Konsultation, notwendigen Dokumenten und Informationen oder Untersuchungen am Patienten werden zu einem späteren Zeitpunkt detailliert ausgearbeitet. Die Prozesskandidaten werden dann entlang der zuvor identifizierten Phasen der

Versorgung strukturiert (siehe Abschn. 3.2.4.2) und spannen die Prozesslandkarte auf. Die Zusammenhänge zwischen den Prozesskandidaten werden noch nicht näher beschrieben.

Zur Identifikation der Prozesskandidaten werden die relevanten Ergebnisse der Recherchen zur aktuell verfügbaren Evidenz, insbesondere medizinischer Leitlinien (siehe Abschn. 3.2.3.4.1) sowie existierender (Referenz-) Pfade (siehe Abschn. 3.2.3.4.2) der adressierten Patientenpopulation analysiert. Dadurch werden nicht nur vorhandene Erkenntnisse optimal genutzt, sondern es wird auch sichergestellt, dass der neu gestaltete Patientenpfad auf der verfügbaren Evidenz beruht und aktuellen Empfehlungen zur Versorgung der Patientenpopulation folgt. Das Ergebnis ist eine Prozesslandkarte, die die Konsolidierung etablierter medizinischer Erkenntnisse, spezifischer Anforderungen der Patientenpopulation (siehe Abschn. 3.2.3.3) und der Strukturen im Netzwerk widerspiegelt. Das heißt, der Patientenpfad wird, unter Berücksichtigung der Machbarkeit, mit Blick auf die Anforderungen der Leistungserbringer im Netzwerk und auf die verfügbaren Ressourcen entwickelt. Dazu werden Ergebnisse der Bestandsaufnahme herangezogen (siehe Abschn. 3.2.3.2). Darüber hinaus sollten die Möglichkeiten zur Behebung der zuvor identifizierten Schwachstellen im Versorgungsprozess (siehe Abschn. 3.2.2.2) diskutiert und bei der Strukturierung der Prozesslandkarte mitgedacht werden.

Für den Fall, dass ein Referenzpatientenpfad (siehe Abschn. 2.1) genutzt wird, ist zu prüfen, ob dieser alle gewünschten Phasen und Prozesskandidaten abdeckt. Ist dies nicht der Fall, sind fehlende Prozesskandidaten zu identifizieren und inhaltlich zu beschreiben. Ist die Prozesslandkarte bereits vollständig, so kann direkt mit der Anpassung an die individuellen Gegebenheiten des Netzwerkes fortgefahren werden (siehe Abschn. 3.2.5.3).

Prozesslandkarte für die Versorgung von Patienten mit kolorektalem Karzinom in Comprehensive Cancer Care Networks

Zur Entwicklung eines Referenzpfades für die Versorgung von Patienten mit kolorektalem Karzinom in europäischen Comprehensive Cancer Care Networks wurden auf Basis der verfügbaren Evidenz aus europäischen Leitlinien, bestehenden Patientenpfaden sowie der Expertise der in der Arbeitsgruppe involvierten Domänenexperten die Prozesskandidaten identifiziert und entlang der Phasen des Geltungsbereiches des Pfades geordnet. Die dadurch erarbeitete Prozesslandschaft spannt den Versorgungsrahmen inklusive der Schlüsselinterventionen für die adressierte Patientenpopulation auf, beschreibt jedoch noch nicht die Zusammenhänge oder Abhängigkeiten zwischen den Prozesskandidaten (siehe Abb. 3.4).◄

Nachdem die Prozesslandschaft beschrieben wurde, folgt die detaillierte inhaltliche Aufarbeitung der einzelnen **Prozesskandidaten** [13]. Hierzu machen wir uns die Ansätze zweier bekannter Werkzeuge der Prozessabgrenzung und -beschreibung zunutze:

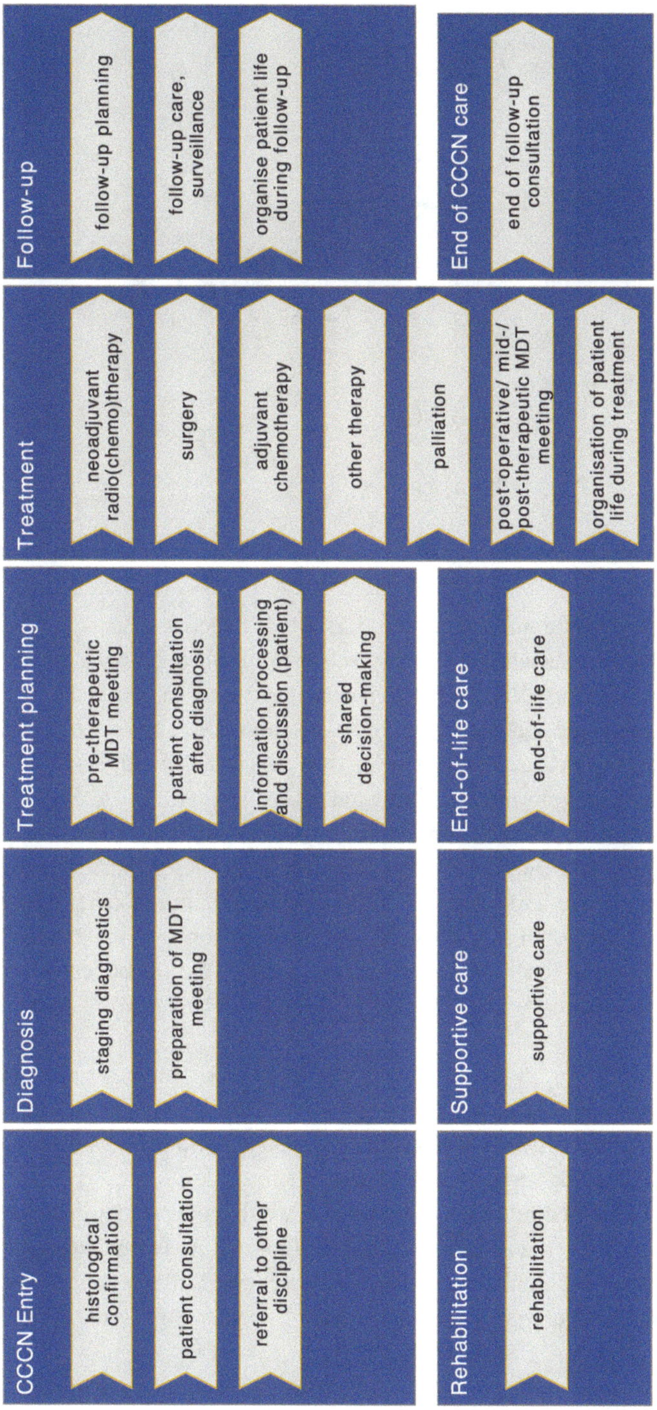

Abb. 3.4 Beispiel einer Prozesslandkarte

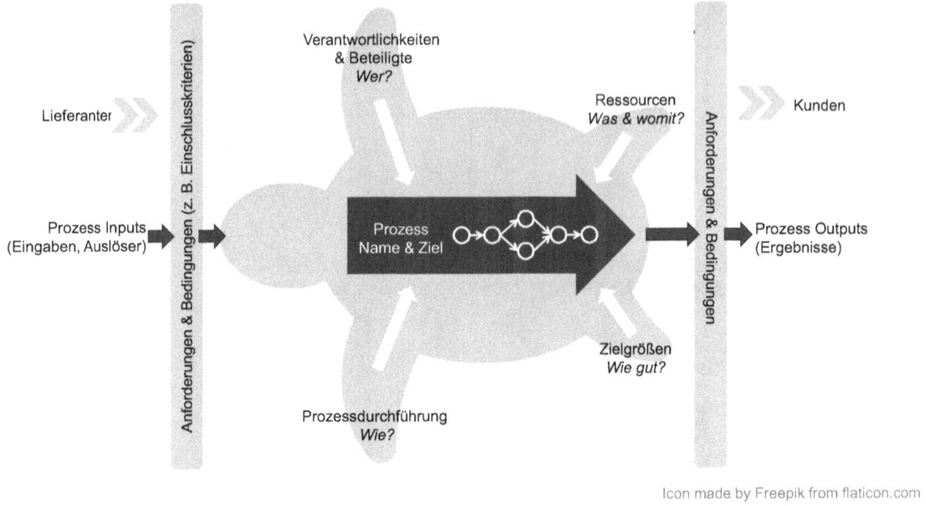

Abb. 3.5 Visualisierung der Detaillierung der Prozesskandidaten mittels Turtle-Diagramm

SIPOCs[10] und Turtle-Diagramme (siehe Abb. 3.5). Beide haben das Ziel, die wesentlichen Daten eines Prozesses/Prozessabschnitts oder -schrittes auf übersichtliche Weise zu erfassen und schematisch darzustellen. SIPOCs nutzen dazu eine tabellarische Darstellung, während Turtle-Diagramme die Visualisierung als Schildkröte aufgreifen. Welche Form für die Detaillierung der Prozesskandidaten letztlich ausgewählt wird, ist Geschmackssache. Wichtig ist, dass alle relevanten Information erfasst werden.

Die benötigten Informationen werden aus den Ergebnissen der Analysen aus Patienten-, Versorger- und Netzwerkperspektive sowie den Ergebnissen der Evidenzanalyse zusammengetragen (Abschn. 3.2.3). Empfehlungen mit höherem Evidenzgrad sind – sofern vorfügbar – bei der Auswahl von Interventionen entlang des Patientenpfades zu bevorzugen. Für jeden Prozesskandidaten werden die folgenden Informationen vom Pfadentwicklungsteam zusammengetragen, in gemeinsamen Workshops diskutiert und dokumentiert:

- **Name des Prozesskandidaten** entsprechend seiner Bezeichnung in der Prozesslandkarte. Darüber hinaus sollte die Zielstellung, die mit diesem Prozess (und damit dem Schritt im Patientenpfad) verbunden ist, festgehalten werden.
- **Anforderungen und Bedingungen,** die beachtet werden oder gelten müssen, um den Prozess zu beginnen. Hierzu zählen insbesondere Ein- und Ausschlusskriterien für Patienten, z. B. wenn die Durchführung eines Prozesses als Teil des Patientenpfades nur für eine bestimmte Untergruppe der adressierten Patientenpopulation infrage kommt.

[10] SIPOC steht für **S**uppliers (Lieferanten), **I**nputs (Eingabegrößen), **P**rocess (Prozess), **O**utputs (Ergebnisse/Ausgabegrößen) und **C**ustomers (Kunden/Empfänger).

Dabei können auch während der Bestandsaufnahme identifizierte Anforderungen an den Pfadablauf relevant werden.

- **Lieferanten** sind interne und externe Zulieferer oder Dienstleister für einen Prozess. Auch andere Prozesskandidaten können daher Lieferanten sein. Beispiele für Lieferanten im Pfadkontext sind interne oder externe Labore, die Radiologie des Krankenhauses, Hersteller medizinischer Implantate, Pharmazieunternehmen oder das Apothekenteam des Netzwerks, das interne Beschaffungsteam oder ein externer Telemedizin-Dienstleister.
- **Prozess Inputs,** sind Eingabegrößen und Auslöser für den Beginn der Durchführung eines Prozesskandidaten für einen konkreten Fall (auch Prozessinstanz genannt, siehe Abschn. 4.3.2). Dazu zählen beispielsweise Informationen, Laborergebnisse, Materialien, Patientenakten, eine Diagnosestellung oder das Auftreten von neuen Symptomen.
- **Verantwortlichkeiten und Prozessbeteiligte,** d. h. alle an der Durchführung des Prozesses beteiligten Versorgungseinheiten des Versorgungsnetzwerk. Hierzu sind alle relevanten Personen (bzw. Rollen) zu identifizieren und deren zur Prozessdurchführung notwendigen Kompetenzen zu definieren. Dazu ist die Frage zu beantworten, wer die einzelnen Aufgaben des Prozesses als Teil des Patientenpfades verantwortet/durchführt und über welche Qualifikation und Fähigkeiten diese Personen verfügen müssen.
- **Ressourcen,** die zur Ausführung der Aufgaben im Prozess benötigt werden, beispielsweise medizinische Ausrüstung wie Blutdruckmessgerät oder Verbandsmaterial, medizinische Geräte wie Computertomografie (CT) oder Magnetresonanztomografie (MRT) Geräte, bestimmte Infrastrukturen wie technische Ausstattung oder Räumlichkeiten.
- **Zielgrößen,** die den Erfolg der Prozessdurchführung und der Prozessergebnisse messbar (und damit langfristig und kontinuierlich verbesserbar) machen. Zielgrößen können zum Beispiel klinische, prozessbezogene, patientenbezogene, teambezogene oder finanzielle Kennzahlen oder Indikatoren sein (siehe Abschn. 5.3.2).
- **Prozessdurchführung,** d. h. die Beschreibung der notwendigen Aufgaben und ihrer Reihenfolge zur Durchführung des Prozesses. Hierbei steht der Versorgungsprozess als wertschöpfender Prozess im Vordergrund. Dazu zählen Interventionen, Entscheidungen, Konsultationen und Aufgaben im Zusammenhang mit medizinischen, pflegerischen und unterstützenden Versorgungsleistungen. Für die letztgenannten – also Aufgaben der Supportivtherapie – sollten, sofern sie für die betroffene Patientenpopulation relevant sind, die folgenden Bereiche diskutiert und beschrieben werden [54, 55]:
  - *Physische Unterstützung:* Beschreibung von Interventionen zur Unterstützung von Symptomen oder Therapienebenwirkungen, die akut, therapiebegleitend oder langfristig/chronisch anhaltend sein können.
  - *Psychologische Unterstützung:* Beschreibung von Interventionen zur Unterstützung von psychischer Gesundheit und persönlichen Beziehungen der Patienten oder Angehörigen.

- *Soziale Unterstützung:* Beschreibung von unterstützenden Interventionen in sozialen und lebensbezogenen Fragestellungen, die sich auf die Betroffenen und ihr soziales Umfeld, wie die Familie, auswirken, z. B. der Bedarf an emotionaler Unterstützung, die Aufrechterhaltung sozialer Netzwerke und finanzielle Belange.
- *Informatorische und organisatorische Unterstützung:* Beschreibung von Aufgaben, um bei informationellen und organisatorischen Fragstellungen von Betroffenen und Angehörigen zu unterstützen, z. B. das Aushändigen eines Informationsflyers, das Verweisen auf einen Informationsdienst oder Selbsthilfegruppen, Unterstützung bei der Beantragung eines Schwerbehindertenausweises oder einer Haushaltshilfe.

Zur Beschreibung aller notwendigen Aktivitäten sind insbesondere die Ergebnisse der Evidenzrecherche relevante Quellen. Bei der Detaillierung Der Prozessdurchführung sind auch zeitliche Aspekte zu beschreiben, z. B. zeitkritische Aufgaben oder Abstände zwischen zwei Aufgaben, Iterationen oder Empfehlungen von Zeitdauern zur Durchführung von Aufgaben. Neben dem Kernprozess sind ebenso die Unterstützungsprozesse zu beschreiben, d. h. solche Aufgaben, die den Kernprozess (den Versorgungsprozess) unterstützen, insbesondere administrative Tätigkeiten und Verwaltungsaufgaben sowie Aktivitäten, für deren Durchführung Patienten selbst verantwortlich sind.

- **Prozess Outputs** sind Ausgabegrößen und Ergebnisse des Prozesses. Dazu zählen im Prozess entstandene Produkte (auch Abfallprodukte), Dokumente und erbrachte Leistungen. Sie werden ggf. an nachfolgende Prozesskandidaten als Eingabegrößen übergeben. Prozess Outputs können zum Beispiel eine Therapieempfehlung, Untersuchungsberichte, ein operierter Patient, verbrauchtes Material oder zu sterilisierende Untersuchungsgegenstände sein.
- **Kunden,** sind sowohl interne als auch externe Empfänger von Prozess Outputs. Sie können Endkunden oder andere Prozesskandidaten sein. Beispiele für Kunden im Pfadkontext sind medizinische Abteilungen oder Fachärzte, die Labordaten für Diagnose und Behandlung benötigen, der Patient selbst, der Zugriff auf seine elektronische Patientenakte bekommt, Pflegepersonal, das Medikamente gemäß der ärztlichen Verschreibung verabreicht oder ein externes Unternehmen zur Sterilisation und Desinfektion von medizinischem Equipment.

Wird der Patientenpfad als Referenzpfad zur Anwendung in verschiedenen integrierten Versorgungsnetzwerken entwickelt, so sollten bei der Detaillierung der Prozesskandidaten auch Hinweise zur Anpassbarkeit des Referenzpfades an die individuellen Gegebenheiten eines konkreten Netzwerks beschrieben werden. Dazu werden zum Beispiel zwingend erforderliche und optionale Schritte der Prozesskandidaten gekennzeichnet, Auswahlmöglichkeiten benannt oder konkrete nationale, regionale und lokale Bedingungen, die bei der Umsetzung in einem Versorgungsnetzwerk berücksichtigt werden sollten, beschrieben.

Zusätzlich zu diesen Aspekten sollten die **Patientenperspektive** und Elemente zur **Patienteneinbeziehung** explizit mitgedacht und beschrieben werden. Hierfür spielen die Mitarbeit und der Erfahrungsschatz der Patienten bzw. der Patientenvertretung als Mitglieder des Pfadentwicklungsteams eine entscheidende Rolle. Mit ihnen sollte für jeden Prozesskandidaten besprochen werden, was Bedarfe der Patientn sind, welche Aufgaben sie selbst ausführen müssen/können und wie die Patienteninformation und -aufklärung stattfinden soll. Der Zugang zu patientenverständlichen Informationen über die eigene Erkrankung hilft Patienten, besser informierte Entscheidungen treffen zu können. In diesem Zusammenhang sollte die gemeinsame Entscheidungsfindung (engl. shared decision-making) für (oder gegen) eine Therapie explizit als Schritt im Patientenpfad verankert werden. Dazu sollten Zeitpunkte und Verantwortlichen für die Informationsweitergabe, Patientenedukation und Entscheidungsunterstützung klar definiert werden. Es sollte überlegt werden, ob der Patient ausreichende Informationen, Zeit zur Entscheidung und die Möglichkeit, weitere Fragen zu stellen, erhält. Letztlich sollte im Pfadentwicklungsteam diskutiert und entschieden werden, inwieweit konkrete Werkzeuge bzw. Methoden zur Patienteneinbeziehung (Beispiele siehe Tab. 3.8) entlang des Patientenpfades eingebunden werden können [48, 56].

Treten bei der Erarbeitung der Pfadinhalte Unstimmigkeiten zwischen den Domänenexperten auf – zum Beispiel was die Priorität zur Aufnahme einer Aktivität in den Patientenpfad angeht – so sollte auf den zu Beginn des Projektes festgelegten Ansatz zur strukturierten Konsensfindung (siehe Abschn. 3.2.2.5) zurückgegriffen werden. Für die Durchführung ist der Methodenexperte des Pfadentwicklungsteams zuständig.

Detaillierung der Prozesskandidaten zur Entwicklung eines Referenzpfades zur Versorgung von Patienten mit kolorektalem Karzinom in Comprehensive Cancer Care Networks

Im Rahmen der Joint Action iPAAC wurden die identifizierten Prozesskandidaten für die Versorgung von Patienten mit kolorektalem Karzinom in Comprehensive Cancer Care Networks, wie sie in der Prozesslandkarte in Abb. 3.4 dargestellt sind, in einer Arbeitsgruppe mit internationalen Domänenexperten detailliert. Dazu wurden die Ergebnisse der Bestandsaufnahme von verfügbarer Evidenz zur Patientenpopulation sowie existierende Pfade als Grundlage verwendet (siehe Abschn. 3.2.3). Zunächst wurde eine Arbeitsvorlage entwickelt, die Platz zur systematischen Dokumentation der notwendigen Informationen für jeden Prozesskandidaten bereithielt. Diese wurde für jeden Prozesskandidaten in einem geteilten Online-Dokument kollaborativ von den Domänenexperten befüllt. In Vor-Ort-Workshops mit Mitgliedern der Arbeitsgruppe wurden insbesondere die Schritte der Prozessdurchführung erarbeitet und bereits erste Visualisierungen des Prozessablaufs für die Prozesskandidaten entwickelt (siehe Abb. 3.6). Diese wurden dem Pfad-Designer für die nachfolgende Konsolidierung der Pfadinhalte und zur Modellierung des Referenzpfades (siehe Abschn. 3.2.5.3) zur Verfügung gestellt. Der Pfad-Designer war während der Workshops zur Detaillierung der Prozesskandidaten mit anwesend, um ein Verständnis für die Inhalte und Zusammenhänge der Aktivitäten entlang des Patientenpfades zu entwickeln.◀

Tab. 3.8 Werkzeuge und Methoden zur Patienteneinbeziehung (Beispiele[11])

Bezeichnung	Anwendungsbereich	Beschreibung
Question Prompt Sheets/ Question Prompt Lists (QPS/ QPL) [57]	Personalisierung der Versorgung und Information der Patienten	QPS/QPL stellen den Patienten eine Liste mit häufig gestellten Fragen anderer Patienten mit der gleichen Erkrankung zur Verfügung. Diese werden den Patienten vor einer Konsultation ausgehändigt.
Telekonsultation [58]	Stärkung der Arzt-Patienten-Allianz durch niedrigschwellige Kontaktmöglichkeit	Telekonsultationen mit dem Gesundheitsdienstleister können helfen, den Zugang der Patienten zur Versorgung zu verbessern und die Gesamteffizienz des Patientenpfades zu steigern.
Einsatz von Chatbots [59]	Soziale Unterstützung und Motivation der Patienten	Ein Chatbot ist ein Werkzeug, mit dem Patienten durch das Versenden von Textnachrichten, die z. B. standardisierte Informationen oder Feedback zu aktuellen Patientendaten enthalten, in ihre Versorgung einbezogen werden können. Außerdem können motivierende Nachrichten helfen, positive Verhaltensweisen bei den Patienten zu verstärken.
Audioaufzeichnung von Konsultationen [60]	Zugang zu Informationen für Patienten verbessern	Die Patienten erhalten Zugang zu einer Audioaufzeichnung ihrer Konsultation mit dem Arzt.

[11] Eine umfangreiche Liste von 56 Werkzeugen und Methoden zur Patienteneinbeziehung (Patient Engagement) ist in Hickmann et al. (2024) [56] zu finden.

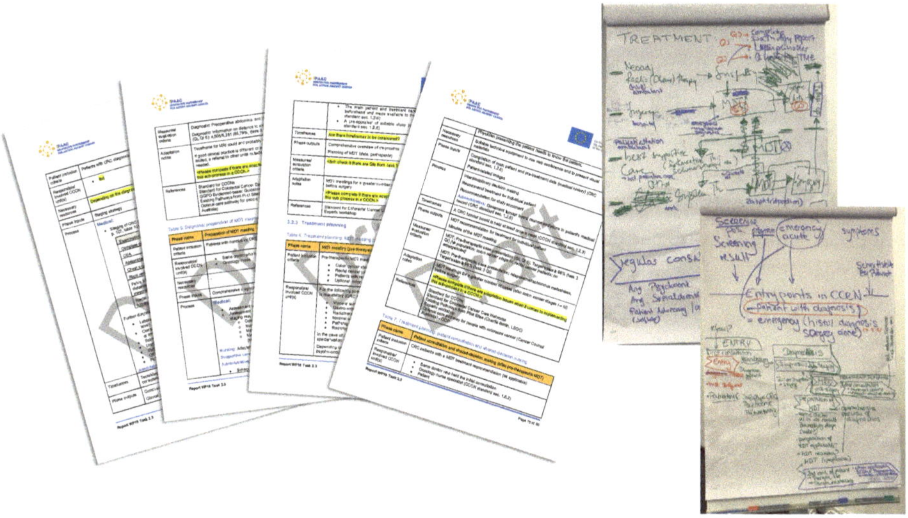

Abb. 3.6 Einblick in einen Arbeitsstand zur Detaillierung der Prozesskandidaten am Beispiel des Patientenpfades für Patienten mit kolorektalem Karzinom

3.2.5.3 Pfadinhalte konsolidieren und Patientenpfad modellieren

Die bis zu diesem Zeitpunkt erarbeiteten Inhalte der Prozesskandidaten werden im nächsten Schritt konsolidiert, in einen prozessualen Ablauf überführt und in der zuvor festgelegten Art und Weise als Patientenpfadmodell dargestellt [13]. Der Pfad-Designer übernimmt im Pfadentwicklungsteam das Modellieren, d. h. das Überführen der identifizierten Pfadelemente in einen Patientenpfad – zumeist visualisiert als konzeptuelles Prozessmodell [8, 9] (siehe Abschn. 3.2.4.3). Dabei ist sicherzustellen, dass der Patientenpfad den Anforderungen der Domänenexperten entspricht und inhaltlich die Prozesskandidaten korrekt widerspiegelt. Darüber hinaus sind die Prozesskandidaten in diesem Schritt in eine zeitliche Abfolge zu bringen und ihre Beziehungen zueinander zu spezifizieren. Die Domänenexperten des Entwicklungsteams sollten dafür wie auch für andere Rückfragen und zum Auflösen von Unstimmigkeiten zur Verfügung stehen, um die Iterationsschleifen und damit die Dauer für die Gestaltung des Patientenpfades zu reduzieren.

Um die Komplexität des Pfadmodells beherrschbar zu machen, können Teilprozesse modelliert werden. Teilprozesse bilden in einem Prozess den Rahmen für sachlich zusammengehörende Aktivitäten, zum Beispiel alle Aufgaben im Rahmen einer Arzt-Patienten-Konsultation oder alle Aufgaben zur Durchführung der gewählten Therapieoption. Die hierarchische Gestaltung des Patientenpfades durch Teilprozesse hilft, die Übersichtlichkeit des Modells zu gewährleisten. Häufig können die identifizierten Prozesskandidaten als Teilprozesse fungieren. Auf übergeordneter Hierarchieebene des

Patientenpfades sind dann die Prozesskandidaten als Aufgaben zu erkennen, die dann auf tieferen Hierarchieebenen detailliert werden.

Wird zur Entwicklung des Patientenpfades ein Referenzpfad (siehe Abschn. 2.1) genutzt, muss dieser an den individuellen Kontext des Versorgungsnetzwerkes, wie nationale Bestimmungen oder regionale/lokale Gegebenheiten, angepasst werden. Hierzu ist Schritt für Schritt im Referenzpfad zu prüfen, ob Anpassungen, Ergänzungen oder Detaillierungen notwendig sind. Beispielsweise können zusätzliche Informationen zu verwendeten Aufklärungsunterlagen in der Patientenkonsultation, die Einbeziehung anderer Professionen in einen Prozessschritt, die Anbindung an Register/Datenbanken oder unterstützende Managementprozesse integriert werden.

Entsprechend der gewählten Darstellungsform bzw. Modellierungssprache für den Patientenpfad (siehe Abschn. 3.2.4.3) werden verschiedene Symbole zur Visualisierung verwendet. Handelt es sich um eine standardisierte Modellierungssprache für Prozessmodelle, wie Flowchart, BPMN oder UML-Aktivitätsdiagramme, wird die jeweilige Notation angewendet. Häufig verwendete Elemente zur Modellierung von Patientenpfaden sind in Abb. 3.7 zusammengefasst. Die genutzten Symbole zur Darstellung dieser Elemente kann sich von Modellierungssprache zu Modellierungssprache unterscheiden. Darüber hinaus sind pfad-spezifische Elemente zu beachten, die zum Beispiel von domänenspezifischen Pfadmodellierungssprachen oder Spracherweiterungen zur Verfügung gestellt werden (siehe Abschn. 3.2.4.3).

Modellierung des Patientenpfades zur Versorgung von Patienten mit kolorektalem Karzinom in einem web-basierten, domänenspezifischen Modellierungstool

Die Inhalte der detaillierten Prozesskandidaten zum Patientenpfad für Patienten mit kolorektalem Karzinom wurden in ein konzeptuelles Pfadmodell überführt. Dazu wurde der web-basierte PATHOS[12] Modeler genutzt, in welchem eine domänenspezifische, BPMN-basierte Modellierungssprache zur Darstellung von Patientenpfaden (basierend auf dem Spracherweiterungsvorschlag BPMN4CP [44]) angewendet wird (siehe auch Abschn. 4.3.3.5). Über die klassischen BPMN-Elemente hinaus können zum Beispiel Qualitätsindikatoren, Evidenzanzeiger oder Ziele entlang des Patientenpfades modelliert werden. Unklarheiten bei der Übersetzung der Pfadinhalte in das Prozessmodell konnten vom Pfad-Designer in Kurzrücksprachen mit den Domänenexperten geklärt werden.

Für den Patientenpfad zur Versorgung von Patienten mit kolorektalem Karzinom in Coprehensive Cancer Care Networks wurden die Teilprozesse „Konsultation“ und „Konsultation nach Diagnose“ spezialisiert, um die Übersichtlichkeit des Gesamtprozesses zu erhöhen und die Komplexität des Modells zu reduzieren. Ein Screenshot der Erstellung des Teilprozesses „Konsultation“ ist in Abb. 3.8 dargestellt.

[12] PATHOS Website: https://pathos.helict.de (Zugriff: 07.08.2024).

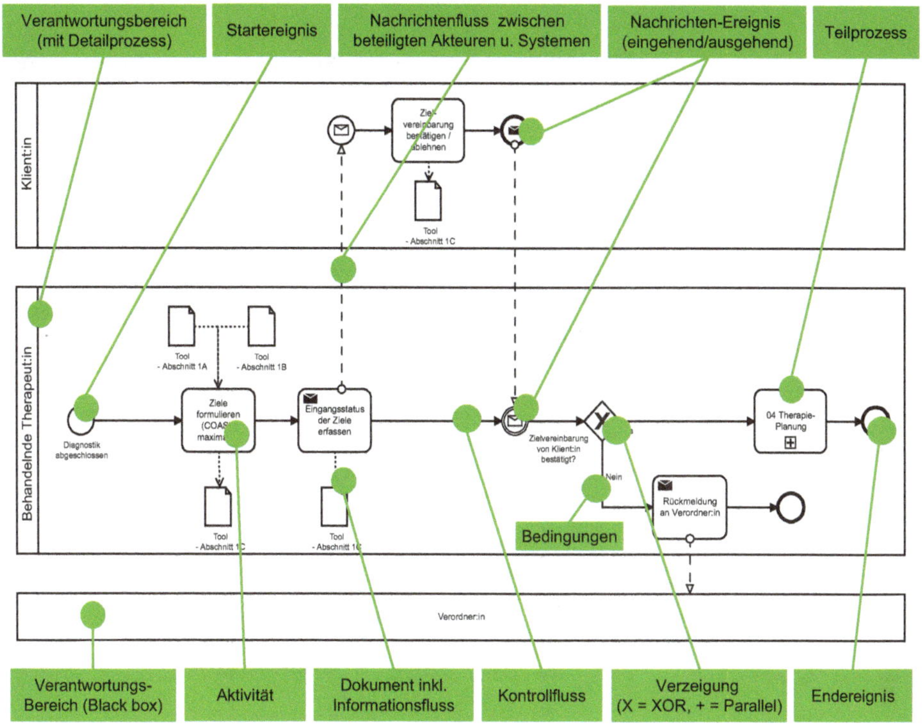

Abb. 3.7 Häufig verwendete Elemente zur Modellierung von Patientenpfaden

Bei der Modellierung des Pfades wurde die Patientenperspektive mit abgebildet, indem Aktivitäten, die Patienten selbst durchführen oder beachten sollten, im Pfadmodell mit aufgenommen wurden. Sie wurden in einer dedizierten Patienten-„Lane" – ein BPMN Element, das genutzt wird, um anzugeben, wer welche Aufgaben entlang des Patientenpfades übernimmt – abgebildet. Dazu zählen zum Beispiel Aufgaben wie die individuelle Reflexion und Diskussion nach der Diagnosestellung oder das Erledigen von organisatorischen Tätigkeiten, z. B. das Beantragen einer Haushaltshilfe oder die Organisation eines Fahrdienstes, während der Therapiephase. Darüber hinaus wurde die gemeinsame Entscheidungsfindung explizit als Aktivität im Patientenpfad eingefügt.◄

3.2.5.4 Patientenpfad validieren, testen und konsentieren

Nachdem im vorherigen Schritt der Patientenpfad detailliert modelliert wurde, ist er von internen sowie externen Experten auf fachliche Richtigkeit und Vollständigkeit zu prüfen [1, 6, 13]. Interne Experten sind die Domänenexperten und die involvierten Patienten bzw. die Patientenvertretung als Mitglieder des Pfadentwicklungsteams. Sie geben

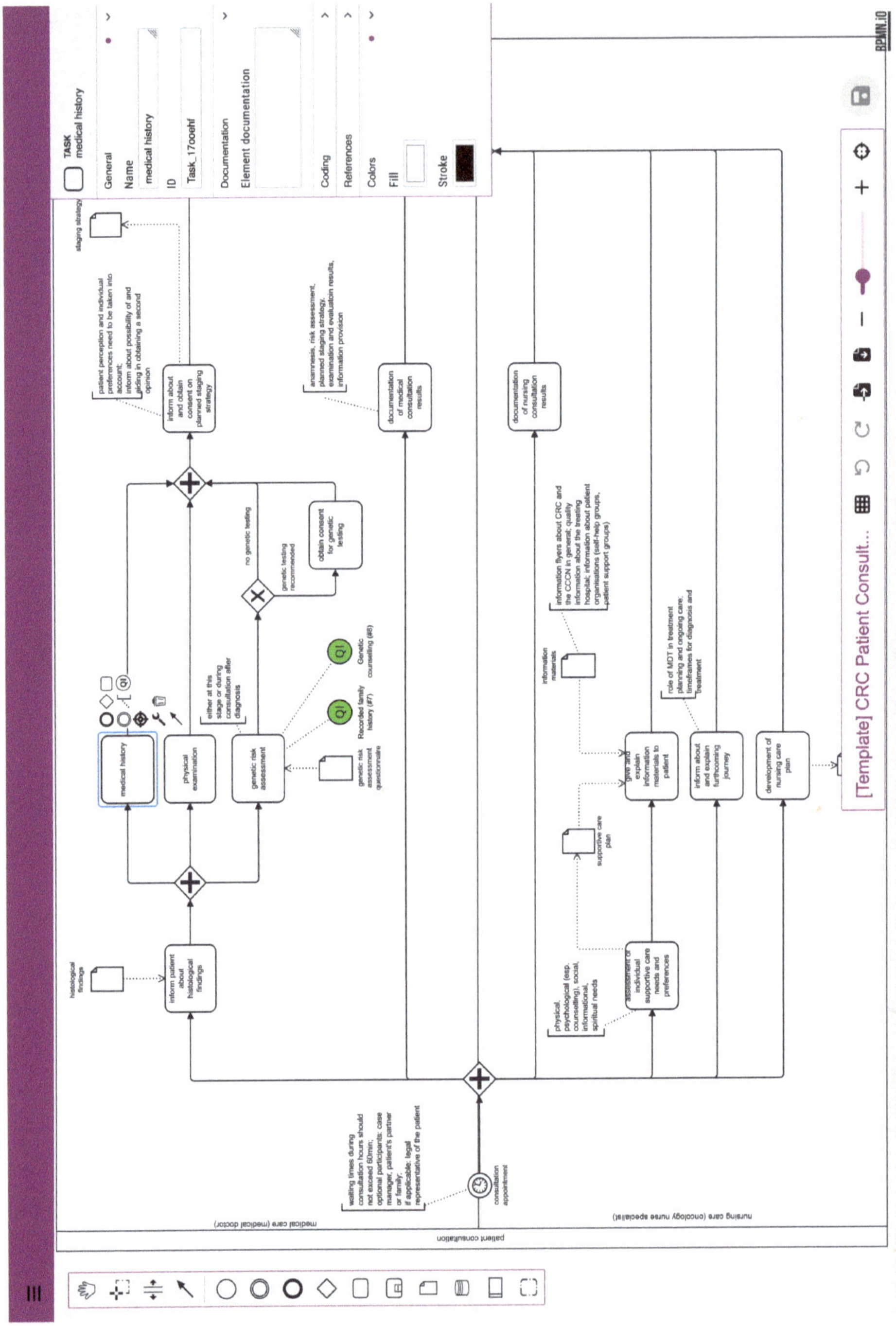

Abb. 3.8 Modellierung des Teilprozesses „Konsultation" im PATHOS Modeler (Screenshot)

dem Pfad-Designer Feedback, ob alle Anforderungen aus der Beschreibung der Prozesskandidaten korrekt und vollständig im Patientenpfad umgesetzt wurden. Zusätzlich ist es gewinnbringend, dass externe Fachexperten Feedback zum entwickelten Pfad geben. Solche Fachexperten sind Personen, die nicht in die Entwicklung des Pfades involviert waren. Das können zum Beispiel Mitarbeiter der Arbeitsgruppen zur Entwicklung der dem Patientenpfad zugrundeliegenden medizinischen Leitlinie(n) oder Leistungserbringer aus einem anderen Versorgungsnetzwerk sein. Feedback von externen Fachexperten kann beispielsweise durch Interviews, Fragebögen oder Kommentierungen des Patientenpfades eingeholt werden. Diese externe Validierung ist aus verschiedenen Gründen sinnvoll:

- **Objektive Bewertung:** Externe Fachexperten können eine objektive Sichtweise auf den entwickelten Patientenpfad bieten. Sie bringen möglicherweise eine frische Perspektive und unvoreingenommene Meinungen ein, die dazu beitragen können, potenzielle Schwachstellen oder Verbesserungsmöglichkeiten zu identifizieren.
- **Fachliches Wissen:** Externe Experten verfügen über spezifisches Fachwissen und Erfahrung in ihrem jeweiligen Bereich. Durch ihre Expertise können sie dazu beitragen, sicherzustellen, dass der Patientenpfad auf dem neuesten Stand der medizinischen Erkenntnisse und bewährten Verfahren basiert.
- **Qualitätssicherung:** Die Einbeziehung externer Fachexperten trägt zur Qualitätssicherung bei. Sie können den Patientenpfad auf seine potenzielle Wirksamkeit, Effizienz und Patientenzentriertheit prüfen und sicherstellen, dass er den besten Interessen der Patienten dient.
- **Stakeholder-Perspektiven:** Externe Fachexperten können verschiedene Interessengruppen des Versorgungsnetzwerks repräsentieren – darunter Ärzte, Pflegepersonal, Patienten oder soziale Dienste. Ihre Einbeziehung ermöglicht es, die Bedürfnisse und Perspektiven aller relevanten Stakeholder zu berücksichtigen und sicherzustellen, dass der Patientenpfad für alle Beteiligten akzeptabel ist.
- **Fehlervermeidung:** Durch die Validierung des Patientenpfades durch externe Fachexperten können potenzielle Fehler oder Risiken identifiziert und behoben werden, bevor der Pfad implementiert wird. Dies trägt zur Patientensicherheit bei und reduziert mögliche negative Auswirkungen auf die Gesundheit der Patienten.
- **Akzeptanz und Umsetzung:** Wenn externe Fachexperten in den Validierungsprozess einbezogen werden, kann dies die Glaubwürdigkeit und Akzeptanz des entwickelten Patientenpfades erhöhen. Dadurch kann die Wahrscheinlichkeit erhöht werden, dass der Pfad von den Fachkräften im Versorgungsnetzwerk akzeptiert und erfolgreich umgesetzt wird.

Nach einer umfassenden Überprüfung des Patientenpfades durch die internen und externen Experten wird Verbesserungsbedarf an den Pfad-Designer zurückgemeldet. Gegebenenfalls kann es notwendig werden, auch Anpassung an der Prozesslandkarte vorzunehmen, sodass größere Iterationsschleifen zur Entwicklung des Patientenpfades entstehen. Dann werden die vorherigen Schritte zur Entwicklung der Prozesslandkarte, Detaillierung der Prozesskandidaten (s. Abschn. 3.2.5.2) und Modellierung des Pfades (s. Abschn. 3.2.5.3) wiederholt. Sobald der entwickelte Patientenpfad überarbeitet ist und die Prüfung durch die Fachexperten positiv ausfällt, sollte er im Versorgungsnetzwerk getestet werden.

Zur Vorbereitung der Implementierung des Patientenpfades, wird der Pfad zunächst für einen vorher festgelegten Zeitraum und mit einer begrenzten Gruppe von Patienten im integrierten Versorgungsnetzwerk getestet [1, 61]. Auf diese Weise soll seine Umsetzbarkeit und Praktikabilität erprobt werden und Feedback von Anwendern, die nicht in der Entwicklung des Pfades involviert waren eingeholt werden. Eine Faustregel besagt, dass bei einer geringen Fallzahl drei Wochen lang getestet werden sollte, während bei einer großen Fallzahl ein Test mit zehn Patienten genügt [1]. Während des Testzeitraums ist es nützlich, wenn die Mitglieder des Pfadentwicklungsteams verfügbar sind, um Probleme ggf. direkt vor Ort nachvollziehen zu können.

Vor dem Beginn der Testung des Pfades sollten Informationsveranstaltungen für alle Netzwerkmitglieder organisiert werden, die den Pfad verwenden werden. Während dieser Sitzungen sollte erläutert werden, warum der Patientenpfad entwickelt wurde und welche Hauptänderungen im Vergleich zur bisherigen Arbeitsweise auftreten. In diesem Zusammenhang sollte auch festgelegt werden, ob zusätzliche Schulungen in Bezug auf inhaltliche Änderungen (z. B. neue medizinische, pflegerische und unterstützende Tätigkeiten im Vergleich zur traditionellen Arbeitsweise) erforderlich sind.

Das Ergebnis der Testphase wird in einem Bericht dokumentiert. Basierend auf den Erfahrungen aus dem Testlauf wird der Patientenpfad bei Bedarf inhaltlich angepasst und das Pfadmodell durch den Pfad-Designer überarbeitet. Wenn größere Probleme oder Engpässe festgestellt wurden, kann es erforderlich sein, zusätzliche Informationen zu sammeln oder den Rat anderer klinischer Disziplinen oder des Managements einzuholen. In so einem Fall beginnt eine erneute Iteration der Pfadentwicklung. Je nach Umfang und Tiefe der notwendigen Änderungen kann es dann auch notwendig sein, einen weiteren Test durchzuführen. Das Pfadentwicklungsteam bewertet die Testphase anhand des erhaltenen Feedbacks und entscheidet, ob der Patientenpfad freigegeben und implementiert werden kann.

3.2.6 Kommunikation und Bereitstellung des Patientenpfades

Ziele der Kommunikation und Bereitstellung des Patientenpfades
Das Ziel der Phase „Kommunikation und Bereitstellung des Patientenpfades" ist es, den entwickelten und freigegebenen Patientenpfad für alle Beteiligten transparent, verständlich und leicht zugänglich zu machen.

Checkliste

- ☐ Entwicklung und Umsetzung einer Kommunikations- und Verbreitungsstrategie für den Patientenpfad – auch unter Einbeziehung der Implementierungs- und Digitalisierungsstrategie (siehe Kap. 4).
- ☐ Entwicklung und Bereitstellung einer Patientenversion des Pfades zur gezielten Patientenkommunikation.

Die effektive Kommunikation und Bereitstellung des Patientenpfades sind entscheidende Faktoren für die Vorbereitung einer erfolgreichen Implementierung im integrierten Versorgungsnetzwerk. Ein noch so gut gestalteter Patientenpfad ist nur dann effektiv, wenn er transparent, verständlich und leicht zugänglich für alle Beteiligten ist. Aus diesem Grund ist es in diesem Schritt notwendig, den entwickelten Pfad an die Beteiligten des Versorgungsnetzwerks zu kommunizieren und eine Implementierungs- sowie Aktualisierungsstrategie zu entwickeln.

Die Einführung eines Patientenpfades erfordert eine klare und umfassende **Kommunikations- und Verbreitungsstrategie** [6, 9, 13]. Alle relevanten Akteure, darunter Patienten, Angehörige, medizinisches und pflegerisches Personal und Verwaltungsmitarbeiter, sollten über den neuen (oder aktualisierten) Patientenpfad informiert werden. Dies kann durch Informationsveranstaltungen, Schulungen, Handbücher oder digitale Informations- und Kommunikationsplattformen des Versorgungsnetzwerks erreicht werden. Die Kommunikation rund um den Patientenpfad sollte kontinuierlich fortgesetzt werden. Regelmäßige Updates, neue Erkenntnisse und Verbesserungen sollten mit allen Beteiligten geteilt werden. Offene Kanäle für Feedback und Fragen sind essentiell, um die Akzeptanz des Pfades zu stärken und die Notwendigkeit für mögliche Anpassungen schnell zu erkennen. Der Patientenpfad muss für alle Beteiligten leicht zugänglich sein. Digitale Plattformen des Versorgungsnetzwerkes, Intranetseiten oder mobile Anwendungen können genutzt werden, um den Pfad allen relevanten Akteuren zur Verfügung zu stellen. Die Bereitstellung sollte an die vorhandenen Arbeitsabläufe und Gewohnheiten der Nutzer angepasst werden, um die Akzeptanz und Nutzung zu maximieren. Aktivitäten zur Erhöhung der Implementierungsqualität und das Zusammenspiel mit dem Faktor Mensch werden in Abschn. 4.2 detaillierter beleuchtet. Für den Fall, dass ein Referenzpfad für verschiedene integrierte Versorgungsnetzwerke entwickelt wurde, kann er in einem zentralen Pfad-Repository den Netzwerken zur Verfügung gestellt und verwaltet werden

[3, 13]. Dazu kann auf technologische Lösungen analog zur Verwaltung von Pfadvorlagen, wie in Abschn. 4.3.3.3 thematisiert, zurückgegriffen werden.

Zum Zweck der gezielten Patientenkommunikation kommt zusätzlich die Entwicklung einer **Patientenversion** des Patientenpfades infrage [1], mit welcher die Pfadinhalte für Patienten in einfacher und verständlicher Form, reduziert auf die Informationsbedarfe der Patientenpopulation zusammengefasst wird. Welche Pfadinhalte dafür relevant sind, sollte mit den Patienten bzw. der Patientenvertretung des Pfadentwicklungsteams besprochen werden. Dies ermöglicht es den Patienten, einen umfassenden Überblick über die Schritte und Elemente der Versorgung im Netzwerk zu erhalten und aktiv an ihrer Gesundheitsversorgung teilzunehmen. Zur Bereitstellung einer Patientenversion des Pfades kommen im Print zum Beispiel Flyer oder Informationsbroschüren infrage. Die Patientenversion kann auch digital zur Verfügung gestellt werden. Dazu eignen sich beispielsweise eine herunterladbare PDF-Version des Patientenpfades mit Erklärungstexten, eine Bereitstellung als Web-Version, durch die sich Patienten navigieren können, eine Integration des Patientenpfades in das Patientenportal des Netzwerkes oder die Bereitstellung des Pfades in Form einer Patientenpfad-App. Die Ansätze zur digitalen Implementierung eines Patientenpfades, nicht allein für Patientenversionen, sind in Abschn. 4.3 weiterführend adressiert.

Patientenpfade für Patienten in der personalisierten Onkologie im Projekt MiHUBx

Der Medical Informatics Hub in Saxony (MiHUBx)[13] begann im September 2021 als einer von sechs regionalen Knotenpunkten digitaler Medizin-Infrastruktur in Deutschland (Digitale FortschrittsHubs Gesundheit). Die Aufgabe der Fortschrittshubs ist es, die wegbereitende Arbeit der Medizininformatik Initiative[14] zur Digitalisierung in der Medizin aus den Unikliniken heraus in alle Bereiche des Gesundheitssystems auszuweiten und so auch Hausarztpraxen, niedergelassene Facharztpraxen, regionale Krankenhäuser oder Rehabilitations- und Pflegeeinrichtungen mit zu integrieren.

Im MiHUBx Use Case zur personalisierten Onkologie wird als Teil einer Vernetzungsplattform zur digitalen Vernetzung aller beteiligten Partner in der personalisierten Medizin auch ein Patientenportal zur Verfügung gestellt. Mit diesem werden den Patienten bedarfsgerecht relevante Informationen zu ihrer Versorgung angezeigt, der Verlauf und Fortschritt der Molekulardiagnostik zur individuellen Therapieempfehlung im Rahmen des MASTER Programms[15] transparent gemacht und ein sicherer

[13] Projektwebsite: https://mihubx.de/ (Zugriff: 07.08.2024).

[14] Website der Medizininformatik Initiative: https://www.medizininformatik-initiative.de (Zugriff: 07.08.2024).

[15] Website zum MASTER Programm zur personalisierten Onkologie: https://www.nct-heidelberg.de/forschung/molecular-stratification/master.html (Zugriff: 07.08.2024).

und einfacher Weg zur Datenübermittlung mit Fachleuten angeboten. Der Patientenpfad ist dabei der zentrale Baustein, entlang dem sich die Information und Aktivitäten einordnen (siehe Abb. 3.9).

Patienten werden mittels des digital zugänglichen Patientenpfades zur aktiveren Teilhabe entlang des eigenen Versorgungsprozesses befähigt. Sie erhalten zum jeweils relevanten Zeitpunkt im Patientenpfad die für sie notwendigen Informationen, werden über anstehende Aufgaben und Termine im individuellen Pfad informiert und können selbst Angaben zur Lebensqualität oder zu Nebenwirkungen tätigen und sie an das Versorgungsteam des Netzwerks übermitteln.◀

Neben der Kommunikation des entwickelten Patientenpfades wird während dieser Phase ein **Implementierungs- und Aktualisierungsplan** erstellt [1]. Darin wird festgelegt, wer im Falle von Problemen als Ansprechperson fungiert. Diese Ansprechpersonen sollten den Patientenpfad gut kennen und idealerweise als Mitglieder des Pfadentwicklungsteams in

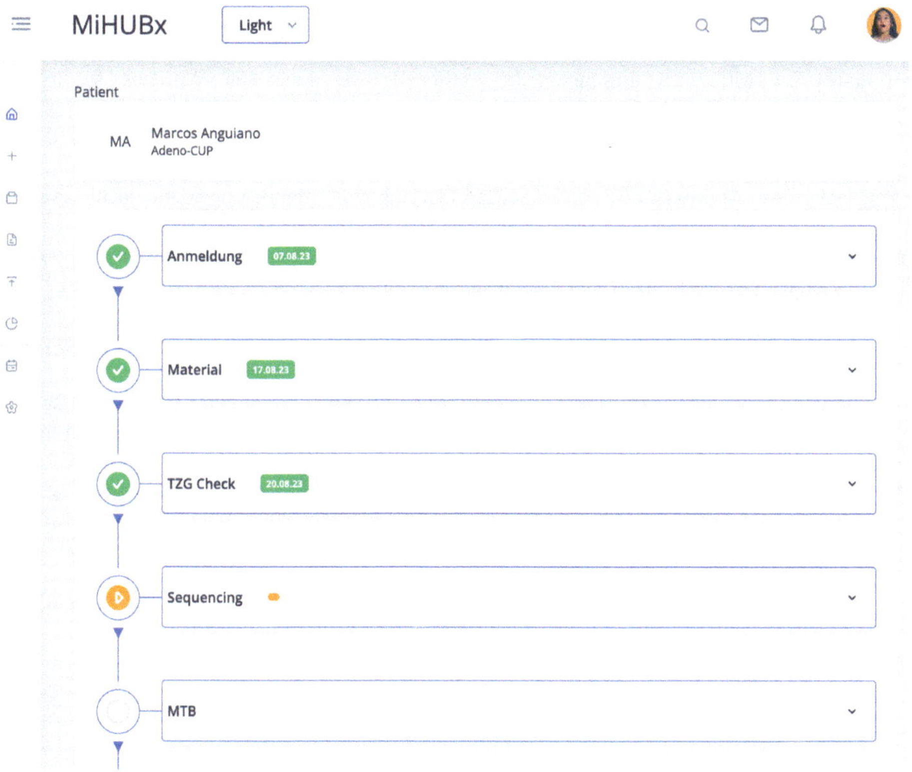

Abb. 3.9 Beispiel zur digitalen Bereitstellung eines Patientenpfades für Patienten im Projekt MiHUBx (Screenshot Prototyp)

seine Erstellung involviert gewesen sein. Feedback der Anwender zur praktischen Nutzbarkeit und zu Anwendungs- oder Kommunikationsproblemen bei der täglichen Arbeit mit dem Patientenpfad sollte zentral gesammelt und überwacht werden. Dies gewährleistet eine effektive Koordination und Lösung von Herausforderungen während der Implementierungsphase. Im Aktualisierungsplan sollte festgelegt werden in welchen zeitlichen Abständen oder unter welchen Bedingungen der entwickelte Patientenpfad aktualisiert werden muss und wie lange er gültig ist.

Literatur

1. Vanhaecht, K., Gerven, E. V., Deneckere, S., Lodewijckx, C., Janssen, I., Zelm, R. V., Boto, P., Mendes, R., Panella, M., Biringer, E., Sermeus, W. (2012): The 7-phase method to design, implement and evaluate care pathways. The International Journal of Person Centered Medicine 2, S. 341–351.
2. McLachlan, S., Kyrimi, E., Dube, K., Fenton, N. (2019): Clinical Caremap Development: How can caremaps standardise care when they are not standardised? In: Proceedings of the 12th International Joint Conference on Biomedical Engineering Systems and Technologies, Prague. https://doi.org/10.5220/0007522601230134.
3. Flores, E.J., Mull, N.K., Lavenberg, J.G., Mitchell, M.D., Leas, B.F., Williams, A., Brennan, P.J., Umscheid, C.A. (2018): Using a 10-step framework to support the implementation of an evidence-based clinical pathways programme. BMJ Quality & Safety. https://doi.org/10.1136/bmjqs-2018-008454.
4. Cancer Care Ontario (2017): Pathway Map Development Methodology. Document developed and maintained by the Disease Pathway Management Program.
5. Ferrante, S., Bonacina, S., Pozzi, G., Pinciroli, F., Marceglia, S. (2016): A design methodology for medical processes. In: Applied Clinical Informatics 7, S. 191–210. https://doi.org/10.4338/ACI-2015-08-RA-0111.
6. Wicke, C., Teichmann, R., Holler, T., Rehder, F., Becker, H.D. (2004): Design and use of patient pathways in general surgery. In: Der Chirurg (jetzt: Die Chirurgie) 75, S. 907–915.
7. Harkleroad, A., Schirf, D., Volpe, J., Holm, M.B. (2000): Critical pathway development: An integrative literature review. In: American Journal of Occupational Therapy 54, S. 148–154. https://doi.org/10.5014/AJOT.54.2.148.
8. Bisanz A., DeJesus Y., Saddler D.A. (1999): Development, implementation, and ongoing monitoring of pathways for the treatment of gastrointestinal cancer at a comprehensive cancer center. In: Gastroenterology Nursing 22, S. 107–114. https://doi.org/10.1097/00001610-199905000-00002.
9. Gordon, M.: Steps to pathway development (1995). Journal of Burn Care & Rehabilitation 16, S. 197–202.
10. Richter, P., Schlieter, H. (2021): Patient Pathways for Comprehensive Care Networks – A Development Method and Lessons from its Application in Oncology Care. In: Proceedings of the 54th Hawaii International Conference on System Sciences (HICSS 2021), S. 3753–3762.
11. Ambler, S. W.: User Stories: An Agile Introduction. Verfügbar: https://agilemodeling.com/artifacts/userstory.htm (Zugriff: 07.08.2024).
12. Richter, P. (2021): Patient Pathways in Integrated Care – Understanding, Development and Utilisation. Dissertation, Technische Universität Dresden.

13. Juhrisch, M., Schlieter, H. & Dietz, G. (2012): Information systems engineering in healthcare – an evaluation of the state of the art of operational process design. International Journal of Organisational Design and Engineering 2(4), S. 420–444.
14. Seys, D., Deneckere, S., Sermeus, W., Van Gerven, E., Panella, M., Bruyneel, L., Mutsvari, T., Bejarano, R. C., Kul, S., Vanhaecht, K. (2013): The Care Process Self-Evaluation Tool: a valid and reliable instrument for measuring care process organization of health care teams. In: BMC Health Services Research 13, Beitrag 325. https://doi.org/10.1186/1472-6963-13-325.
15. Vanhaecht, K., Van Zelm, R., Van Gerven, E., Sermeus, W., Bower, K., Panella, M., Deneckere, S. (2011): The 3-blackboard method as consensus-development exercise for building care pathways. In: International Journal of Care Pathways 15(2), S. 49–52. https://doi.org/10.1258/jicp.2011.011M04.
16. Evans-Lacko, S., Jarrett, M., McCrone, P., Thornicroft, G. (2010): Facilitators and barriers to implementing clinical care pathways. In: BMC Health Services Research 10, Beitrag 182. https://doi.org/10.1186/1472-6963-10-182.
17. Albreht, T., Kiasuwa, R., Van der Bulcke, M. (Hrsg.) (2017): EUROPEAN guide on quality improvement in comprehensive cancer control, CanCon – Cancer Control Joint Action, Ljubljana: National Institute of Public Health; Brussels: Scientific Institute of Public Health.
18. Abrahams, E., Balch, A., Goldsmith, P., Kean, M., Miller, A., Omenn, G., Sonet, E., Sprandio. J., Tyne, C., Westrich, K. (2017): Clinical Pathways: Recommendations for Putting Patients at the Center of Value-Based Care. Clinical Cancer Research 23(16), S. 4545–4549. https://doi.org/10.1158/1078-0432.CCR-17-1609.
19. Balch, A. (2018): The Time Has Come to Involve Patients in Clinical Pathways. In: Journal of Clinical Pathways. Verfügbar: https://www.hmpgloballearningnetwork.com/site/jcp/article/time-has-come-involve-patients-clinical-pathways (Zugriff: 07.08.2024).
20. Barello, S., Graffigna, G. (2015): Patient engagement in healthcare: Pathways for effective medical decision making. Neuropsychological Trends 17(1), S. 53–65. https://doi.org/10.7358/neur-2015-017-bare.
21. Maher, L. (2013): Developing pathways: using patient and carer experiences. {Smart Guides}toENGAGEMENT. Verfügbar: https://improve.bmj.com/improve_post/developing-pathways-using-patient-and-carer-experiences/ (Zugriff: 07.08.2024).
22. Richter, P., Schlieter, H. (2020): Paving the Way for Patient Pathways: Synthesizing a User-Centered Method Design with Results from a Systematic Literature Review. In: Proceedings of the 15th International Conference on Wirtschaftsinformatik (WI 2020), S. 648–663.
23. Mulley, A., Trimble, C., Elwyn, G. (2012): Patients' Preferences Matter. Stop The Silent Misdiagnosis. The King's Fund: London, UK.
24. Xiao, Y., Watson, M. (2019): Guidance on Conducting a Systematic Literature Review. Journal of Planning Education and Research 39 (1), S. 93–112. https://doi.org/10.1177/0739456X17723971.
25. Dixon-Woods, M., Agarwal, S., Jones, D., Young, B., Sutton, A. (2005): Synthesising Qualitative and Quantitative Evidence: A Review of Possible Methods. In: Journal of Health Services Research & Policy 10(1), S. 45–53. https://doi.org/10.1177/135581960501000110.
26. Barnett-Page, E., Thomas, J. (2009): Methods for the Synthesis of Qualitative Research: A Critical Review. BMC Medical Research Methodology 9 (1), S. 1–11. https://doi.org/10.1186/1471-2288-9-59.
27. Leitlinienprogramm Onkologie (Deutsche Krebsgesellschaft e.V., Stiftung Deutsche Krebshilfe, Arbeitsgemeinschaft der Wissenschaftlichen Medizinischen Fachgesellschaften (AWMF) e. V.) (2021): Entwicklung von leitlinienbasierten Qualitätsindikatoren. Methodenpapier für das Leitlinienprogramm Onkologie, Version 3.0, Verfügbar: https://www.leitlinienprogramm-

onkologie.de/fileadmin/user_upload/Downloads/Methodik/QIEP_OL_2021_Version_3.0_.pdf (Zugriff: 07.08.2024).
28. Leitlinienprogramm Onkologie (2022): Onkologische Qualitätsindikatoren – Leitlinienbasierte Qualitätsindikatoren im Leitlinienprogramm Onkologie. Verfügbar: https://www.leitlinienprogramm-onkologie.de/fileadmin/user_upload/Onkologische_Qualit%C3%A4tsindikatoren_6.0.pdf (Zugriff: 07.08.2024).
29. Tillett, S., Newbold, E. (2006): Grey literature at The British Library: revealing a hidden resource. In: Interlending and Document Supply 34(2), S. 70–73. https://doi.org/10.1108/02641610610669769.
30. Croucher, M. (2005): An Evaluation of the Quality of Integrated Care Pathway Development in the UK National Health Service. In: Journal of Integrated Care Pathways 9, S. 6–12. https://doi.org/10.1177/147322970500900102.
31. Mallock, N.A., Braithwaite, J. (2005): A template for clinical pathway design based on international evidence. In: Clinical Governance Bulletin 5, S. 2–4.
32. McSherry, R., Scott, M., Williams, S. (2003): The Importance of Information Technology: A Regional Guide to the Development, Implementation and Evaluation of Integrated Care Pathways. Part 2. In: Journal of Integrated Care Pathways 7, 59–70. https://doi.org/10.1177/147322970300700203.
33. Whittle, C.L., McDonald, P.S., Dunn, L., de Luc, K. (2004): Developing the Integrated Care Pathway Appraisal Tool (ICPAT): A Pilot Study. In: Journal Integrated Care Pathways 8, 77–81. https://doi.org/10.1177/147322970400800207.
34. Vanhaecht, K., Witte, K.D., Depreitere, R., Sermeus, W. (2006): Clinical pathway audit tools: a systematic review. In: Journal of Nursing Management 14, S. 529–537. https://doi.org/10.1111/j.1365-2934.2006.00705.x.
35. Richter, P., Schlieter, H. (2021): Patient Pathways in Oncology Care. Results of a Systematic Literature Review. Report from Work Package 10 of the Innovative Partnership for Action Against Cancer Joint Action (iPAAC). Verfügbar: https://www.ipaac.eu/res/file/outputs/wp10/patient-pathways-oncology-care.pdf (Zugriff: 07.08.2024).
36. iPAAC Patient Pathway Working Group (2021): Colorectal Cancer Patient Pathway Template for Comprehensive Cancer care Networks. Result of Work Package 10, iPAAC Joint Action. Verfügbar: https://www.ipaac.eu/res/file/outputs/wp10/patient-pathway-template-crc.pdf (Zugriff: 07.08.2024).
37. Roeder, N., Hensen, P., Hindle, D., Loskamp, N., Lakomek, H.-J. (2003): Instrumente zur Behandlungsoptimierung: Klinische Behandlungspfade. In: Der Chirurg 74, S. 1149–55.
38. Fischbach, W., Engemann, R. (2006): Interdisziplinärer Behandlungspfad bei kolorektalem Karzinom. In: Internist 47, S. 720–728. https://doi.org/10.1007/s00108-006-1664-1.
39. Institut National du Cancer (2020): Parcours des patients pour le cancer de la prostate. Institut National du Cancer, Luxemburg. Verfügbar: https://conseil-scientifique.public.lu/fr/publications/oncologie/referentiel-parcours-cancer-prostate.html (Zugriff: 07.08.2024)
40. Cancer Council Victoria and Department of Health Victoria 2021, Optimal care pathway for people with lung cancer, 2nd edn, Cancer Council Victoria, Melbourne. Verfügbar: https://cancer.org.au/assets/pdf/lung-cancer-optimal-cancer-care-pathway (Zugriff: 07.08.2024).
41. Richter, P., Schlieter, H., Ubbelohde, U., Wesselmann, S., Seufferlein, T. (2021): Patientenpfad Pankreaskarzinom. Anlage zur S3-Leitlinie zum exokrinen Pankreaskarzinom. Deutsche Krebsgesellschaft e. V.
42. Gadatsch, A. (2013): Modellierung und Analyse von Geschäftsprozessen im Gesundheitswesen. In: Gadatsch, A. (Hrsg.): IT-gestütztes Prozessmanagement im Gesundheitswesen: Methoden und Werkzeuge für Studierende und Praktiker, S. 29–57, Wiesbaden: Springer Fachmedien. https://doi.org/10.1007/978-3-658-01166-6_3.

43. Burwitz, M., Schlieter, H., Esswein, W. (2013): Modeling Clinical Pathways – Design and Application of a Domain-Specific Modeling Language. In: Proceedings of the International Conference Wirtschaftsinformatik (WI 2013), Beitrag 83.
44. Braun, R., Schlieter, H., Burwitz, M., Esswein, W. (2016): BPMN4CP Revised – Extending BPMN for Multi-perspective Modeling of Clinical Pathways. In: Proceedings of the 49th Hawaii International Conference on System Sciences (HICSS 2016), S. 3249–3258. https://doi.org/10.1109/HICSS.2016.407.
45. Braun, R., Schlieter, H., Burwitz, M., Esswein, W. (2014): BPMN4CP: Design and implementation of a BPMN extension for clinical pathways. In: Proceedings of the IEEE International Conference on Bioinformatics and Biomedicine (BIBM), S. 9–16. https://doi.org/10.1109/BIBM.2014.6999261.
46. Richter, P., Burwitz, M., Esswein, W. (2016): Conceptual Considerations on the Integration of Quality Indicators into Clinical Pathways. In: Studies in Health Technology Informatics 228, S. 38–42.
47. Richter, P., Schlieter, H. (2019): Process-based quality management in care: Adding a quality perspective to pathway modelling. In: Panetto, H., Debruyne, C., Hepp, M., Lewis, D., Ardagna, C. A., and Meersman, R. (Hrsg.): On the Move to Meaningful Internet Systems: OTM 2019 Conferences, Lecture Notes in Computer Science, S. 385–403. https://doi.org/10.1007/978-3-030-33246-4_25.
48. Hickmann, E., Richter, P., Schlieter, H. (2021): Let's Get Engaged: On the Evidence of Patient Engagement Tools and Their Integration in Patient Pathways. In: Proceedings of the International Conference on Wirtschaftsinformatik (WI 2021), Beitrag 10.
49. Heß, M., Kaczmarek, M., Frank, U., Podleska, L., Täger, G. (2015): A Domain-specific Modelling Language for Clinical Pathways in the Realm of Multi-perspective Hospital Modelling. In: Proceedings of the European Conference on Information Systems 2015, Beitrag 77.
50. Mincarone, P., Leo, C. G., Trujillo-Martín, M. M., Manson, J., Guarino, R., Ponzini, G., Sabina, S. (2018): Standardized languages and notations for graphical modelling of patient care processes: a systematic review. In: International Journal for Quality in Health Care 30(3), S. 169–177. https://doi.org/10.1093/intqhc/mzx197.
51. Neumann, J., Rockstroh, M., Franke, S., Neumuth, T. (2016): BPMNSIX–A BPMN 2.0 Surgical Intervention Extension. In: 7th workshop on modeling and monitoring of computer assisted interventions (M2CAII), Athens, Greece.
52. Pufahl, L., Zerbato., F., Weber, B., Weber, I. (2022): BPMN in healthcare: Challenges and best practices. In: Information Systems 107. https://doi.org/10.1016/j.is.2022.102013.
53. Burwitz, M., Schlieter, H., Esswein, W. (2012): Agility in medical treatment processes – A model-based approach. In: Proceedings Modellierung 2012, Bonn: Gesellschaft für Informatik e. V., S. 267–279.
54. National Council for Hospice and Specialist Palliative Care Services (2002): Definitions of Supportive Care and Palliative Care, Briefing paper II, United Kingdom cited in National Institute for Clinical Excellence (2004): Improving Supportive Care and Palliative Care for Adults with Cancer. London: National Institute for Clinical Excellence.
55. National Institute for Clinical Excellence (NICE) (2004): Improving supportive care and palliative care for adults with cancer, National Institute for Clinical Excellence, London.
56. Hickmann, E., Richter, P., Kählig, M, Schlieter, H. (2024): Transforming Personal Healthcare through Patient Engagement: An In-Depth Analysis of Tools and Methods for the Digital Age. International Journal of Health and Medical Engineering 18(5).
57. van der Steen, J. T., Heck, S., Juffermans, C. C., Garvelink, M. M., Achterberg, W.P., Clayton, J., Thompson, G., Koopmans, R. T., van der Linden, Y.M. (2021): Practitioners' perceptions of acceptability of a question prompt list about palliative care for advance care planning with

people living with dementia and their family caregivers: a mixed-methods evaluation study. BMJ open 11(4), Beitrag e044591. https://doi.org/10.1136/bmjopen-2020-044591.
58. Baines, R., Tredinnick-Rowe, J., Jones, R., Chatterjee, A. (2020): Barriers and Enablers in Implementing Electronic Consultations in Primary Care: Scoping Review. Journal of Medical Internet Research 22(11), Beitrag e19375. https://doi.org/10.2196/19375.
59. Schario, M. E., Bahner, C. A., Widenhofer, T. V., Rajaballey, J. I., Thatcher, E. J., (2022): Chatbot-Assisted Care Management. Professional Case Management 27(1), S. 19–25. https://doi.org/10.1097/NCM.0000000000000504.
60. Moloczij, N., Krishnasamy, M., Butow, P., Hack, T. F., Stafford, L., Jefford, M., Schofield, P. (2017): Barriers and facilitators to the implementation of audio-recordings and question prompt lists in cancer care consultations: A qualitative study. In: Patient Education and Counseling 100(6), S. 1083–1091. https://doi.org/10.1016/j.pec.2017.01.005
61. Bower, K. A. (2009): Clinical pathways: 12 lessons learned over 25 years of experience. In: International Journal of Care Pathways 13, S. 78–81.

4 Implementierung und Digitalisierung von Patientenpfaden

Zusammenfassung

Dieses Kapitel widmet sich der Implementierung und Digitalisierung von Patientenpfaden in integrierten Versorgungsnetzwerken und beschreibt die notwendigen Schlussfolgerungen für die technische Umsetzung. Es wird betont, dass die Implementierung nicht nur auf die Digitalisierung eines Pfadsystems begrenzt ist, sondern bereits Wirkung entfaltet, wenn Patientenpfade in einem Versorgungsnetzwerk bekannt sind und durch die Anwender gelebt werden. Das Kapitel wirft zudem einen Blick auf relevante Standards, präsentiert eine Referenzarchitektur für digitale Pfadsysteme und diskutiert die Möglichkeiten der Digitalisierung in Hinblick auf die Entwicklung, Instanziierung, Ausführung und Auswertung von Patientenpfaden. Dabei wird stets der Faktor Mensch mitbetrachtet, der eine ebenso wichtige Rolle bei der Implementierung von Patientenpfaden spielt wie die Technologie selbst.

4.1 Überblick

Ziele der Implementierung von Patientenpfaden

Das Ziel der Implementierung von Patientenpfaden in integrierten Versorgungsnetzwerken ist die Erstellung und Übersetzung der in den Patientenpfaden fachlich beschriebenen Prozesse in konkrete Handlungen der Akteure im Versorgungsverbund. Dies umfasst auch die Schaffung organisatorischer Regelungen zur effektiven Durchführung, Steuerung und Dokumentation dieser Patientenpfade, um eine nahtlose und qualitativ hochwertige Patientenversorgung sicherzustellen. Ein wesentliches Merkmal der Implementierung ist, dass es sowohl Maßnahmen betrifft, die von menschlichen Akteuren getragen werden, als auch solche der Gestaltung von

P. Richter and H. Schlieter, *Patientenpfade in der integrierten Versorgung*,
https://doi.org/10.1007/978-3-658-44986-5_4

IT-unterstützten Prozessen. Das vorliegende Kapitel widmet sich daher allgemeinen Fragen der Implementierung von Pfadsystemen innerhalb eines integrierten Versorgungsnetzwerks und der Digitalisierung von Pfadsystemen im Speziellen.

Checkliste

- ☐ Analyse der organisatorischen Gegebenheiten hinsichtlich struktureller Voraussetzungen der Implementierung, der Gestaltung der Entwicklung und Einführung, Anwendung und Umsetzung sowie Evaluation von Patientenpfaden.
- ☐ Festlegung eines Zielbildes und Planung der Entwicklung inklusive Umsetzung von Maßnahmen zur Patientenzentrierung.
- ☐ Erheben des aktuellen Reifegrades der Digitalisierung von Patientenpfaden im integrierten Versorgungsnetzwerk.
- ☐ Festlegen des Zielbildes und Entwicklungsplans für die Digitalisierung von Patientenpfaden im integrierten Versorgungsnetzwerk.
- ☐ Festlegung von Tools und Standards für die Digitalisierung von Patientenpfaden im integrierten Versorgungsnetzwerk.

4.2 Implementierung von Patientenpfaden

Um die Bedeutung der Implementierung von Patientenpfaden in integrierten Versorgungsnetzwerken zu verstehen, muss man sich zunächst den Charakter des Veränderungsprozesses bewusst machen. Dieser impliziert nicht nur eine Neuausrichtung von Arbeitsmethoden und Zuständigkeiten, sondern erfordert auch die Anpassung bestehender Dokumentations- und Kommunikationsstrukturen. Dies wiederum führt zu einer umfassenden Umstrukturierung der Arbeitsweisen und der Informationsflüsse innerhalb des Versorgungsnetzwerks. Derartige Änderungen des Informationssystems bedeuten jedoch nicht zwangsläufig dessen Digitalisierung. Die Einführung von Prozessen geht weit über die Auswahl und Implementierung von Technologien hinaus und berührt jede Person und deren Tätigkeiten im Versorgungsprozess. Die Etablierung von Pfadsystemen befasst sich daher nicht ausschließlich mit Fragen der Digitalisierung. Es umfasst explizit auch die individuellen Bedürfnisse und Entscheidungen der Behandelnden und der Patienten. Für das Gelingen der Implementierung von Patientenpfaden sind der Veränderungswille der Organisation und ihrer Entscheidungsträger sowie die Akzeptanz der Beteiligten entscheidend. Alle Betroffenen müssen bereit sein, neue „Pfade“ zu beschreiten, ihre Arbeitsweisen und Werkzeuge kritisch zu betrachten, Veränderungen zu gestalten und sich kontinuierlich weiterzubilden (siehe auch Projekthemmnisse in Abschn. 3.2.2.3).

Tab. 4.1 Kategorien zur Bewertung des Implementierungsgrades (angelehnt an [1])

Kategorie	Fragestellungen der Umsetzung
Strukturelle Implementierungsaspekte	• Wurde im Versorgungsnetzwerk eine verantwortliche Rolle für das Management von Patientenpfaden entlang ihres Lebenszyklus‘ bestimmt? • Wird die Zusammenarbeit zwischen verschiedenen Fachdisziplinen und Gesundheitsdienstleistern berücksichtigt? • Werden Schnittstellen zwischen den Akteuren beschrieben? • Sind alle für das Netzwerk relevanten Phasen im Versorgungsprozess der Patientengruppe abgedeckt? • Inwieweit spiegelt sich in den Patientenpfaden die aktuelle Evidenz wider?
Entwicklung und Einführung von Patientenpfaden	• Folgt die Entwicklung neuer oder Anpassung bestehender (Referenz-) Pfade einer definierten Methode? • Inwieweit wird die Besetzung des Entwicklungsteams dem multidisziplinären und interdisziplinären Setting des integrierten Versorgungsnetzwerks gerecht (siehe Abschn. 3.2.2.4) • Welche Werkzeuge und Modellierungssprachen finden Anwendung (siehe Abschn. 3.2.4.4)
Anwendung und Umsetzung von Patientenpfaden	• Wie werden die Patientenpfade in die klinische Praxis integriert und wie werden sie den Netzwerkmitgliedern zur Verfügung gestellt? • Wie wird die Zusammenarbeit auf Basis der Patentenpfade gestaltet? • Welche Schulungen und Weiterbildungen werden für das medizinische und pflegerische Personal angeboten, um die Anwendung der Patientenpfade in der Praxis zu fördern? • Wie werden Änderungen oder Anpassungen in den Patientenpfaden kommuniziert und umgesetzt? • Wie wird entlang der Pfadschritte dokumentiert? • Welche Anwendungssysteme und Technologien werden zur Unterstützung und Dokumentation der Patientenpfade eingesetzt?

(Fortsetzung)

Tab. 4.1 (Fortsetzung)

Kategorie	Fragestellungen der Umsetzung
Evaluation und Leistungsmessung der Patientenpfade sowie ihrer Anwendung	• Wie wird die Einhaltung der Patientenpfade überwacht und gemessen? • Welche Feedback-Mechanismen sind vorhanden, um die Wirksamkeit und Anwendbarkeit der Patientenpfade zu bewerten? • Wie werden mögliche Hindernisse oder Herausforderungen bei der Implementierung der Pfade identifiziert und adressiert? • Wie wird die Zufriedenheit von Patienten und Fachpersonal im Hinblick auf die Anwendung der Patientenpfade bewertet? • Wie wird die Versorgungsqualität für den Patientenpfad erhoben? • Wie erfolgt die technische Umsetzung der Auswertung?
Patientenzentrierung in Patientenpfaden	• Inwieweit werden Patienten und Patientenvertretungen in den Prozess der Erstellung, Anwendung und Umsetzung der Pfade einbezogen? • Wie werden Patientenpfade für die Patienten zur Verfügung gestellt? • Welche Werkzeuge sind in der Behandlungspraxis zur Unterstützung, Aufklärung und Entscheidungsteilhabe implementiert? • Welche patientenbezogenen Ergebnisse (PROMs) werden entlang der Patientenpfade erhoben?

Die verschiedenen Möglichkeiten der Implementierung können stark variieren. Sie sind von Faktoren wie der vorhandenen Systemlandschaft, der Tiefe der Kooperation zwischen den Netzwerkakteuren und deren Kompetenzen abhängig. Zur Systematisierung des Implementierungsgrades und zum Aufzeigen von Entwicklungswegen von Patientenpfaden in Versorgungsnetzwerken eignen sich Reifegradmodelle (engl. maturity models) [1]. Reifegradmodelle sind ein Instrument der Wirtschaftsinformatik zur Bewertung von organisationalen Fähigkeiten (engl. capability) bezüglich bestimmter Aspekte [2, 3]. Eine Vielzahl von Reifegradmodellen sind inzwischen für die verschiedensten Domänen und Fragestellungen entwickelt worden. Im Gesundheitswesen wurden beispielsweise das Krankenhausradar[1] oder das Reifgradmodell für den öffentlichen Gesundheitsdienst[2]

[1] Digitalradar Krankenhaus. Verfügbar: https://www.digitalradar-krankenhaus.de (Zugriff: 08.08.2024).

[2] Reifegrad für den öffentlichen Gesundheitsdienst. Verfügbar: https://gesundheitsamt-2025.de (Zugriff: 08.08.2024).

zur Bestimmung und Entwicklung des Digitalisierungsgrads in der jeweiligen Domäne entwickelt.

▶Der **Implementierungsgrad** von Patientenpfaden beschreibt den Grad, in dem eine Organisation oder ein Netzwerk von Organisationen Routinen auf allen Geschäftsebenen etabliert hat, um pfadbezogene Ziele auf allen Ebenen effektiv umzusetzen und vorzuhalten.

4.2.1 Implementierung von Patientenpfaden in integrierten Versorgungsnetzwerken – Fragestellungen und Reifestufen

Zur Systematisierung möglicher Implementierungswege sind in Tab. 4.1 Kategorien zur Beschreibung der Implementierungsreife zusammengefasst. Sie umfassen strukturelle Implementierungsaspekte sowie Themen der Entwicklung und Einführung, der Anwendung und Umsetzung, der Evaluation und Leistungsmessung sowie der Patientenzentrierung von Patientenpfaden. Jeder Kategorie sind zudem Fragestellungen der Umsetzung zugeordnet. Sie vermitteln ein umfassendes Bild der Herausforderungen der Implementierung.

Ein verbreitetes Reifegradmodell zur Bestimmung der Prozessreife ist das Capability Maturity Model Integration (CMMI)[3]. Zur Unterscheidung des jeweiligen Umsetzungszustands kann die Struktur des CMMI aufgegriffen werden. Das CMMI hilft, die Prozessreife eines Unternehmens einzuordnen und zu charakterisieren. Dies reicht von einem chaotischen Ausgangszustand ohne definierte Prozesse über erste Ansätze der Explikation von Verfahrensregeln bis hin zur Integration der Prozesse in einen kontinuierlichen Verbesserungsprozess, welche analog für die Reife der Implementierung von Patientenpfaden adaptiert werden können. In Abb. 4.1 werden diese Reifestufen visualisiert und ein Überblick über die Reifeentwicklung in der Kategorie „Anwendung und Umsetzung von Patientenpfaden" geboten. Es wird demnach die Frage adressiert, wie eine Organisation Patientenpfade expliziert und in die operative Arbeit integriert hat. Die Abbildung unterstreicht, dass die Etablierung eines Pfadsystems sich oft als evolutionärer Prozess gestaltet. Innerhalb der Umgestaltung werden, entsprechend der abgebildeten Reifestufen, die Erstellung und Verwaltung von Pfadvorlagen, die prozessbegleitende Dokumentation und die Pfadevaluation sowie -anpassung sukzessive organisatorisch verfasst, eingeführt und digital gestützt.

[3] Das CMMI war initial darauf ausgerichtet, die Qualität von Software-Entwicklungsprojekten in Unternehmen zu beschreiben und Möglichkeiten zur Weiterentwicklung aufzuzeigen. Inzwischen adressiert es eher allgemeine Fragen der Bestimmung und Entwicklung von Prozessreife und der Leistungsfähigkeit in Organisationen. Zusätzliche Informationen verfügbar unter: https://cmmiinstitute.com (Zugriff: 08.08.2024).

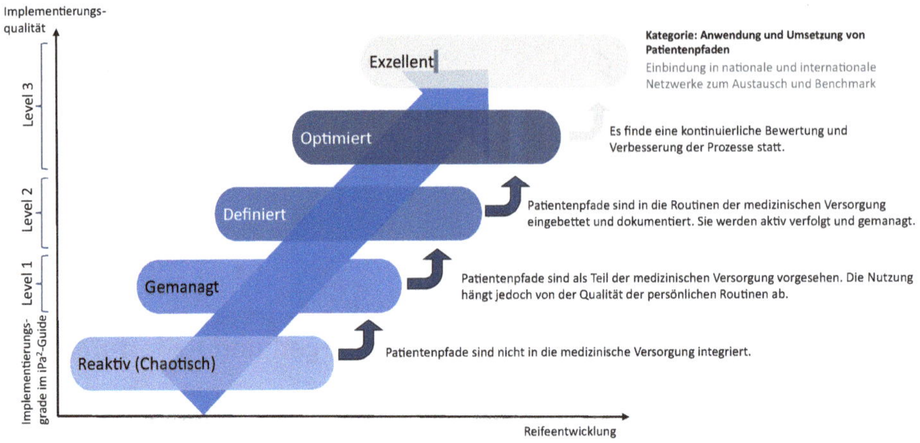

Abb. 4.1 Stufen der Pfadimplementierung

4.2.2 Implementierungsszenarien

Die Vielzahl an Fragestellungen, die die Implementierung von Patientenpfaden begleiten (siehe Tab. 4.1), beschreibt die grundsätzliche Variabilität von Implementierungspfaden, die sich über die Reifestufen hinweg beschreiten lassen. Die Bandbreite möglicher Implementierungen wird in Tab. 4.2 anhand von zwei Szenarien näher erläutert. Das erste Szenario beschreibt eine relativ basale, auf der Reifestufe „Managt" befindliche Umsetzung. Das zweite Szenario umfasst die Beschreibung einer Umsetzung auf Reifestufe „Optimiert". Beide Implementierungsszenarien sind an das Spektrum der Implementierungsgrade von Behandlungspfaden des Reifegradmodells von Schriek et al. (2016) [1] angelehnt.

Grade der Pfadimplementierung in europäischen Comprehensive Cancer Care Networks

Für Comprehensive Cancer Care Networks (CCCNs) wurden im Rahmen der europäischen Joint Action iPAAC (siehe Abschn. 1.5) Implementierungsgrade von Patientenpfaden definiert und unter ihrer Nutzung die Mindestanforderungen an CCCNs festgelegt. Das dazu entwickelte Reifegradmodell zur Implementierung von Patientenpfaden umfasst drei Implementierungsgrade (i. S. v. Reifestufen: low, medium, high) für insgesamt 12 Implementierungsdimensionen. Im Folgenden sind zwei dieser Dimensionen beispielhaft dargelegt. Die vollständige Darstellung ist im iPa²-Guide [12] zu finden.

Tab. 4.2 Gegenüberstellung der Implementierungsszenarien auf der Reifestufe „Managt" und „Optimiert"

Szenario der Reifestufe „Managt"	Szenario der Reifestufe „Optimiert"
Strukturelle Implementierungsaspekte	
Es sind keine Rollen für das Management der Patientenpfade definiert.	Im Versorgungsnetzwerk verantwortliche Rollen für das Management der Patientenpfade sind definiert und bekannt.
Die Nutzer sind sich ihrer Aufgaben/Funktionen, wie sie im Patientenpfad beschrieben sind, bewusst. Andere Gesundheitsberufe sind jedoch nicht über Regelungen im Pfad informiert.	Die inter- und multidisziplinäre Zusammenarbeit der verschiedenen Fachdisziplinen im Netzwerk ist auf Basis der vorhandenen Patientenpfade geregelt.
Es sind nur bestimmte Behandlungsepisoden durch den Pfad abgedeckt.	Alle Phasen der Versorgung sind durch den Pfad geregelt.
Entwicklung und Einführung von Patientenpfaden	
Eine Standardvorlage des Patientenpfades (z. B. generischer Referenzpfad, siehe Abschn. 2.1) ist vorhanden und wird verwendet. Es findet keine Anpassung statt.	Die Vorlage des Patientenpfades wird an lokale, regionale und nationale Besonderheiten angepasst. Es gibt eine klare Nachvollziehbarkeit der Anpassung wie z. B. die Referenz auf Verordnungen, Leitlinien und Richtlinien sowie lokale Gegebenheiten.
Patientenpfade werden als gedruckte Version oder als PDF-Dateien für Netzwerkmitglieder bereitgestellt.	Definierte Routinen sind implementiert, um Patientenpfadvorlagen zu überprüfen.
Es existiert kein digitales Repository für die Pfadvorlagen des Versorgungsnetzwerkes.	Die Pfadvorlagen sind in einem digitalen Repository für das gesamte Versorgungsnetzwerk verfügbar und bekannt. Die Pfadvorlagen können digital abgerufen und verarbeitet werden.
Es existiert Erklärungsmaterial zum Patientenpfad, welches aber nicht in Schulungs- oder Weiterbildungskonzepte eingebunden ist.	Es finden regelmäßige Pfadkonferenzen statt, in deren Rahmen die Netzwerkmitglieder strukturiert weitergebildet werden.
Anwendung und Umsetzung von Patientenpfaden	
Für die Umsetzung der Versorgungsprozesse wird der Patientenpfad auf eine unstrukturierte, nicht kontrollierte Weise vorgegeben.	Die Nutzer kennen und führen ihre Funktionen/Aufgaben wie im Patientenpfad beschrieben aus und suchen kontinuierlich nach Anzeichen dafür, dass der Pfadprozess geändert werden sollte. Sie schlagen auch Verbesserungen vor.

(Fortsetzung)

Tab. 4.2 (Fortsetzung)

Szenario der Reifestufe „Managt“	Szenario der Reifestufe „Optimiert“
Patientenpfade sind weder in die IT-Systeme der Akteure des Versorgungsnetzwerks integriert noch Gegenstand der Versorgungsdokumentation.	Patientenpfade sind vollständig in die IT-Systeme integriert. Sie unterstützen die strukturierte Dokumentation entlang des Versorgungsprozesses inklusive der Erfassung von Prozessabweichungen.
Die Patientenpfade werden lediglich als Abbildung in einer PDF-Datei mitgeführt.	Pfadschritte können in strukturierter Weise erfasst und in der Gesundheitsakte von Patienten hinterlegt werden.
Evaluation und Leistungsmessung der Patientenpfade sowie ihrer Anwendung	
Es gibt keine Überwachung der Ergebnisse der Versorgung auf Basis des Patientenpfades.	Der Eigentümer des Patientenpfades verbessert regelmäßig den Pfad auf Grundlage der Verbesserungsvorschläge der Stakeholder und kommuniziert die Änderungen an die Stakeholder.
Es gibt keine strukturierte Einbeziehung von Nutzer-Feedback.	Es gibt Raum für Nutzer-Feedback. Es wird strukturiert erfasst, ausgewertet und Anpassungsmaßnahmen werden implementiert.
Patientenzentrierung in Patientenpfaden	
Zeitpunkte der obligatorischen Patientenkonsultation sind aus der Pfadvorlage übernommen.	Die Patienteneinbeziehung erfolgt nach einem gestuften und strukturierten Konzept entlang der Empfehlungen des Behandlungspfades, die eng mit Patientenvertretungen vor Ort abgestimmt sind.
Der Patient kann auf Informationsmaterialien wie Flyer zur Versorgung im Netzwerk zurückgreifen. Ansonsten findet keine weitere strukturierte Einbeziehung statt.	Je nach Bedarf werden Patienten unterschiedliche digitale Werkzeuge zur Aufklärung, Entscheidungsfindung und Vorbereitung zur Verfügung gestellt. Der Patientenpfad gibt dazu Hinweise, welche in die Routinen der Akteure im Netzwerk integriert sind.
Der Patient kann nur auf die Daten der elektronischen Patiententakte zurückgreifen.	Der Patient kann über eine Patient-Journey-App oder ein pfadbasiertes Patientenportal seinen Versorgungsprozess verfolgen und strukturierte Informationen zum eigenen Wohlbefinden (z. B. PROM) erfassen und übermitteln.

In Abb. 4.1 ist der Zusammenhang zwischen den Implementierungsgraden und der Reifeentwicklung bereits mit dargestellt.

- **Grad der Anpassung von Referenzpfaden an den Kontext**, insb. an lokale, regionale, nationale Bedingungen wie Gesetze oder Leitlinien (siehe Tab. 4.2 „Entwicklung und Einführung von Patientenpfaden", Mindestanforderung an CCCNs: Medium):
  - **Low:** Eine Pfadvorlage wird ohne Anpassung verwendet.
  - **Medium:** Eine Pfadvorlage für den Patientenpfad ist an lokale, regionale und nationale Gegebenheiten angepasst, aber es gibt keine explizite Rückverfolgbarkeit zu den Quellen (wie Gesetze, Verordnungen, Leitlinien).
  - **High:** Eine Pfadvorlage für den Patientenpfad ist an lokale, regionale und nationale Gegebenheiten angepasst und es besteht eindeutige Rückverfolgbarkeit zwischen den Inhalten des Pfades und ihrem Ursprung in Gesetzen, Verordnungen oder Leitlinien. Änderungen der Quellen werden kontinuierlich geprüft und in den Patientenpfad eingepflegt.
- **Überwachung der Performance des Patientenpfades** (siehe Tab. 4.2 „Evaluation und Leistungsmessung der Patientenpfade sowie ihrer Anwendung", Mindestanforderung an CCCNs: Medium):
  - **Low:** Prozess- und Qualitätsdaten werden unregelmäßig erhoben. Die Ergebnisse werden Beteiligten zur Verfügung gestellt.
  - **Medium:** Prozess- und Qualitätsdaten werden auf strukturierte Weise erhoben und die Ergebnisse in regelmäßigen Abständen allen Beteiligten kommuniziert.
  - **High:** Prozess- und Qualitätsdaten werden auf strukturierte Weise erhoben und analysiert. Die Ergebnisse sind für die Nutzer des Patientenpfads in Echtzeit einsehbar.◀

4.2.3 Erfolgsfaktoren und Hürden der Implementierung

Wie das Beispiel in Tab. 4.2 aufzeigt, gibt es viele Wege und Maßnahmen, Patientenpfade in die Routinen eines Versorgungsnetzwerkes einzubetten. Erste Wirkung entfalten Patientenpfade meist allein schon durch die Bereitstellung der Pfadinformationen für alle beteiligten Akteure (Leistungserbringer, Patienten, Angehörige etc.). Im einfachsten Fall wird der Patientenpfad dazu als Bild in eine PDF-Datei eingebettet und allen Mitarbeitern zur Verfügung gestellt. Bestehende Qualitätskonferenzen können genutzt werden, um sich zur Umsetzung der Patientenpfade zu informieren und zu verständigen. Die Dokumentation kann ohne größeren Aufwand mittels Notizen in den bestehenden Dokumentationssystemen ergänzt werden. Mit ebenso überschaubarem Aufwand ist die Erfassung mittels PDF-Formulare oder speziellen Web-Anwendungen wie z. B. REDCap möglich. Daneben sollte bedacht werden, ob und wie die bestehende Anwendungssystemlandschaft soweit ertüchtigt bzw. erweitert werden könnte, sodass

Dokumentations-, Überwachungs- und Entscheidungsaufgaben (teil-) automatisiert entlang des Patientenpfades unterstützt werden (siehe Abschn. 4.3). In Tab. 4.3 werden wichtige Erfolgsfaktoren für die Implementierung von Patientenpfaden entlang der Themen Führungsverantwortung, Qualifikation, Partizipation und organisatorische Einbettung systematisiert.

Im Umkehrschluss stehen den Erfolgsfaktoren für eine effiziente und erfolgreiche Implementierung von Patientenpfaden hemmende Faktoren bzw. Hürden gegenüber, auf die es sich bei der Projektarbeit einzustellen gilt. Die Studienlage unterstreicht dabei die Rolle der medizinischen Leistungserbringer im Versorgungsnetzwerk, die erreicht und überzeugt werden müssen [14]. Folgende hemmende Faktoren haben dabei negativen Einfluss:

- Trägheit früherer Praktiken
- Mangel an Ergebniserwartung
- Fehlende Überzeugung für Pfadnutzung
- Erwartete zusätzliche Arbeitsbelastung durch zusätzliche Dokumentationsanforderungen
- Aktiver Widerstand durch fehlende Beteiligung am Entwicklungsprozess

Weiterhin wirken auch Themen wie der erwartete Einfluss auf administrative Abläufe („Bürokratie") sowie Zweifel an der Wirksamkeit und Wirtschaftlichkeit von Pfaden hemmend. Dies gilt zum Beispiel für die kaufmännisch Verantwortlichen im Versorgungsnetzwerk und deren Führung. Neben der Akzeptanz in den verschiedenen Akteursgruppen werden zudem eine unzureichende digitale Unterstützung und Implementierung der Pfad als wesentlicher hemmender Faktor hervorgehoben [14]. Vielen der genannten Punkte kann gemäß Tab. 4.3 durch Schulungsmaßnahmen und Schaffung passender Rahmenbedingungen entgegengewirkt werden. Weitere Hemmnisse von Pfadprojekten, für die das Projektteam von Anfang an sensibilisiert werden sollte, sind in Abschn. 3.2.2.3 zusammengefasst.

Letztendlich schafft die Umsetzungsbereitschaft aller Beteiligten im Versorgungsnetzwerk die Basis für die gemeinschaftliche Implementierung von Patientenpfaden. Darauf aufbauend kann eine gut durchdachte digitale Unterstützung erheblich dazu beitragen, Prozesse effizienter zu gestalten, Kommunikationslücken zu schließen und letztlich die Patientenversorgung zu verbessern. Es ist also eine Kombination aus menschlicher Zusammenarbeit und technologischer Unterstützung, die über den Erfolg entscheidet.

Tab. 4.3 Erfolgsfaktoren der Implementierung (in Anlehnung an [13])

Maßnahme	Erläuterung
Führungsverantwortung	
Einbeziehung und Rückhalt durch das Management	Sowohl das ärztliche als auch das kaufmännische Management sollte geschlossen hinter dem Projekt stehen und für die passenden Rahmenbedingungen sorgen.
Anreize	Es sollte über finanzielle Anreize für das Personal nachgedacht werden. Es könnten pfadbezogenen Leistungszahlen als Teil eines finanziellen Anreizsystems etabliert werden.
Qualifikation	
Bereitstellung von eLearning-Materialien	eLearning-Materialien bieten eine komprimierte, gut strukturierte und leicht zugängliche Möglichkeit, Patientenpfade und die Arbeit mit ihnen zu vermitteln und zu verstehen. Sie unterstützen Patienten sowie ihre Betreuer dabei, sich informiert und selbstbestimmt im Gesundheitssystem zu bewegen.
Durchführung von Prozess- und Dokumentationsschulungen	Spezielle Prozessschulungen bieten die Möglichkeit, Prozessbeteiligte im Umgang mit den Patientenpfaden und den dazugehörigen Dokumentationsanforderungen zu schulen.
Partizipation und organisatorische Einbettung	
Einrichtung von multidisziplinären Entwicklungsteams	Die Akzeptanz für die Nutzung einer pfadgestützten Arbeit kann wesentlich durch ein gutes Beteiligungsformat erhöht werden. Daher sollten möglichst alle Statusgruppen die Entscheidung und Einführung eines Pfades mittragen und dazu frühzeitig eingebunden werden.

(Fortsetzung)

Tab. 4.3 (Fortsetzung)

Maßnahme	Erläuterung
Flexibilität	Während der Implementierung sollten Rückmeldungen aufgenommen und flexible Anpassungen des Patientenpfades ermöglicht werden.
Nutzen von Pfadkonferenzen und Einbettung in das Qualitätsmanagement	Regelmäßige Pfadkonferenzen helfen der Abstimmung und dem Erfahrungsaustausch aller Beteiligten. Insbesondere in integrierten Versorgungsverbünden helfen sie, Schnittstellenprobleme zu diskutieren und notwendige Anpassungen zu besprechen. Pfadkonferenzen sollten daher Teil des Qualitätsmanagements werden. Dadurch können Wartung und regelmäßige Prüfung der Implementierung sowie die kontinuierliche Anpassung an veränderte Rahmenbedingungen wie z. B. gesetzliche Bestimmungen, Performance von Kenngrößen oder neue wissenschaftliche Erkenntnisse erfolgen.

4.3 Digitale Pfadsysteme

4.3.1 Überblick und Zielstellung

In diesem Kapitel werden Digitalisierungsaspekte von Patientenpfaden erläutert, Schlussfolgerungen für die technische Umsetzung diskutiert, entsprechende Standards beleuchtet und eine Referenzarchitektur für digitale Pfadsysteme vorgestellt. Die digitale Umsetzung eines Pfadsystems wird dabei als ein Aspekt der Implementierung erachtet (siehe Abschn. 4.1). Digitalisierung beginnt demnach bereits, wenn Patientenpfade digital im Intranet verfügbar sind (z. B. in Form eines Bildes in einer PDF-Datei). Eine umfassende Digitalisierung wird hingegen erreicht, wenn die eingesetzten Anwendungssysteme den gesamten Patientenpfad über alle beteiligten Akteure des integrierten Versorgungsnetzwerks hinweg digital umsetzen.

Ziele der Pfaddigitalisierung

1. **Effizienzsteigerung:** Durch die Digitalisierung der Patientenpfade soll der gesamte Versorgungsprozess effizienter gestaltet werden. Dazu zählen schnellere Diagnose- und Therapieentscheidungen, weniger Verwaltungsaufwand und

optimierte Ressourcennutzung. Daneben bieten digitale Patientenpfade Möglichkeiten zur Schulung und Weiterbildung des Personals.

2. **Qualitätsverbesserung:** Ein weiteres Ziel ist die Verbesserung der Qualität der Patientenversorgung. Digitale Patientenpfade ermöglichen eine genauere Anleitung, Überwachung und Auswertung von Behandlungsprozessen, was zu besserer medizinischer Versorgung und Patientensicherheit führt. Weiterhin schreiben sie ein gewisses Qualitätsniveau für die Versorgung fest und ermöglichen ein übergreifendes Qualitätsmanagement von Behandlungsempfehlungen wie sie bspw. in medizinischen Leitlinien zu finden sind.
3. **Transparenz und Nachvollziehbarkeit:** Durch die Digitalisierung können alle beteiligten Akteure (Ärzte, Pflegepersonal, Verwaltung etc.) den Patientenpfad verfolgen. Dies erhöht die Transparenz und ermöglicht eine bessere Koordination und Kommunikation zwischen den Beteiligten sowie eine bedarfsgerechte Ressourcenallokation.
4. **Integration, Koordination und Vernetzung:** Die Digitalisierung zielt darauf ab, unterschiedliche Arbeitsprozesse zu verbinden und beteiligte IT-Systeme und Datenquellen nahtlos miteinander zu integrieren. Ein digital gestützter Pfad im integrierten Versorgungsnetzwerk ermöglicht eine koordinierte Versorgung über Abteilungen und sogar Einrichtungen hinweg.
5. **Patientenorientierung:** Durch digitale Tools wie Apps oder Webportale können Patienten ihre individuellen Fortschritte im eigenen Patientenpfad zugänglich gemacht und sie so aktiv in das Versorgungsgeschehen eingebunden werden. Das verbessert die Patientenzufriedenheit und ermöglicht eine individuellere Versorgung.
6. **Forschung und Entwicklung:** Durch die Sammlung und Analyse von Daten können neue Erkenntnisse gewonnen werden, die zur Forschung und Entwicklung neuer Behandlungsmethoden oder Medikamente beitragen können.

4.3.2 Konzepte und Begriffe digitaler Pfadsysteme

Die Digitalisierung von Patientenpfaden ist ein komplexer Prozess, der sorgfältig geplant und umgesetzt werden muss. Vor allem berührt die Etablierung von Pfadsystemen verschiedene Bereiche der Anwendungssystemlandschaft. In diesem Abschnitt werden daher zunächst folgende Fragen diskutiert:

- Welche Arbeitsbereiche werden durch die Digitalisierung von Patientenpfaden berührt?
- Welchen Einfluss hat die Digitalisierung auf die Gestaltung des Informationssystems?
- Welche Informationsflüsse ermöglicht die Digitalisierung von Pfadsystemen?

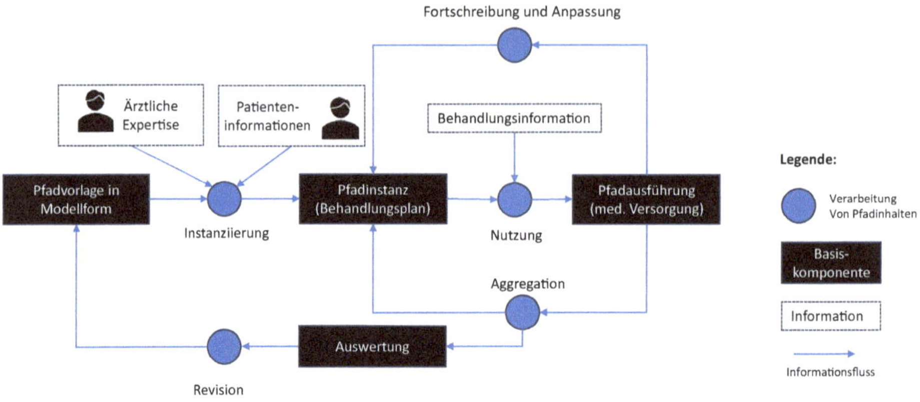

Abb. 4.2 Zentrale Pfadelemente und zugehörige Informationsflüsse

Die Digitalisierung von Patientenpfaden erstreckt sich im Wesentlichen auf die Arbeitsbereiche der Erstellung und Pflege von Patientenpfadvorlagen, die Umwandlung der Pfadvorlagen in konkrete Behandlungspläne, die Ausführung und Anpassung der Behandlungspläne sowie deren Auswertung (siehe Abb. 4.2).

Die Erstellung und Pflege von Patientenpfadvorlagen (kurz: Pfadvorlagen, siehe Abschn. 2.1) ist Ausgangspunkt der Arbeit mit Patientenpfaden und somit auch wesentlicher Gegenstand der Digitalisierung. Die Pfadvorlagen enthalten die wesentlichen Informationen der möglichen und vor allem wissenschaftlich empfohlenen Pfadabläufe. Sie fassen die wesentlichen Behandlungsabläufe für vergleichbare Patiententypen zusammen. Im Zusammenhang mit der Digitalisierung ist eher die englische Bezeichnung „Patient Pathway Template" oder „Plan Definition" aus dem Standardisierungsumfeld (siehe Abschn. 4.3.3.3) gebräuchlich. Die Erstellung[4] von Patientenpfadvorlagen basiert auf evidenzbasiertem Wissen, wie beispielsweise Empfehlungen medizinischer Leitlinien, das durch das Behandlungsteam selbst an die spezifischen Gegebenheiten der Versorgung vor Ort angepasst werden sollte. Um die Pfadvorlagen für alle Leistungserbringer in einer verständlichen Form zugänglich zu machen, werden sie typischerweise als grafische Pfadmodelle erarbeitet und dargestellt (siehe Abschn. 3.2.4.3).

Um die Pfadvorlagen im weiteren Verlauf auch für die Erstellung von konkreten Behandlungsplänen nutzen zu können und deren Pflegeaufwand zu reduzieren, sollte neben der grafischen Abbildung auch eine technische, computerinterpretierbare Form erstellt werden. Damit sind die Pfadvorlagen auch für die anschließenden Aufgabenbereiche verfügbar und können durch nachgelagerte Komponenten der bestehenden Dokumentationssysteme verarbeitet werden. Aus computerinterpretierbaren Pfadvorlagen

[4] Die Erstellung beschränkt sich nicht notwendigerweise auf die komplette Neuerstellung einer Pfadvorlage. Sie umfasst gleichsam die Recherche und Auswahl eines passenden Referenzpatientenpfades, den es an die Gegebenheiten des Versorgungsnetzwerks anzupassen gilt.

können konkrete Behandlungspläne abgeleitet werden. Dazu wird unter Einbeziehung der ärztlichen Expertise mithilfe der Pfadvorlage und auf Basis der Patienteninformationen ein individuelles Behandlungsprogramm zusammengestellt. Im Zusammenhang mit der Digitalisierung wird hier von der Instanz[5] eines Patientenpfades gesprochen. Diese wird im Englischen auch als „Care Plan“ bezeichnet. Die Generierung eines Behandlungsprogramms auf Basis der Patientenpfadvorlage wird als Instanziierung bezeichnet. Dazu bestimmt der behandelnde Arzt auf Grundlage seiner Expertise und der verfügbaren wissenschaftlichen Evidenz gemeinsam mit dem Patienten eine für dessen aktuellen Zustand und Prognose entsprechende Pfadvariante aus der Vorlage, ergänzt Informationen wie den Behandlungsbeginn und patientenspezifische Schwellwert und stößt die Instanziierung an. Daraufhin wird eine für den Patienten passfähige Zeit- und Aufgabenplanung generiert und abgelegt (siehe Abschn. 4.3.3.3). Sowohl der Arzt als auch der Patient sollten dabei stets die Möglichkeit haben, von den Vorgaben der Pfadvorlage abzuweichen, um beispielsweise den Wünschen des Patienten zu entsprechen oder eine spezifische fachliche Indikation zu berücksichtigen.

Während der Behandlung dient die Pfadinstanz der Verlaufsdokumentation und der Kommunikation des Behandlungs- und Planungsstands zwischen den Beteiligten, z. B. zwischen den Leistungserbringern oder mit dem Patienten selbst. Mit jedem durchgeführten Schritt in der Versorgung wird der individuelle Patientenpfad fortgeschrieben, sodass den folgenden Leistungserbringern der Stand der Behandlung klar ist und auch der Patient zu den anstehenden Aufgaben und Terminen informiert ist.

Zusammenfassung zentraler Begriffe

Pfadsystem

Das Pfadsystem ist der Teil des klinischen Informationssystems, der für die Umsetzung von Patientenpfaden im Versorgungsnetzwerk relevant ist. Die Bezeichnung lehnt sich an das soziotechnische Verständnis eines Informationssystems – bestehend aus maschinellen und menschlichen Aufgabenträgern, die untereinander interagieren – an. Je nach Betrachtungsgegenstand ist das Pfadsystem somit ein Teilsystem des Informationssystems einer Versorgungseinrichtung bzw. eines ganzen Versorgungsnetzwerks.

Patientenpfadvorlage (kurz: Pfadvorlage)

Eine Patientenpfadvorlage fasst die möglichen Behandlungsabläufe für vergleichbare Patientengruppen in einer Vorlage zusammen (siehe auch Abschn. 2.1). Durch Entscheidungsoptionen werden alternative Abläufe beschrieben. Patientenpfadvorlagen werden in grafischen Modellen (sog. Pfadmodelle) beschrieben und verwaltet.

[5] Eine Instanz bezeichnet eine konkrete Ausprägung oder Realisierung eines allgemeinen Modells oder Schemas. Im Kontext von Patientenpfaden ist es ein konkreter Behandlungsplan, der aus dem allgemeinen Schema der Pfadvorlage abgeleitet wurde.

Pfadmodell
Ein Pfadmodell ist die grafische Darstellung der Patientenpfadvorlage. Dabei werden zumeist semi-formale Modellierungssprachen wie die BPMN, Ereignisgesteuerte Prozessketten (EPK) oder das Flussdiagramm eingesetzt (siehe Abschn. 3.2.4.3). Sie bieten für menschlichen Nutzer eine verständliche Repräsentationsform. Zudem strukturieren sie Pfadmodelle in einer Form, dass sie in einem maschinenverarbeitbaren Format gespeichert werden können. Hierzu bieten sich vor allem offene Standards wie BPMN 2.0 XML an, die wiederum in Richtung verschiedener Zielsysteme transformiert werden können[6].

Patientenpfadinstanz (kurz: Pfadinstanz)
Eine Patientenpfadinstanz ist ein konkreter Ablauf eines Pfades für einen individuellen Patienten. Sie entspricht einem individualisierten Behandlungsplan, der auf Basis der Pfadvorlage und der Patienteninformationen unter Einbeziehung der ärztlichen Expertise abgeleitet wurde (siehe auch Abschn. 2.1). Pfadinstanzen werden beispielsweise als Terminserien oder zeitlich sortierte Aufgabenlisten im vorhandenen Dokumentationssystem aufbereitet. Andere Bezeichnungen sind Care Plan, Pathway Instance oder Behandlungsprogramm.

4.3.3 Integration digitaler Patientenpfade

In diesem Kapitel widmen wir uns der Integration digitaler Patientenpfade in die bestehende Anwendungssystemlandschaft. Dabei stellen wir nicht nur die essenziellen Systemkomponenten und Schlüsseltechnologien vor, sondern legen auch einen besonderen Fokus darauf, dass gerade in den Anfangsphasen des Aufbaus von Pfadsystemen vereinfachte, sogenannte leichtgewichtige Lösungen zweckdienlich sein können. Diese ermöglichen eine handhabbare Interaktion, vereinfachen Testverfahren und Evaluierungen und bieten so einen pragmatischen Ansatz zur Überprüfung und Feinjustierung der Patientenpfade im realen Betrieb. Ein komplexes System ist nicht zwangsläufig erforderlich. Oft ermöglichen gerade schlanke Ansätze eine flexible und agile Implementierung.

4.3.3.1 Bausteine digitaler Pfadsysteme

Informationssysteme der integrierten Versorgung sind gekennzeichnet durch eine Vielzahl von Informationsübergängen und unterschiedlichen Anwendungssystemen, die durchgängig zusammenarbeiten müssen [5]. Bisher sind die klinischen Informationssysteme und Praxisverwaltungssysteme weitestgehend für die Falldokumentation und Abrechnung von Leistungen entwickelt. Der Austausch von Versorgungsinformationen zwischen Leistungserbringern in einem Versorgungsnetzwerk findet daher aktuell noch vornehmlich in Form von gedruckten Arztbriefen oder einfachen digitalen Dokumenten, die per

[6] Field Guide to Shareable Clinical Pathways: https://www.trisotech.com/wp-content/uploads/OMG-Field-Guide-to-sharable-Clinical-Pathways.pdf (Zugriff: 08.08.2024).

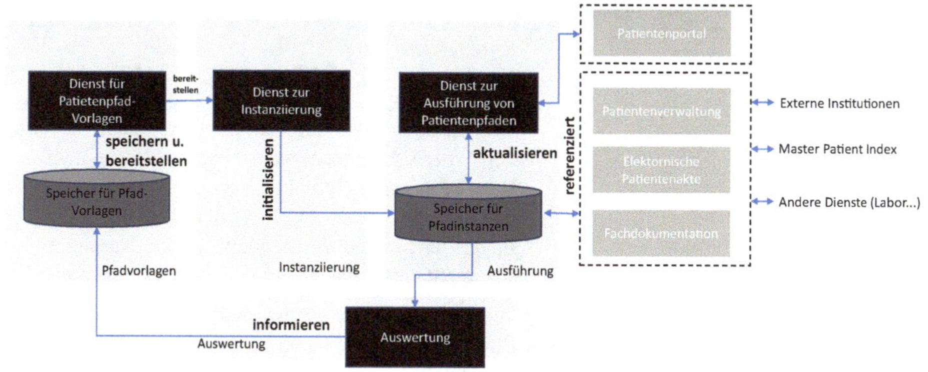

Abb. 4.3 Referenzarchitektur eines digitalen Pfadsystems

E-Mail versendet werden, statt. Gleichzeitig fördert die Gesetzgebung rund um die elektronische Patientenakte und die Arbeit der Standardisierungsgremien mehr und mehr auch die Integration digitaler Patientenpfade in integrierten Versorgungsszenarien (siehe Abschn. 4.3.3.3).

Um die wesentlichen funktionalen Blöcke zu verdeutlichen, die für eine digitale Pfadintegration notwendig sind, soll zunächst eine Referenzarchitektur herangezogen werden. Die vereinfachte Referenzarchitektur in Abb. 4.3 fasst hierzu die Basiskomponenten und mögliche Erweiterungskomponenten zusammen. Die Basiskomponenten umfassen solche Komponenten, die zur Verwaltung und Ablage von Pfadvorlagen (Vorlagenverwaltung), zur Instanziierung eines Pfades für einen konkreten Patienten (Verschreibung des Pfades), zur Ausführung und Speicherung der Instanzen (Instanzenverwaltung) sowie zur Auswertung benötigt werden (siehe Tab. 4.4).

Um einen konkreten Fall zu dokumentieren und die zugehörige Pfadinstanz einem Patienten zuzuordnen, muss eine Verbindung zur Patientenverwaltung bestehen. Deshalb wird in diesem Kontext oft davon gesprochen, dass ein Patientenpfad „verschrieben" wird. Er wird einem bestimmten Patienten zugeordnet und bildet einen Teil der Behandlungsdokumentation. Für digitale Patientenanwendungen, wie beispielsweise Patientenportale, bieten die Informationen des Patientenpfads wertvolle Einblicke[7]. Sie informieren Patienten über den aktuellen Behandlungsfortschritt, halten Termine fest und bieten andere versorgungsrelevante Funktionen. Über Fragebögen kann der subjektiv empfundene Gesundheitszustand erfragt und als Patient Reported Outcome Measure (PROM) erfasst werden. Mithilfe personalisierter Schulungsinhalte können Informationen zum Umgang mit der Krankheit oder zum Verhalten in oder zur Vermeidung von Risikosituationen weitergegeben werden. Zudem können Ergebnisse von Selbstmessungen, wie Blutdruck,

[7] Die Einrichtung und Inbetriebnahme von Patientenportalen ist bspw. nach § 19 des Krankenhauszukunftsgesetz als expliziter Fördertatbestand zur Stärkung der Digitalisierung in der deutschen Krankenhauslandschaft benannt.

Tab. 4.4 Komponenten eines digitalen Pfadsystems

Komponente	Kurzbeschreibung
Basiskomponenten	
Vorlagenverwaltung	Die Vorlagenverwaltung hält die Pfadmodelle in Form von Prozessschablonen vor. Diese werden in einer Datenbank (engl. Template Repository) gespeichert und verfügbar gemacht. Sie ermöglicht zudem die Pflege der bestehenden Modelle der Pfadvorlagen sowie ein entsprechendes Versionsmanagement.
Verschreibung des Pfades	Diese Komponente erzeugt patientenindividuelle Pfade und stellt sie bereit. Das umfasst die Pfadplanung auf Basis des geplanten patientenindividuellen Behandlungsverlaufs. Im Moment der Erzeugung (Instanziierung) sollten auch patientenspezifische Präferenzen sowie fallspezifische Besonderheiten im Pfad ergänzt werden.
Ausführung und Verwaltung von Patientenpfaden	Die Instanzenverwaltung dient zur Ablage der Pfadinstanzen für einzelne Patienten. Dabei wird die konkrete Patienteninformation über eine Referenz auf die Fachdienste realisiert. Die Pfadinstanzen halten demnach nur aktuelle Statusinformationen über die Pfadausführung und -modifikationen vor.
Auswertung	In der Auswertungskomponente werden die gesammelten Pfadinstanzen zusammengefasst und analysiert. Dadurch können wertvolle Hinweise generiert werden, die wiederum im Rahmen des Prozessmanagements in Schulung oder Anpassung der Pfadvorlagen fließen können.
Erweiterungskomponenten	
Patientenportal	Ein Patientenportal stellt die Pfadinformationen für den Patienten bereit und bietet Mehrwertdienste zur Unterstützung der individuellen Genesung.
Patientenverwaltung	Die Patientenverwaltung hält die grundlegenden demografischen und administrativen Patientendaten vor.

(Fortsetzung)

Tab. 4.4 (Fortsetzung)

Komponente	Kurzbeschreibung
Fachdokumentation	In der Fachdokumentation werden medizinische Daten des Patienten innerhalb des klinischen Informationssystems hinterlegt. Weiterhin kann diese Komponente auf externe operative Systeme (z. B. Laborinformationsmanagementsystem) verweisen.
Elektronische Patientenakte	Die elektronische Patientenakte dient der Bereitstellung der Versorgungsdaten in eine vom Patienten geführte Akte. Diese gibt Auskunft über den Behandlungsverlauf und fasst, im Falle der Einwilligung des Patienten, auch für andere Leistungserbringer die Gesundheitsinformationen an einer zentralen Stelle zusammen.

Gewicht, tägliche Schrittzahl oder Blutzucker, integriert werden. Dies erleichtert die Realisierung von telemedizinischen Versorgungsmodellen. Ergänzend dazu sind Komponenten für Auswertungen und Reportings denkbar, die den Entscheidungsträgern ermöglichen, Prozesskennzahlen zu sammeln und Abweichungen zu überwachen. Diese könnten gegebenenfalls zu Anpassungen in den Pfadvorlagen führen.

4.3.3.2 Digitale Pfadsysteme in integrierten Versorgungsszenarien

Bei der bisherigen Betrachtung wurde zunächst eine idealisierte Architektur herangezogen, welche die Informationsflüsse in einem integrierten Versorgungsnetzwerk ausklammert. In einem solchen Netzwerk sind die besprochenen Komponenten auf die Anwendungssysteme verschiedener Akteure verteilt oder können sogar mehrfach existieren. In diesem Szenario ist es essenziell, dass die beteiligten Systeme reibungslos interoperieren. Dies setzt auch voraus, dass die Pfadinformationen in einem interoperablen Format bereitgestellt werden. Laut IEEE bezeichnet Interoperabilität die Fähigkeit von zwei oder mehr Systemen, gemeinsame Aufgaben in Kooperation miteinander auszuführen (siehe IEEE Standard 1675:2010). Ist diese gegeben, kann im integrierten Versorgungsnetzwerk die Nutzung der Pfadkomponenten gemäß Abb. 4.3 umgesetzt werden. Der Hauptunterschied liegt in der verteilten Natur der Systemlandschaft. Daher greifen pfadbezogene Arbeitsabläufe auf Basiskomponenten zurück, die innerhalb des Netzwerkes bereitgestellt werden. Das kann zum Beispiel durch ein regionales Krankenhaus oder die Managementgesellschaft eines Gesundheitsnetzwerkes erfolgen.

Wie Abb. 4.4 zeigt, erfolgt die Nutzung dieser verteilten Dienste über spezielle Verweise oder Referenzen, welche in der elektronischen Patientenakte hinterlegt sein können. Diese Referenzen ähneln Webadressen und adressieren spezifische Ressourcen im Netzwerk, auf denen beispielsweise Pfadvorlagen oder konkrete Pfadinstanzen gespeichert sind[8]. In einem integrierten Versorgungsverbund weist die Referenz also nicht zwangsläufig auf einen lokalen Dienst hin. Daraus ergibt sich die Notwendigkeit sicherer Übertragungswege, zuverlässiger Authentifizierungsdienste und eines digitalen Einwilligungsmanagements[9].

Obwohl geeignete Technologien zur Unterstützung solcher Szenarien vorhanden sind, zeigen sich in der gegenwärtigen Landschaft regionaler Versorgungsnetzwerke sowie in existierenden medizinischen Dokumentationssystemen nur selten Bestandteile, die eine derartige Kooperation ermöglichen. Die Ursachen hierfür sind divers. So erfordert es beispielsweise eine festgelegte Rolle im Netzwerk, die die Verantwortung für Betrieb und Wartung eines solchen Systems übernimmt und gleichzeitig die Nutzer einbindet und schult. Weiterhin ist die Bereitschaft der beteiligten Leistungserbringer zur digitalen Zusammenarbeit unerlässlich. Außerdem ist die Interoperabilität zwischen den Systemen verschiedener Anbieter von entscheidender Bedeutung. Aufgrund dieser Herausforderungen sind integrierte Pfadsysteme aktuell vorwiegend in Innovationsprojekten von Kliniken und Gesundheitsnetzwerken für spezifische Krankheitsbilder zu finden. Beispiele hierfür sind die Projekte MiHUBx[10] in der onkologischen Versorgung, PANOS[11] in der Parkinson-Betreuung oder SOS-NET[12] in der Schlaganfall-Nachsorge.

4.3.3.3 Technologien und Standards für digitale Pfadsysteme

Eine der zentralen Technologien zur Förderung eines effizienten, patientenzentrierten und leistungserbringerübergreifenden Informationsaustauschs wird in Deutschland die elektronische Patientenakte (kurz: ePA) sein (vgl. § 341 SGB V). Sie steht qua Gesetz inzwischen allen gesetzlichen Versicherten zur Verfügung (vgl. § 341 SGB V) und auch die Leistungserbringer sind zur Bereitstellung von Behandlungsinformationen für die Akte verpflichtet. Wesentlicher Vorteil der ePA ist, dass sie die Möglichkeit bietet, außerhalb der Dokumentationssysteme einzelner Leistungserbringer Behandlungsdaten (so auch die Informationen zum konkreten Patientenpfad) in einer dem Patienten zugewiesenen elektronischen Ablage zu speichern. Die medizinischen Informationen stehen dadurch stets in einer aktuellen Form für die beteiligten Leistungserbringer zur Verfügung. Leider ist die ePA weder auf Seiten der Behandelnden noch auf der Seite der Patienten aktuell sehr verbreitet (Stand Ende 2023). Ein wesentlicher Grund liegt dafür in der Notwendigkeit eines bewussten

---

[8] Zur Vertiefung wird an dieser Stelle auf die Standardisierung IHE ITI verwiesen. Dieser Standard hält eine standardisierte Beschreibung von Akteuren, Diensten und Transaktionen für ein solches Szenario bereit.

[9] Entsprechende Lösungen werden unter anderem durch die Unabhängige Treuhandstelle der Universitätsmedizin Greifswald bereitgestellt (Einwilligungsmanagement: https://www.ths-greifswald.de/forscher/gics/ (Zugriff: 12.09.2023)).

[10] Medical Informatics Hub in Saxony, Projektwebsite: https://mihubx.de/ (Zugriff: 08.08.2024).

[11] Parkinson-Netzwerk Ostsachsen, Projektwebsite: https://panos.care/ (Zugriff: 08.08.2024).

[12] Neurovaskulären Netzwerks Ostsachsen/Südbrandenburg, Projektwebsite: https://www.sos-net.de/ (Zugriff: 08.08.2024).

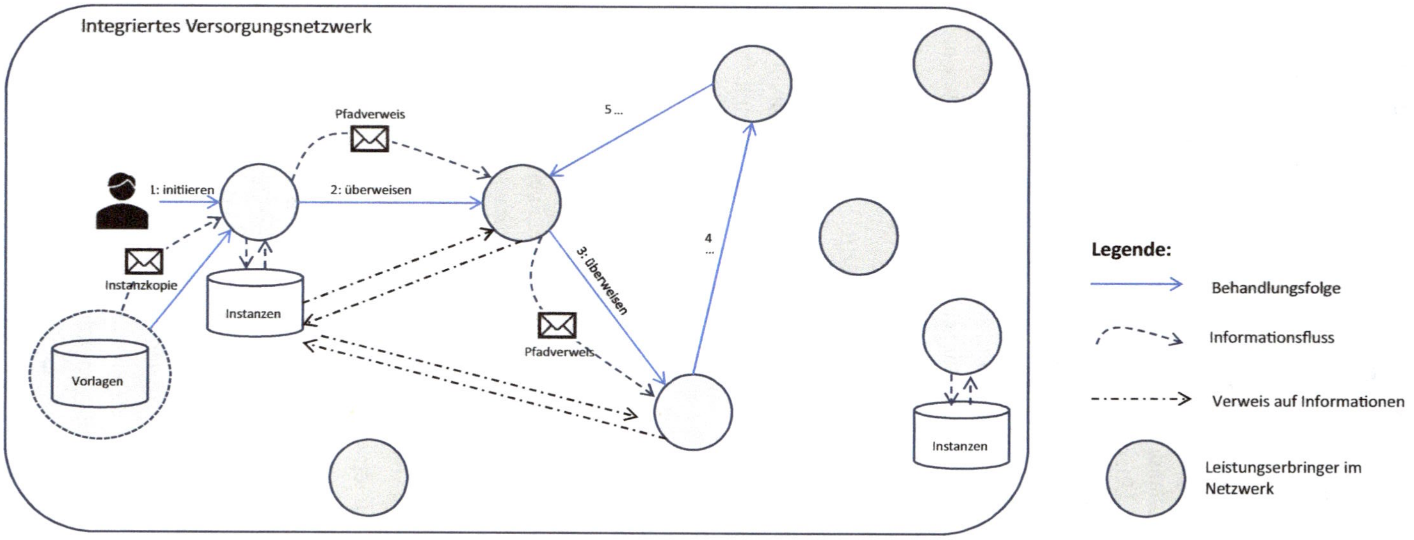

Abb. 4.4 Digitalisierung von Pfaden in der integrierten Versorgung mit verteilten Systemen

und pro-aktive Einrichtens der Akte durch den Versicherten, dem sogenannten Opt-In-Modell. Mit dem Digital-Gesetz (DigiG) wird ein Opt-Out-Modell für die Nutzung der ePA implementiert, wodurch jeder gesetzlich Versicherte eine ePA erhält, so lange nicht aktiv widersprochen wird. Für die Digitalisierung von Patientenpfaden wird der ePA eine Schlüsselrolle zukommen, da in ihr der Verweis auf den aktuellen Patientenpfad gespeichert werden kann. In Abb. 4.4 ist angedeutet, wie auf dieser Basis die Zusammenarbeit in der integrierten Versorgung gestaltet werden kann. Dies setzt jedoch auch einen Wandel der bestehenden Systemlandschaften aller Beteiligten hin zu interoperablen Lösungen voraus [6, 7]. Neben den Übertragungswegen, die beispielsweise durch die elektronische Patientenakte unterstützt werden, ist es essenziell, das Datenschema und die Art der Speicherung von Patientenpfaden klar zu definieren. Diese Klarheit ermöglicht es den beteiligten Anwendungssystemen, die Inhalte der Pfade zu verstehen und effizient zu verarbeiten. Ein standardisiertes Datenschema stellt dabei eine einheitliche Struktur für die Dateninhalte sicher. Dies ist ein wesentlicher Schritt, um die Daten nicht nur innerhalb eines Systems oder einer Produktfamilie, sondern auch systemübergreifend verfügbar und nutzbar zu machen.

In diesem Bereich hat der Standard HL7 FHIR[13] mittlerweile eine weitreichende Akzeptanz gefunden. HL7 ist die Abkürzung für die Standardisierungsorganisation „Health Level 7“. FHIR, das für „Fast Healthcare Interoperability Resource“ steht, bezeichnet den konkreten Standard, den diese Organisation entwickelt hat. HL7 FHIR ist ein ressourcenbasiertes Austauschformat für Gesundheitsdaten inklusive entsprechenden Werkzeugen und Implementierungen. Es kann mit etablierten Datenformaten wie XML (eXtensible Markup Language) oder JSON (JavaScript Object Notation) umgehen, was seine Flexibilität und Anpassungsfähigkeit unterstreicht.

Für die Datenübermittlung setzt FHIR auf bewährte, offene web-basierte Standards, die eine hohe Zuverlässigkeit und Sicherheit der Datenübertragung gewährleisten. Zudem ermöglicht FHIR die Integration etablierter medizinischer Terminologien, wie zum Beispiel SNOMED-CT oder LOINC. Diese Terminologien sind entscheidend, um die semantische Interoperabilität zu sichern – das heißt, sie stellen sicher, dass verschiedene Systeme nicht nur Daten austauschen, sondern diese Daten auch in einer einheitlichen und verständlichen Weise interpretieren können.

In FHIR sind zudem eine Reihe von Modulen standardisiert, die spezifische Funktionsbereiche und Anwendungsfälle abdecken. Sie werden als „FHIR Ressourcen“ bezeichnet. Diese Ressourcen decken verschiedene Domänen des Gesundheitswesens ab. Beispiele hierfür sind Patientenstammdaten, Diagnosedaten, Medikationsdaten und Abrechnungsdaten[14]. Diese Standardisierung ermöglicht einen einheitlichen und effizienten Datenaustausch zwischen verschiedenen Anwendungssystemen. Die in FHIR standardisierten FHIR Ressourcen können durch sogenannte Profile individuell erweitert und detailliert ausgestaltet werden. Innerhalb von Implementation-Guides werden die Profile als

[13] HL7 FHIR-Spezifikation: http://www.hl7.org/fhir/ (Zugriff: 08.08.2024).

[14] FHIR-Modulübersicht: https://www.hl7.org/fhir/modules.html (Zugriff: 08.08.2024).

technische Anleitung zur digitalen Umsetzung spezifischer Szenarien bis hin zu fertiger System-Konfiguration zusammengefasst. Diese Profile ermöglichen es, spezifische Anforderungen und Szenarien in der Gesundheitsversorgung abzubilden. Ein wesentlicher Vorteil von FHIR ist die umfangreiche Bereitstellung von Entwicklungswerkzeugen, Server-Konfigurationen und zentralen Ablageorten für diese Profile. Ein Beispiel hierfür ist die Plattform „simplifier.net",[15] die als zentrales Register für FHIR-Profile dient.

Für die Spezifikation der Übertragungsformate spielen insbesondere die Grunddatenelemente der FHIR-Workflow-Ressourcen eine zentrale Rolle. Diese definieren Informationen zu Behandlungsplänen und konkreten Behandlungsprogrammen. Innerhalb der FHIR-Struktur sind die generischen Behandlungspläne im Bereich der „PlanDefinition"[16] angesiedelt, während die spezifischen Behandlungsprogramme im „CarePlan"-Bereich[17] definiert werden.

FHIR spezifiziert den Datenaustausch auf der Anwendungsschicht, gemäß des OSI-Referenzmodells, und baut dabei auf etablierten Standards der darunterliegenden Schichten auf. Dies stellt die hohe Kompatibilität von FHIR-basierten Lösungen sicher. Darüber hinaus stellen HL7 und die zugehörige Community eine breite Palette von Entwicklerwerkzeugen und Referenzimplementierungen zur Verfügung. Diese Werkzeuge und Ressourcen erleichtern die praktische Nutzung und Umsetzung von FHIR erheblich. Etwas anders gestaltet sich die Situation bei der Erstellung und Weiterverwendung der Pfadmodelle sowie deren Überführung in einen konkreten Behandlungsplan, worauf in Abschn. 4.3.3.5 näher eingegangen wird.

4.3.3.4 Anpassbarkeit in digitalen Pfadsystemen

Schaffen Standards wie HL7 FHIR und die elektronische Patientenakte die Voraussetzungen für digitale Pfadsysteme in integrierten Versorgungslandschaften, müssen sich auch die pfadbezogenen Dienste an die fachlichen Gegebenheiten anpassen, um diese optimal zu unterstützen und breite Akzeptanz der Nutzer zu erfahren. Zentrale Herausforderungen für die Integration von Pfadsystemen in Versorgungsnetzwerken leiten sich aus den Prinzipien der evidenzbasierten Medizin ab [8]. Demnach sollten Versorgungsentscheidungen einer sorgfältigen Abwägung zwischen wissenschaftlicher Evidenz, ärztlichem Urteil und den Wünschen und Bedenken des Patienten folgen. Für das Pfadsystem bedeute es gleichfalls, dass unbenommen vom „Goldstandard", welcher in der Pfadvorlage angelegt ist, jederzeit vom vorgedachten Prozess abgewichen werden kann. Ein Patient entscheidet sich zum Beispiel gegen eine Operation, sodass eine Alternative durch den Arzt vorgeschlagen wird. In Tab. 4.5 sind die zentralen Anforderungen an die Umsetzung eines digitalen Pfadsystems herausgearbeitet.

[15] FHIR-Profile: https://simplifier.net (Zugriff: 08.08.2024).

[16] FHIR-PlanDefinition: https://www.hl7.org/fhir/plandefinition.html (Zugriff: 08.08.2024).

[17] FHIR-CarePlan: https://www.hl7.org/fhir/careplan.html (Zugriff: 08.08.2024).

Tab. 4.5 Anforderungen an die Digitalisierung von Patientenpfaden aus Sicht der evidenzbasierten Medizin

Erstellung und Pflege einer Pfadvorlage
Im Rahmen der Erstellung sollten typische Pfadvarianten sowie zugehörige Entscheidungsgrundlagen festgelegt werden können. Vorzugsweise sollte die Gestaltung und Editierung modellbasiert in einem integrierten Tooling erfolgen.
Instanziierung einer Pfadvorlage
Für die Instanziierung eines Pfades sollten Ein- und Ausschlusskriterien hinterlegt werden. Zudem sollte durch den Behandelnden der Patientenpfad individuell konfiguriert werden können, d. h. auch neue Aktivitäten ergänzt oder vorgeschlagene Schritte entfernt werden.
Versorgungsdokumentation im Behandlungsverlauf
Durch den Behandelnden sollte jederzeit im Behandlungsverlauf eine ad-hoc Modifikation des Pfades möglich sein. Jede Modifikation sollte kurz begründet werden, sodass es für den Fallkontext dokumentiert bleibt. Gründe für die Modifikation können bspw. am Fallkontext liegen oder auf einen spezifischen Patientenwunsch zurückgehen.
Entscheidungsunterstützung
Es sollten sämtliche notwendigen medizinischen Informationen zum Patienten für die Entscheidungsfindung bereitgestellt werden. Zudem sollten auch zusätzliche Behandlungsoptionen aufgezeigt und deren Grundlage beschrieben werden, um eine fundierte Entscheidung treffen zu können.
Stärkung des Patienten
Der Patient sollte digitalen Zugang zu seinem individuellen Pfad sowie begleitenden medizinischen Informationen haben, wie sie bspw. durch die elektronische Patientenakte bereitgestellt werden. Zudem sollten Zusatzmaterialien eingebunden werden können, die den Patienten informieren und unterstützen.

4.3.3.5 Digitale Pfadsysteme als Teil digitaler Gesundheitsökosysteme: Ein Fallbeispiel mit PATHOS

Sind in den vergangenen Jahrzehnten vor allem monolithische Systeme in den Kliniken und Praxen gewachsen, hält mit der zunehmenden Digitalisierung der Prozesse und der Spezialisierung von Teilsystemen mehr und mehr die Philosophie „Digitaler Gesundheitsökosysteme" Einzug in die IT-Planung und -Umsetzung. Ein digitales Ökosystem ist charakterisiert als eine Zusammenstellung von digitalen Entitäten (z. B. Komponenten und Software-Diensten), die miteinander interagieren oder voneinander abhängen können. Im Verbund verrichten sie entsprechende Aufgaben der Informationsbereitstellung und -verarbeitung. Die Anlehnung an den eigentlich aus der Biologie stammenden Begriff resultiert im Wesentlichen aus der Fähigkeit und dem Vorhandensein von selbstorganisierenden Mechanismen, die eine dynamische Entwicklung und Erweiterung des Systems ermöglichen (evolutionärer Ansatz) [9] und gleichzeitig den Wettbewerb der besten Lösungen fördern. Digitale Ökosysteme werden durch Plattformen befähigt. Sie fungieren als zentrale Vermittlungsinstanzen zwischen verschiedenen Nutzergruppen (Anbietern von Lösungen sowie Konsumenten von Lösungen) und organisieren die Bereitstellung und Nutzung von Ressourcen, Informationen und Diensten [10, 11]. Auf diese Weise erlauben sie eine nahtlose Integration und den Austausch von Fachanwendungen. Entgegen monolithischen Anwendungssystemlandschaften erlauben sie eine evolutionäre Erweiterung von Funktionaltäten, z. B. durch Produkte von Drittherstellern. Ein plattformbasiertes IT-System fördert damit die bedarfsgerechte Bereitstellung von IT-Diensten.

Integrierte Versorgungsszenarien zeichnen sich zumeist durch eine hohe Heterogenität von Dokumentationssystemen aus. Dies macht die Digitalisierung besonders herausfordernd, da die Einführung oder Erweiterung nicht-interoperabler Produkte weder ökonomisch noch technologisch sinnvoll sind. In integrierten Versorgungsszenarien sollten daher die für das Pfadsystem notwendigen Dienste harmonisch in die bestehenden Systemlandschaften eingeführt werden und die Voraussetzung aufseiten der bestehenden Dokumentationssysteme sukzessive geschaffen werden. Dies erlaubt, den Pfad nahtlos in die täglichen Routinen der medizinischen Fachkräfte einzubinden.

Wie in Abschn. 4.3.3.3 ausgeführt, bietet HL7 FHIR eine gute Basis für die Etablierung digitaler Pfadsysteme in integrierten Versorgungsnetzwerken. Sie können den Kern der nötigen Basiskomponenten sein, die sich in das bestehende digitale Ökosystem einfügen und es mit Funktionalitäten (in der Fachsprache: Geschäftslogik) zur Arbeit mit Patientenpfaden ertüchtigen. In Abb. 4.5 sind die wesentlichen Bausteine, die im Umfeld der FHIR-Spezifikation existieren, sowie Anknüpfungspunkte für entsprechende Fachanwendungen aufgezeigt. Das nachfolgende Beispiel illustriert zudem die Umsetzung eines solchen Systems.

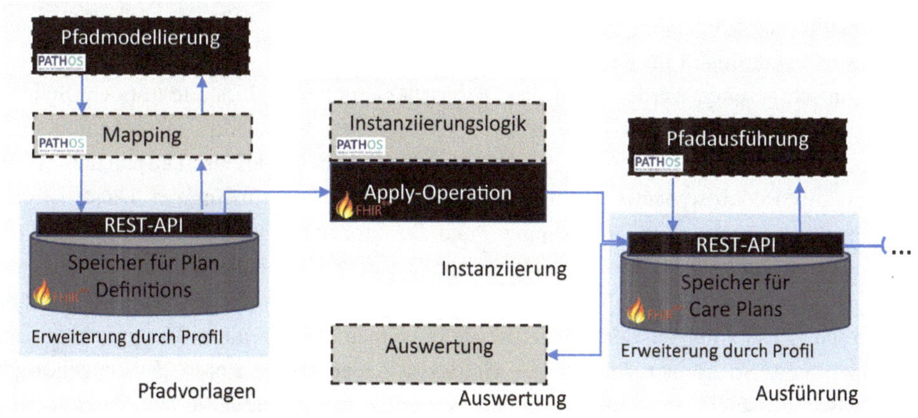

Abb. 4.5 FHIR-basierte Umsetzung eines digitalen Pfadsystems

Fallbeispiel PATHOS

Aktuell existieren nur wenige „Produkte von der Stange", die speziell auf die Befähigung digitaler Gesundheitsökosysteme mit Möglichkeiten zur Nutzung von Patientenpfaden ausgerichtet sind. Eine Lösung, die bereits einzelne Bausteine HL7-basiert bereithält und grundsätzlich den Gedanken eines föderierten Gesamtsystems verfolgt, ist „PATHOS" – eine Wortmarke aus dem englischen Pathway und Operating System.[18] Das Akronym soll sowohl die technische Tiefe als auch Empathie und Leidenschaft, also das Pathos für die medizinische Versorgung, verbinden. Das Beispiel steht für eine Klasse von möglichen Lösungsansätzen und ist in Abb. 4.6 skizziert.

Pflege von Pfadvorlagen am Beispiel des PATHOS-Modellierungstools
Viele medizinische Einrichtungen, einschließlich Kliniken und Arztpraxen, haben Managementhandbücher oder andere Qualitätsdokumente. Diese beschreiben Kernprozesse entweder in Textform oder durch Modelle. Allerdings konzentrieren sie sich häufig auf administrative Themen und sind selten maßgeblich für die Versorgungsprozesse. Bei integrierten Versorgungsszenarien, bei denen zum Teil rechtlich und wirtschaftlich unabhängige Akteure beteiligt sind, ist es sehr wichtig, die Vorlagen für medizinische Pfade sowohl inhaltlich als auch technisch verfügbar zu machen, über deren Zweck und Gültigkeit zu informieren und die kollaborative Bearbeitung zu ermöglichen.

Innerhalb des FHIR-Standards gibt es dafür keine Lösung, weswegen für das Beispiel das Modellierungswerkzeug „PATHOS Modeler" aufgegriffen wird. Es baut auf den Ressourcentypen der FHIR-Spezifikation auf und ergänzt diese um Verwaltungs-, Pflege- und Modellierungsfunktionen. Der PATHOS Modeler stellt Nutzern eine komfortable Softwarelösung zur Verfügung, um auf Basis einer angepassten BPMN-Modellierungsumgebung Pfadvorlagen zu entwickeln (siehe Abschn. 3.2.4.3), ohne dass es Erfahrungen im Bereich von JSON/XML benötigt.

Technisch gesehen werden dafür das Datenschema der Modellinhalte mit dem Schema der vergleichbaren FHIR-Ressourcen verbunden. Es ist wichtig zu beachten, dass typische Datenstrukturen von BPMN oder ähnlichen Modellierungssprachen weder syntaktisch noch semantisch mit dem FHIR-Standard übereinstimmen. Daher ist eine spezielle Interpretations-, Zuordnungs- und Transformationslogik erforderlich, um die Inhalte zu übertragen. Im PATHOS-System ist dies als Dienst realisiert, sodass die in BPMN modellierten Pfadvorlagen serverseitig als PlanDefinition abgespeichert werden. Zusätzlich zu den Modellinhalten können Nutzer auch Metainformationen hinzufügen. So können Details zur Gültigkeitsdauer, den Autoren, den zugehörigen ICD-Codes sowie Ein- und Ausschlusskriterien festgehalten werden. Hierzu wird neben dem PATHOS Modellierungseditor eine Repository-Ansicht bereitgestellt. In dieser Verwaltungsansicht auf die verfügbaren Pfadvorlagen können zudem Modelle

[18] PATHOS Website: https://pathos.helict.de (Zugriff: 09.08.2024).

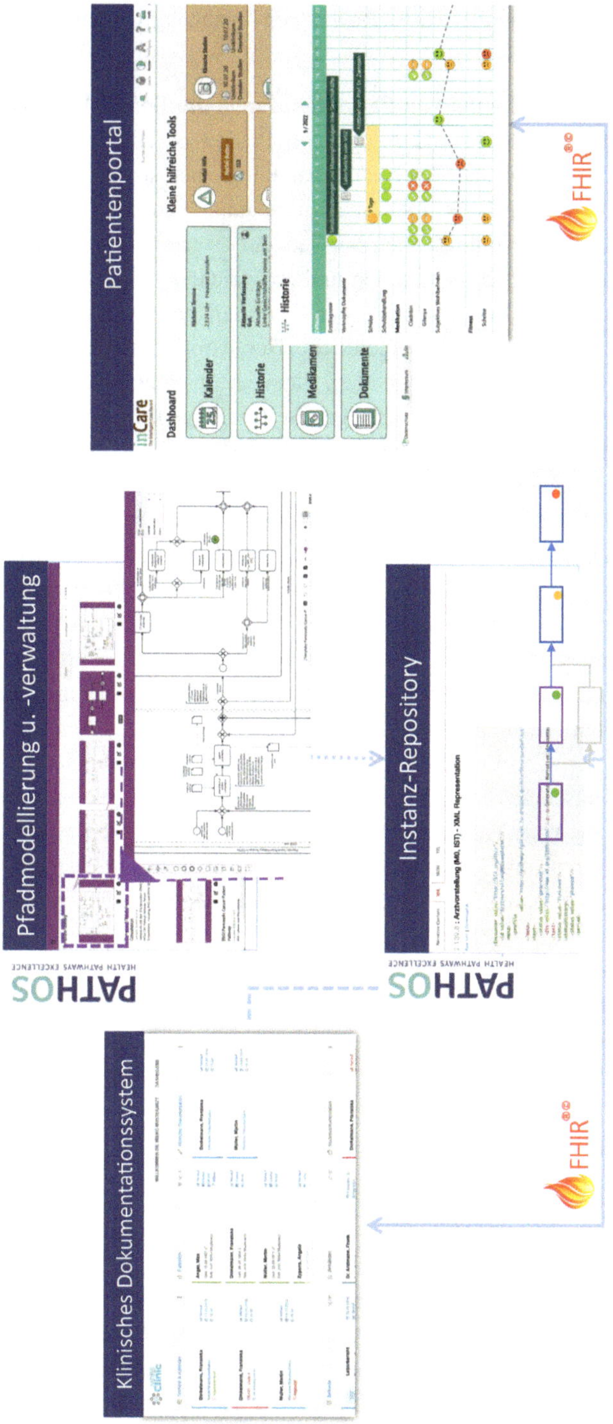

Abb. 4.6 Beispielhafte Umsetzungsskizze eines integrierten Pfadsystems mit PATHOS

kopiert werden, womit beispielsweise Revisionen unabhängig vom aktuell gültigen Modell erarbeitet werden können.

Instanziierung und Ausführung von Patientenpfaden am Beispiel von PATHOS
Ebenso wie bei der Erstellung und Pflege von Pfaden ist es für die Umwandlung einer Pfadvorlage in einen spezifischen Behandlungsplan sowie dessen technische Umsetzung notwendig, die FHIR-Spezifikation zu implementieren und zu erweitern. PATHOS bietet in diesem Kontext einen Service, der es ermöglicht, basierend auf der PlanDefinition einen CarePlan zu erstellen und zu speichern.
Da sowohl die PlanDefinition als auch der CarePlan bereits als Ressourcentypen in FHIR definiert sind, besteht die eigentliche Herausforderung darin, verschiedene Informationen so miteinander zu verbinden, dass eine patientenindividuelle Planung entsteht. Hierfür werden Daten zum bisherigen Behandlungsprozess und zum Patienten selbst aus den Primärsystemen (wie beispielsweise der Patientenverwaltung) abgerufen und analysiert. Hinzu kommen Patientenpräferenzen und die ärztliche Expertise, welche die endgültige Behandlungsentscheidung beeinflussen. Das kann dazu führen, dass geplante Aktivitäten aus der Pfadvorlage modifiziert oder erweitert werden.
Mit diesen Informationen ist PATHOS in der Lage, einen spezifischen Behandlungsplan zu formulieren und diesen als CarePlan im zentralen Repository abzulegen. Ein Kernelement dieses Prozesses ist die Erstellung einer Terminserie. Diese basiert auf den in der Pfadvorlage vorgesehenen Aktivitäten und den dazugehörigen zeitlichen Abhängigkeiten. Technisch betrachtet kopiert PATHOS die Aktivitäten aus der PlanDefinition in den CarePlan. Anschließend werden, basierend auf den vorgesehenen zeitlichen Einschränkungen, die Attribute für konkrete Termine im CarePlan festgelegt. Abhängig vom Patientenprofil und dessen Präferenzen werden bei Entscheidungspunkten zunächst Vorgehensweisen prognostiziert und festgehalten. Diese können jedoch zum Zeitpunkt der Entscheidung oder bei Abweichungen vom geplanten Ablauf angepasst werden.
Um eine nahtlose Integration mit den Primärsystemen zu gewährleisten, bietet PATHOS eine FHIR-basierte Fassade, über die auch mit bestehenden Systemen kommuniziert werden kann. Insbesondere können so mit jedem Eintrag in das Primärsystem die Pfade fortgeschrieben oder dem Patienten über ein Patientenportal zugestellt werden. Häufig braucht es dafür jedoch zusätzliche Anstrengungen, um über bestehende Schnittstellen FHIR-konform zu ertüchtigen.

Auswertung und Reporting
Durch die integrierte Prozessdokumentation eines digitalen Pfadsystems könne Ärzte und Verwaltungspersonal eine Vielzahl an Informationen zur Qualität der Versorgung erhalten. So können Durchlaufzeiten verglichen, Begründungen für Abweichungen untersucht oder Schwachstellen der internen Logistik analysiert werden. Für die Forschung entsteht zudem eine Datenbasis zur Evaluierung der Adhärenz zu den Vorgaben der Leitlinien oder zur Untersuchung regionaler Versorgungsunterschiede. Wenngleich

die Informationen eher ein Indiz als ein Beleg für bestimmte Sachlagen sind, machen sie dennoch die Gesamtbehandlung transparenter. Zudem befähigen sie das Qualitätsmanagement, die Qualität des Gesamtnetzwerkes zu beurteilen und zu managen. Für die Auswertung der Patientenpfade auf Basis der gespeicherten Pfadlogs lassen sich Process Mining Werkzeuge wie zum Beispiel ProM[19] einsetzen, was jedoch eine gewissen IT-Affinität voraussetzt. Alternativ können Reports in Anwendungen wie Power BI[20] oder ähnlichen Werkzeugen vordefiniert werden oder bestehende Führungsinformationssysteme direkt mit den Daten verbunden werden.◀

Literatur

1. Schriek, M., Oktay, T., Uzay, K. (2016): A Maturity Model for Care Pathways. In: Proceedings of the European Conference of Information Systems 2016, Beitrag 127. https://aisel.aisnet.org/ecis2016_rp/127
2. Becker, J., Niehaves, B., Poeppelbuss, J., Simons, A. (2010): Maturity models in IS research. In: Proceedings of the European Conference of Information Systems 2010, Beitrag 42. https://aisel.aisnet.org/ecis2010/42
3. Mettler, T. (2011): Maturity assessment models: A design science research approach. In: International Journal of Society Systems Science 3(1/2), S. 81–98.
4. Ferstl, OK, Sinz, E. (2013): Grundlagen der Wirtschaftsinformatik, München: Oldenbourg Wissenschaftsverlag.
5. Johner, C., Haas, P. (2009): Praxishandbuch IT im Gesundheitswesen: Erfolgreich einführen, entwickeln, anwenden und betreiben. Carl Hanser Verlag GmbH & Co. KG, München.
6. Diele, J., Voellmy, D. (2010): Universalansatz oder Plattformstrategie? Erfahrungen mit einem KIS-Rollout. In: Swiss Medical Informatics 26, S. 30–32. https://doi.org/10.4414/smi.26.00227
7. Heinze, O., Bergh, B., (2017): Persönliche einrichtungsübergreifende Gesundheits- und Patientenakten (PEPA) als zentrale Infrastrukturkomponente einer patientenzentrierten Gesundheitsversorgung, In: E-Health-Ökonomie. Springer Gabler, Wiesbaden, S. 847–858.
8. Sackett, D. L., Rosenberg, W. M., Gray, J. A., Haynes, R. B., Richardson, W. S. (1996): Evidence based medicine: what it is and what it isn't. In: BMJ 312, S. 71–72. https://doi.org/10.1136/bmj.312.7023.71
9. Briscoe, G., Marinos, A. (2009): Digital ecosystems in the clouds: towards community cloud computing: Digital Ecosystems and Technologies. In: Proceedings of the 3rd IEEE International Conference on Digital Ecosystems and Technlogies (DEST 2009), S. 103–108. https://doi.org/10.1109/DEST.2009.5276725
10. Gawer, A., Cusumano, M. A. (2014): Industry Platforms and Ecosystem Innovation. In: Journal of Product Innovation Management, S. 417–33. https://doi.org/10.1111/jpim.12105
11. Eisenmann, T. R., Parker, G., van Alstyne, M. W. (2008): Opening Platforms: How, When and Why? This paper has been published under the same title as Chapter 6 in Platforms, Markets & Innovation (ed. Gawer, 2009), S. 131–162, Harvard Business School Entrepreneurial Management Working Paper No. 09–030. https://doi.org/10.2139/ssrn.1264012

[19] The Process Mining Framework: https://promtools.org (Zugriff: 08.08.2024).

[20] Microsoft Power BI: https://powerbi.microsoft.com/de-de/ (Zugriff: 08.08.2024).

12. Richter, P., Schlieter, H. (2023): The iPAAC Patient Pathway Guide. A Guide for the Development of Generic Patient Pathway Templates and Their Implementation in Comprehensive Cancer Care Networks. Verfügbar: https://www.ipaac.eu/res/file/outputs/wp10/patient-pathway-guide.pdf (Zugriff: 09.08.2024).
13. Evans-Lacko, S., Jarrett, M., McCrone, P., Thornicroft, G. (2010): Facilitators and barriers to implementing clinical care pathways. In: BMC Health Services Research 10, Beitrag 182. https://doi.org/10.1186/1472-6963-10-182
14. Chawla, A., Westrich, K., Matter, S., Kaltenboeck, A., Dubois, R. (2016): Care pathways in US healthcare settings: current successes and limitations, and future challenges. In: American Journal of Managed Care 22(1), S. 53–62.

5 Evaluation von Patientenpfaden

Zusammenfassung

In diesem Kapitel erhalten Leser einen Einblick in die systematische Evaluation von Patientenpfaden in integrierten Versorgungsnetzwerken, um ihre Wirksamkeit auf die Effektivität und Effizienz der Patientenversorgung zu überwachen und zu verbessern. Dazu wird zunächst die Bedeutung der Evaluation zur kontinuierlichen Verbesserung von Patientenpfaden beleuchtet. Weiterhin werden die Aufgaben zur Planung, Datenerhebung, Datenauswertung und Ableitung von Anpassungsbedarfen für den Patientenpfad beschrieben. Entlang eines Klassifizierungsrahmens lernen die Leser konkret einsetzbare Evaluationskriterien sowie mögliche Kennzahlen, Indikatoren und Evaluationsmethoden in fünf Dimensionen kennen: (I) klinische und funktionelle Ergebnisse (Outcomes), (II) Patientenzentrierung und Services, (III) Netzwerk und Team, (IV) Prozesse sowie (V) Wirtschaftlichkeit. Die Leser gewinnen ein Verständnis dafür, wie Evaluation dazu beitragen kann, fundierte Entscheidungen für die Weiterentwicklung von Patientenpfaden zu treffen.

5.1 Bedeutung, Zielstellung und Begriffe der Pfadevaluation

Nachdem ein Patientenpfad für ein integriertes Versorgungsnetzwerk entwickelt, getestet und implementiert wurde, wird ermittelt inwieweit die festgelegten Ziele aus der Bedarfsanalyse (siehe Abschn. 3.2.2.2) und Bestandsaufnahme (siehe Abschn. 3.2.3) erreicht werden konnten [1]. Auf diese Weise wird die Wirksamkeit des Patientenpfades auf die Versorgung im Netzwerk beurteilt und Ansatzpunkte zur Verbesserung des Patientenpfades identifiziert. Zudem eignet sich die Evaluation zur Überprüfung der Pfadadhärenz, d. h. die Untersuchung, ob und inwieweit die Schlüsselinterventionen entlang

P. Richter and H. Schlieter, *Patientenpfade in der integrierten Versorgung*,
https://doi.org/10.1007/978-3-658-44986-5_5

des Patientenpfades (in Form von Prozessindikatoren) eingehalten und die Zwischen- und Endergebnisse der Versorgung (Ergebnisindikatoren) erreicht werden.

Neben der Wirksamkeit sollten auch externe Faktoren bei der Evaluation mit kontrolliert werden. Der Grund dafür liegt vor allem in dem sich dynamisch verändernden Umfeld, in das Patientenpfade implementiert werden. Medizinische Leitlinien oder Gesetze werden beispielsweise aktualisiert, oder die Ausrichtung bzw. Zusammensetzung des Versorgungsverbundes ändert sich. Die Pfadevaluation sollte daher in einen kontinuierlichen Verbesserungsprozess eingebettet werden. Die Ziele und Aufgaben der Pfadevaluation sind in der Übersichtsbox zusammengefasst.

Ziele der Pfadevaluation

Das Ziel der Evaluation von Patientenpfaden in einem integrierten Versorgungsnetzwerk besteht darin, die Wirksamkeit des Patientenpfades hinsichtlich Effektivität und Effizienz der Patientenversorgung kontinuierlich zu überwachen und zu verbessern. Durch die systematische Erhebung, Analyse und Interpretation von quantitativen und qualitativen Evaluationskriterien können fundierte Erkenntnisse gewonnen und gezielte Anpassungen am Patientenpfad vorgenommen werden. Zur Pfadevaluation gehört auch das regelmäßige Überprüfen seiner Aktualität, z. B. in Hinblick auf zugrundeliegende Leitlinienempfehlungen.

Checkliste

- ☐ Der oder die Verantwortliche(n) für die kontinuierliche Evaluation und Überarbeitung des Patientenpfades wurde(n) festgelegt.
- ☐ Die Evaluations- und Prüfziele für den Patientenpfad wurden konsistent zu den definierten Zielen des Pfades (siehe Abschn. 3.2.2.3) und zu den eingangs analysierten Aspekten aus Netzwerk- und Versorgerperspektive, Patientenperspektive sowie verfügbarer Evidenz (siehe Abschn. 3.2.3) festgelegt.
- ☐ Die Evaluationskriterien wurden ausgewählt und gewichtet sowie die geeigneten Methoden und Instrumente zur Datenerhebung festgelegt.
- ☐ Der Rahmen zur Evaluationsdurchführung inkl. Aufgaben- und Zeitplanung wurde beschrieben und an die beteiligten Partner des Versorgungsverbundes kommuniziert.
- ☐ Die notwendigen Daten zur Evaluation des Patientenpfades wurden erhoben und ausgewertet.
- ☐ Die Ergebnisse der Datenerhebung wurden interpretiert und ggf. notwendige Anpassungen am Patientenpfad abgeleitet. Die Überarbeitung des Patientenpfades (konzeptionell und implementierungsseitig) wurde angestoßen.

Vor einer Auseinandersetzung mit der Durchführung der Evaluation werden zunächst die zentralen Begriffe Evaluationsdimension, Evaluationskriterium, Kennzahl und Indikator sowie Messinstrument eingeführt.

Zentrale Begriffe der Pfadevaluation

Evaluationsdimension

Eine Dimension beschreibt eine übergeordnete Perspektive auf das Versorgungsgeschehen entlang des Patientenpfades im Netzwerk, die bei der Evaluation des Pfades berücksichtigt werden sollte. Solche Dimensionen konzentrieren sich auf einen bestimmten Aspekt des Pfads und legen fest, was insgesamt bewertet werden soll. Zu Dimensionen lassen sich konkrete Evaluationskriterien zuordnen. Insgesamt helfen die Dimensionen dabei, die Auswahl von Evaluationskriterien zu strukturieren und sicherzustellen, dass notwendige Aspekte angemessen berücksichtigt werden. In diesem Buch wird dazu der umfassende Klassifizierungsrahmen in Abschn. 5.3.2 aufgespannt, der die fünf Dimensionen (I) klinische und funktionelle Outcomes, (II) Patientenzentrierung und Services, (III) Netzwerk und Team, (IV) Prozesse sowie (V) Wirtschaftlichkeit umfasst.

Evaluationskriterium

Ein Evaluationskriterium ist ein überprüfbares Merkmal. Damit können die Leistung oder Qualität eines Patientenpfades gemessen und bewertet werden. Sie können sowohl qualitative als auch quantitative Merkmale umfassen und helfen Evaluationsziele und -prioritäten abzubilden. Für jede Dimension wird eine Menge spezifischer Kriterien definiert, die im Rahmen der Evaluation zu erheben sind. Evaluationskriterien werden über Kennzahlen oder Indikatoren operationalisiert.

Kennzahl

Eine Kennzahl ist eine Größe zur Leistungs- und Qualitätsbewertung. Kennzahlen sind konkret und numerisch. Sie können direkt gemessen, quantifiziert und verglichen werden, um Trends oder Veränderungen im Laufe der Zeit zu erkennen.

Indikator

Im Gegensatz zu Kennzahlen werden Indikatoren dazu genutzt, um nicht direkt messbare oder beobachtbare Größen abzubilden. Indikatoren sind Aggregate, d. h. sie basieren auf einer Berechnungsvorschrift, durch die verschiedene Rohdaten zu einem Indikator aggregiert werden. Eine der häufigsten Aggregate ist das Verhältnismaß einer Kohorte A (Zähler) in einer Population B (Nenner).

Messinstrument

Ein Messinstrument ist ein spezifisches Werkzeug oder eine Methode, um Daten zur Bewertung der Kriterien zu sammeln. Beispiele für Messinstrumente sind Umfragen, Fragebögen, Checklisten, medizinische Tests, digitale Dokumentations- und Analysesysteme.

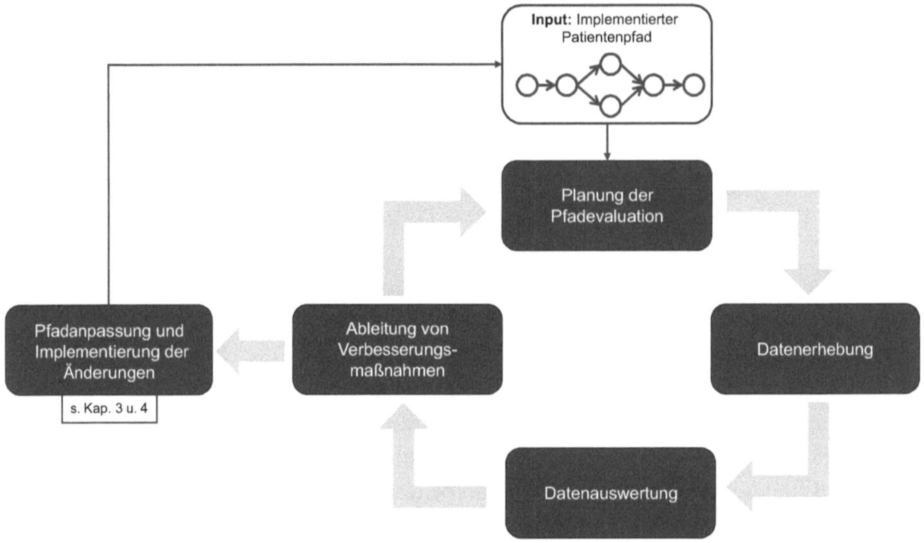

Abb. 5.1 Iterativer Evaluationsprozess von Patientenpfaden

5.2 Evaluationsprozess Schritt für Schritt

5.2.1 Überblick

Die Evaluation eines Patientenpfades lässt sich in vier grundlegende Phasen unterteilen (siehe Abb. 5.1). Diese sind (1) die Planung der Pfadevaluation, (2) die Erhebung der Daten zur Evaluation, (3) die Auswertung der erhobenen Daten sowie (4) die Interpretation der Ergebnisse und das Ableiten von Verbesserungsmaßnahmen. Die erste Evaluation sollte circa zwei bis drei Monate nach der Implementierung des Pfades erfolgen [2] und danach in regelmäßigen Abständen durchgeführt werden.

5.2.2 Planung der Evaluation

Die Planung der Evaluation des Patientenpfades ist eine wesentliche Voraussetzung, damit der Evaluationsprozess strukturiert, methodisch fundiert und letztlich erfolgreich durchgeführt werden kann. Sie umfasst bei erstmaliger Durchführung die Definition der Ziele, die Auswahl der Evaluationskriterien und -instrumente, die Festlegung des Erhebungsdesigns sowie die Teamintegration:

- **Zieldefinition und Festlegung des Evaluationsobjektes:** In diesem Schritt werden die Evaluationsziele festgelegt. Dabei steht die Frage im Vordergrund, inwieweit die

Einführung (oder die Anpassung) des Patientenpfades zur Verbesserung der Versorgung beigetragen hat. Daher werden die Evaluationsziele sich auf die zu Beginn der Pfadentwicklung identifizierten Bedarfe und beschriebenen Ziele des Patientenpfades beziehen (siehe Abschn. 3.2.2.2 und 3.2.2.3).

- **Auswahl und Gewichtung der Evaluationskriterien:** Auf Basis der festgelegten Evaluationsziele sollten in diesem Schritt geeignete Evaluationskriterien abgeleitet werden. Zur Pfadevaluation werden zumeist klinische Kennzahlen und Indikatoren herangezogen. Darüber hinaus sollte die Wirkung eines Patientenpfades mittels patientenbezogener Indikatoren (wie PROMs), team- und netzwerkwerkbezogener, prozess- und servicebezogener sowie wirtschaftlichkeitsbezogener Kennzahlen und Indikatoren gemessen werden (siehe Abschn. 5.3.2). Die ausgewählten Kriterien können je nach Relevanz für den Versorgungskontext gewichtet werden.
- **Auswahl passender Messinstrumente:** In diesem Schritt gilt es, die geeigneten Instrumente und Methoden zur Erfassung der Daten im Zusammenhang mit den ausgewählten Evaluationskriterien auszuwählen.
- **Festlegung des Erhebungsdesigns:** In diesem Schritt wird entschieden, wie die Erhebung der Daten erfolgen soll. In der Regel werden im Rahmen der Ersterhebung klinische Vergleichsstudien durchgeführt, bei denen Daten vor und nach der Einführung des Patientenpfades verglichen werden. Im weiteren Verlauf werden diese um eine Längsschnittbetrachtung auf Basis zurückliegender Evaluationsdurchläufe durchgeführt. Häufig werden Mixed Method Designs genutzt, um den Patientenpfad zu evaluieren, d. h. mehrere Methoden der quantitativen und qualitativen Datenerhebung werden kombiniert. Es werden sämtliche Patienten der Patientenpopulation, die in den Patientenpfad eingeschlossen sind, für die Datenerhebung berücksichtigt. Zur Testung des Patientenpfades bei Ersteinführung kann zunächst eine geeignete Stichprobe gewählt werden (siehe Abschn. 3.2.5.4).
- **Zusammenstellung des Evaluationsteams und Kommunikation des Evaluationsvorhabens:** In diesem Schritt wird das multidisziplinäre Evaluationsteam festgelegt. Neben der Evaluationsleitung und den bekannten Rollen der Domänenexperten und Patientenvertretung aus der Pfadentwicklungsphase (siehe Abschn. 3.2.2.4) benötigt es für die Evaluation auch Experten der qualitativen und quantitativen Datenerhebung und -auswertung (z. B. Datenanalytiker, qualitative und quantitative Forscher, Methodenexperten oder Versorgungsforscher). Zusätzlich sollte die Rolle eines Experten für Verbesserungsprozesse – eine Person mit Erfahrung im Bereich kontinuierlicher Qualitätsverbesserung – besetzt werden. Auch der Zugriff auf Datenschutzbeauftragte und Ethikexperten im Netzwerk ist notwendig. Eine offene Kommunikation des aktuellen Standes des Evaluationsprozesses sowie der kontinuierliche Austausch über aufgetauchte Hürden oder Probleme in regelmäßigen Teamtreffen sollten vereinbart werden. Die Einweisung des Teams in den Evaluationsprozess, die Ziele und die geplanten Schritte stellt sicher, dass alle Mitglieder effektiv zusammenarbeiten können. Darüber

hinaus sollten die am Patientenpfad beteiligten Partner des Versorgungsnetzwerkes über die Evaluation informiert werden.

- **Erstellung eines Arbeitsplans, inkl. Zeit- und Ressourcenplanung:** Die Planung der konkreten Arbeitsschritte, ihrer Reihenfolge und Zeiteinteilung strukturiert den Evaluationsprozess. Die Berücksichtigung von Zeit- und Ressourcenplanung stellt sicher, dass der Evaluationsprozess effizient und ohne Engpässe verlaufen kann. In diesem Zuge sollten auch die finanzielle Planung und die Zuweisung von Budgets durchgeführt werden.

5.2.3 Datenerhebung

Die Datenerhebung im Rahmen der Evaluation des Patientenpfades bezeichnet den strukturierten Prozess der systematischen Sammlung von relevanten Informationen und Daten. Diese Daten können quantitativer oder qualitativer Natur sein und dienen dazu, Erkenntnisse über die Ausprägung der ausgewählten Evaluationskriterien für den Patientenpfad zu gewinnen. Je nach Evaluationsschwerpunkt und Wahl der Evaluationskriterien kann die Datenerhebung dann zum Beispiel solche wie in Tab. 5.1 dargestellten Aspekte berücksichtigen. Eine vollständigere Beschreibung möglicher Evaluationskriterien und weiterer Dimensionen der Evaluation sind in Abschn. 5.3.2 zu finden. Wird mit der Evaluation des Pfades auch das Ziel verfolgt, Änderungen in der Evidenzbasis zu analysieren, sollten zusätzlich Daten entsprechend der in Abschn. 3.2.3.4 beschriebenen Methoden erhoben werden.

Bei der Datenerhebung ist grundsätzlich sicherzustellen, dass die gesammelten Daten zuverlässig, aussagekräftig und korrekt sind. Dazu sind insbesondere folgende Aspekte zu berücksichtigen:

- **Klare Protokolle und Anleitungen:** Gut definierte, zugängliche Anweisungen und Protokolle sind entscheidend, um sicherzustellen, dass alle Beteiligten die gleiche Methodik und Vorgehensweise verwenden. Dies minimiert Fehler und gewährleistet konsistente Daten.
- **Validität und Zuverlässigkeit:** Validität stellt sicher, dass eine Messung tatsächlich das erfasst, was mit ihr erfasst werden soll. Im Kontext der Pfadevaluation bedeutet Validität, dass die erhobenen Daten tatsächlich relevante Informationen über den Patientenpfad im Versorgungsnetzwerk widerspiegeln. Um beispielsweise die Wirksamkeit einer bestimmten Behandlung zu messen, müssen die gesammelten Daten tatsächlich zeigen, wie gut die Behandlung die gewünschten Ergebnisse erzielt. Zuverlässigkeit dahingegen bezieht sich auf die Konsistenz und Genauigkeit der Daten über die Zeit und über verschiedene Erhebende hinweg. Im Fall der Pfadevaluation bedeutet Zuverlässigkeit, dass die erhobenen Daten unter ähnlichen Bedingungen und zu

Tab. 5.1 Beispiele für Evaluationskriterien, Indikatoren/Kennzahlen und Methoden der Datenerhebung

Perspektive	Kriterium/Ziel	Indikator/Kennzahl	Instrument der Datenerhebung
Versorger	Akzeptanz des Pfades bei den Leistungserbringern	Häufigkeit und Inhalt von positivem/ negativem Feedback	Erstellung und Auswertung Feedbackbögen/Interviews
	Resektion beim Pankreaskarzinom im Gesunden (R0) [3]	Anzahl R0-Resektionen auf alle Patienten mit Erstdiagnose Pankreaskarzinom und Resektion	Analyse der Daten im Tumordokumentationssystem
Netzwerk	Qualitätssicherung der Therapieempfehlung	Anzahl durchgeführter multidisziplinärer Tumorboards nach Diagnose von Patienten mit kolorektalem Karzinom [4]	Auswertung der Protokolle der Tumorboards
	Reduktion von Infektionsfällen	Anzahl der nosokomialen Infektionen	Patientendokumentation im Netzwerkinformationssystem
Patienten	Lebensqualität der Patienten erhöhen	Quality of Life (QoL)	Auswertung der QoL Fragebögen, z. B. QLQ-C30 Fragebogen für Krebspatienten
	Zügige Diagnosestellung	Durchschnittliche Wartezeit von Vorstellung bis zur Diagnosestellung	Patientendokumentation im Netzwerkinformationssystem

verschiedenen Zeitpunkten konsistente Ergebnisse liefern, z. B. wenn mehrere Untersucher unabhängig voneinander dieselben Messungen durchführen und dabei ähnliche Ergebnisse erzielen, spricht dies für die Zuverlässigkeit der Daten. Zuverlässige Daten sind essenziell, um konsistente und vertrauenswürdige Schlussfolgerungen ziehen zu können.

- **Dokumentation:** Eine strukturierte und semantisch wohl definierte Dokumentation der erhobenen Daten hilft, die Qualität und Integrität der Daten sicherzustellen. Es sollten alle relevanten Details notiert werden, um die Nachvollziehbarkeit zu gewährleisten. Die digitale Dokumentation kann die Fehlerfreiheit der Dokumentation erhöhen. Einige Daten werden ggf. im Versorgungsalltag standardmäßig erhoben und dokumentiert.
- **Ethik und Datenschutz:** Die Einhaltung ethischer Standards und der gängigen Datenschutzrichtlinien ist unerlässlich, um die Privatsphäre und Rechte der Patienten zu

schützen und zu respektieren (insb. Datensicherheits- und Datenschutzkonzept, Prüfung durch Ethikkommission).

- **Qualitätskontrolle:** Regelmäßige Überprüfungen der erhobenen Daten sind wichtig, um Inkonsistenzen oder Fehler frühzeitig erkennen und korrigieren zu können.
- **Validierung der Daten:** Die Plausibilität der erhobenen Daten sollte überprüft werden, indem sie im Zeitverlauf miteinander, mit anderen Quellen oder mit internen früheren Aufzeichnungen abgeglichen werden.
- **Zeitmanagement:** Ein realistischer Zeitrahmen stellt sicher, dass die Datenerhebung gründlich und sorgfältig erfolgt. Hierzu dient der in der Planungsphase erstellte Zeitplan als Rahmen, dessen Einhaltung kontinuierlich geprüft und sichergestellt werden sollte.
- **Kommunikation:** Eine offene Kommunikation ermöglicht, auf auftretende Probleme oder Unklarheiten zeitnah reagieren und sicherstellen zu können, dass der Datenerhebungsprozess reibungslos (weiter-) verlaufen kann. Nicht allein für die Datenerhebung ist eine Umgebung zu schaffen, in der Fehler als Lernchance betrachtet werden. Durch die konstruktive Analyse von Fehlern können Verbesserungen am Datenerhebungsprozess vorgenommen und so kontinuierlich die Qualität der Datenerhebung erhöht werden.

5.2.4 Datenauswertung

Während der Datenauswertung werden die gesammelten Daten und Informationen analysiert, um Einblicke in die ausgewählten Evaluationskriterien zum Patientenpfad zu gewinnen. Dabei sind insbesondere die folgenden Schritte zu berücksichtigen:

- **Datenbereinigung:** Zu Beginn sollten die gesammelten Daten auf Inkonsistenzen, Ausreißer oder fehlende Werte hin überprüft werden. Fehlende Daten können durch Schätzung oder Interpolation ergänzt werden. Ausreißer sollten kritisch bewertet werden, um sicherzustellen, dass sie korrekt sind und keine fehlerhafte Datenerfassung widerspiegeln. Gegebenenfalls müssen Daten bereinigt werden. In diesem Schritt wird sichergestellt, dass die erhobenen Daten korrekt, vollständig und konsistent sind.
- **Deskriptive Analyse:** Um die grundlegenden Merkmale und Trends der erhobenen quantitativen Daten zu verstehen, werden zunächst deskriptive Analysen durchgeführt. Dazu werden statistische Maße wie Mittelwerte, Standardabweichungen, Median und Quartile berechnet, um die zentralen Tendenzen und Streuungen der Daten zu verstehen. Diagramme und Grafiken helfen, die Verteilungen zu visualisieren.
- **Vergleichsanalysen:** Zur Evaluation von Patientenpfaden werden häufig Vergleichsstudien durchgeführt, d. h. die Ausprägung der betrachteten Kriterien vor und nach Einführung des Patientenpfades bzw. von in den Pfad eingeschlossenen und nicht-eingeschlossenen Patienten werden miteinander verglichen. Dazu werden t-Tests,

Varianzanalysen oder andere geeignete statistische Tests genutzt, um signifikante Unterschiede zu identifizieren. Dies ermöglicht es, Veränderungen aufgrund des Pfades zu quantifizieren.

- **Korrelations- und Zusammenhangsanalysen:** Es können mögliche Zusammenhänge zwischen verschiedenen Variablen sowie ihre Stärke und Richtung untersucht werden, um Ursache-Wirkungs-Beziehungen zu verstehen. Damit kann beispielsweise untersucht werden, ob es einen Zusammenhang zwischen der Wartezeit auf einen Termin im Versorgungsverbund und der Patientenzufriedenheit gibt.
- **Qualitative Analyse:** Wenn qualitative Daten erhoben wurden, z. B. Interviewdaten oder Freitextfelder in Fragebögen, werden diese hinsichtlich wiederkehrender Themen und Aspekte untersucht. Hierzu sollten die Texte transkribiert und kodiert werden, um folglich identifizierte Schlüsselbegriffe und Themen in Kategorien zu gruppieren. Wiederkehrende Themen, wie Konzepte, Meinungen oder Erfahrungen, und wiederkehrende Muster, Abweichungen oder Gegensätze zwischen den Daten werden analysiert. Je nach Umfang und Priorität kann Software für die qualitative Datenanalyse, wie MAXQDA, eingesetzt werden.
- **Benchmarking:** Wenn möglich, können die Ergebnisse der Datenauswertung mit Benchmarks aus ähnlichen Versorgungsnetzwerken oder anerkannten Standards verglichen werden, um die Leistung im eigenen Kontext zu bewerten.

Die Datenauswertung endet mit dem Zusammenfassen der Analyseergebnisse hinsichtlich der untersuchten Evaluationskriterien und der Identifikation von Schlüsselerkenntnissen. Es wird dargelegt, welche Aspekte des Patientenpfades erfolgreich sind und welche Bereiche Verbesserungspotenzial hinsichtlich der Zielerreichung aufweisen. Die Ergebnisse sollten in einem Evaluationsbericht zusammengefasst präsentiert und den Entscheidungsträgern und relevanten Stakeholdern im Netzwerk zur Verfügung gestellt werden. Eine offene Diskussion über die Interpretation der Ergebnisse und die nächsten Schritte sollte allen ermöglicht werden.

5.2.5 Ableitung von Verbesserungsmaßnahmen

Auf Basis der Evaluationsergebnisse können im nächsten Schritt konkrete Verbesserungsmaßnahmen abgeleitet werden. Verbesserungspotenzial wird insbesondere dort zu finden sein, wo die Evaluationskriterien (noch) nicht den Zielkorridor erreicht haben. Darüber hinaus können die Gründe für erkannte Problemstellungen, z. B. durch qualitative Datenerhebung in Form von Versorger- oder Patientenfeedback, ermittelt und daraus wiederum Verbesserungspotenziale abgeleitet werden. Beispiele für Schwachstellen können lange Wartezeiten auf bestimmte Behandlungen oder Kommunikationslücken zwischen einzelnen Leistungserbringern im Versorgungsverbund sein. Auf Basis der ermittelten

Probleme, Ursachen, Wirkungen und Stakeholder-Rückmeldungen können nun unter Einbeziehung der Domänenexperten und Patientenvertretungen Vorschläge zur Verbesserung des Patientenpfades diskutiert werden. Diese könnten z. B. die Einführung von klaren Kommunikationsprotokollen und Überleitregelungen zwischen den Behandlungsschritten oder die Reduktion von unnötiger Dokumentationslast beinhalten.

Auch die Ergebnisse einer kontinuierlichen Analyse der Pfadadhärenz, also der Einhaltung des Pfades bzw. von Abweichungen während seiner Nutzung, können zur Ableitung von Verbesserungsmaßnahmen herangezogen werden. Weichen Leistungserbringer des Netzwerkes an einer bestimmten Stelle in der Praxis immer wieder von den Pfadvorgaben ab, so sollten die Gründe und Auswirkungen dafür untersucht werden. Es ist zu entscheiden, ob diese Abweichungen abgestellt werden sollten oder doch begründet sind. Stellt sich beispielsweise heraus, dass „Workarounds" (im Sinne von alternativen Wegen) im Versorgungsalltag praktikabler und genauso zielführend sind, spräche das für eventuell für eine Pfadanpassung im Sinne der Wirtschaftlichkeit. Hierzu könnte die praktikablere Variante bspw. in den Pfad integriert werden.

Die Verbesserungen sollten an das Pfadentwicklungsteam weitergegeben, ein neuer Überarbeitungszyklus des Patientenpfades angestoßen und die bekannten Schritte zur Entwicklung (in diesem Fall zur Überarbeitung) des Pfades durchgeführt werden (siehe Abschn. 3.2). Bei der Überarbeitung müssen insb. die Planungsphasen nicht mehr mit derselben Intensität wie bei einer Erstentwicklung durchgeführt werden. Beispielsweise wurden die Bedarfs- und Potenzialanalyse (siehe Abschn. 3.2.2.2) sowie die Bestandsaufnahme (siehe Abschn. 3.2.3) mit den Schritten der Evaluation bereits grundlegend abgedeckt. Gegebenenfalls sind einzelne Aspekte in der Überarbeitungsschleife zusätzlich zu erheben, beispielsweise wenn neue Zielstellungen und damit auch neue Evaluationskriterien mit dem Pfad verknüpft werden sollen. Die auf Basis der Evaluationsergebnisse notwendigen Änderungen am Patientenpfad können anschließend beschrieben und implementiert werden. Die identifizierten Maßnahmen sollten hierzu hinsichtlich ihrer Bedeutung und Umsetzbarkeit im Versorgungsnetzwerk priorisiert werden. Es sollten dann jene Maßnahmen bevorzugt werden, die den größten Einfluss auf die Patientenergebnisse haben werden und im Rahmen der verfügbaren Ressourcen umsetzbar sind. Nach der Implementierung der beschriebenen Pfadanpassungen kann ihre Wirkung wiederum evaluiert werden. Auf diese Weise wird – basierend auf belastbaren Evaluationsergebnissen – ein kontinuierlicher Verbesserungsprozess für den Patientenpfad umgesetzt.

5.3 Dimensionen der Pfadevaluation – Klassifizierung von Evaluationskriterien

5.3.1 Bestehende und verwandte Ansätze

Ein wichtiger Schritt während der Planung der Pfadevaluation ist die Festlegung von Evaluationskriterien basierend auf den definierten Evaluationszielen (siehe Abschn. 5.2). Zur Unterstützung und Systematisierung dieser Aufgabe können verschiedene existierende Ansätze der Pfadevaluation herangezogen werden. Sie helfen, die Dimensionen im Blick zu behalten, welche mit der Evaluation eines Patientenpfades abgedeckt werden sollten und entsprechende Evaluationskriterien auszuwählen. Im Folgenden wird ein Überblick über bestehende Ansätze gegeben, welche die Auswahl von Evaluationskriterien unterstützen können. Basierend darauf wird im nächsten Kapitel (siehe Abschn. 5.3.2) ein konsolidierender Klassifizierungsrahmen vorgeschlagen, entlang dessen konkrete Evaluationskriterien und Messinstrumente für Patientenpfade beispielhaft vorgestellt werden.

Ein grundlegender, klassischer – wenn auch nicht vor dem Hintergrund der Pfadevaluation entwickelter – Ansatz zur Messung und Steuerung der Aktivitäten in einer Organisation ist die **Balanced Scorecard** (BSC) [5]. Die BSC als universeller und eher strategischer Rahmen der Unternehmensentwicklung beschreibt und verknüpft Bewertungsziele und Kennzahlen aus vier Perspektiven: die finanzwirtschaftliche Perspektive, die Kundenperspektive, die Prozessperspektive sowie die Lern- und Entwicklungsperspektive. Diese Blickwinkel spielen auch zur Evaluation der Wirkung eines Patientenpfades in einem integrierten Versorgungsnetzwerk eine relevante Rolle. Die Kundenperspektive bezieht sich in dem Fall auf die Patienten und ihre Bedürfnisse sowie Anforderungen an die Versorgung. Die Prozessperspektive befasst sich im Pfadkontext zum Beispiel mit der Effizienz, Prozessqualität und den eingesetzten Ressourcen entlang des Patientenpfades. Die BSC gibt als universelles Instrument zwar einen möglichen Rahmen für die Pfadevaluation vor, deckt dabei aber nicht alle domänenspezifischen Aspekte ab.

Ein weiterer traditioneller Ansatz ist die **Klassifizierung von Qualität im Gesundheitswesen nach Donabedian,** in der folgende drei Dimensionen unterschieden werden [6]:

- **Strukturqualität:** Diese Dimension bezieht sich auf die physische, organisatorische und personelle Infrastruktur des Gesundheitssystems (bzw. in diesem Fall des Versorgungsnetzwerks). Das umfasst beispielsweise die Verfügbarkeit von Einrichtungen, Ausrüstungen, qualifiziertem Personal und die räumliche Gestaltung von Gesundheitseinrichtungen. Die Strukturqualität gibt an, ob die notwendigen Ressourcen und Voraussetzungen für die Bereitstellung hochwertiger Gesundheitsdienste vorhanden sind.

- **Prozessqualität:** Die Prozessqualität betrifft die Art und Weise, wie Gesundheitsdienste erbracht werden. Dazu zählen die Wirksamkeit, Effizienz und Sicherheit medizinischer Interventionen und Verfahren sowie die Art und Weise, wie die Versorgung organisiert und koordiniert wird. Sie konzentriert sich auf die Interaktionen zwischen den Gesundheitsdienstleistern und den Patienten sowie auf die Übereinstimmung mit anerkannten medizinischen Standards und Leitlinien.
- **Ergebnisqualität:** Diese Dimension misst die Auswirkungen der erbrachten Gesundheitsversorgung auf die Gesundheit der Patienten und die Erfüllung ihrer Bedürfnisse. Ergebnisqualität beinhaltet Indikatoren wie die Genesungsraten, Lebensqualität nach der Behandlung, Vermeidung von Komplikationen oder Patientenzufriedenheit. Sie ist oft das vorrangige Kriterium zur Beurteilung der Qualität im Gesundheitswesen.

Insgesamt bietet Donabedians Ansatz einen soliden Rahmen für die Evaluation von Patientenpfaden. Er müsste jedoch noch ausgestaltet und detailliert werden, um den spezifischen Anforderungen und Herausforderungen von komplexen Versorgungsnetzwerken und Patientenpfaden besser gerecht zu werden. Darüber hinaus ist der alleinige Fokus auf die Qualität der Versorgung sehr eingegrenzt für die Pfadevaluation, für die z. B. auch Kosten-Effektivität und Ressourceneinsatz relevant sind.

Ein domänenspezifischer Ansatz zur Evaluation von Programmen (z. B. eines Präventionsprogramms oder eines Disease Management Programms) und Interventionen im Gesundheitswesen ist der **Value Compass** (Wertekompass) [7, 8]. Mit ihm werden vier Dimensionen herangezogen, um die Wirkung und die Bedeutung von Gesundheitsprogrammen bzw. Interventionen für Patienten einschätzen und gegeneinander abwiegen zu können. Die Dimensionen umfassen (1) funktionelle Kriterien wie Wohlbefinden, Risikostatus oder die Fähigkeit zur Alltagsbewältigung, (2) Kosten, (3) Zufriedenheit der Patienten mit der Versorgung und ihren Ergebnissen sowie (4) klinische Ergebnisse wie Schmerzen, Sterberate oder Wundstatus. Im Laufe der Zeit sind verschiedene Varianten des Value Compass entstanden, um unterschiedlichen Zwecken gerecht zu werden (siehe zum Beispiel in [9, 10]). Er beschreibt mit seinen vier Perspektiven bereits solche Dimensionen und Kriterien, die auch zur Evaluation von Patientenpfaden herangezogen werden sollten.

Der **Leuven Clinical Pathway Compass** [11] zeigt sich als bisher ganzheitlichster Ansatz zur Beschreibung von relevanten Evaluationsdimensionen im Pfadkontext. Er wurde speziell für den Einsatz auf Patiententypebene zur Bewertung und Überwachung der Auswirkungen eines klinischen Pfads entwickelt. Im Leuven Clinical Pathway Compass werden insgesamt fünf Dimensionen, die zur Evaluation herangezogen werden sollten, beschrieben:

- **Klinische und funktionsbezogene Dimension:** Umfasst klinische und funktionsbezogene Indikatoren. Erstere beziehen sich direkt auf die Krankheit, während funktionsbezogene Indikatoren die Auswirkungen der Krankheit bewerten.

- **Service Dimension:** Umfasst Service-Indikatoren, mit welchen die Qualität der Leistungen des Teams oder Krankenhauses für den Patienten oder die Patientenpopulation gemessen werden. Dabei liegt der Fokus auf der Wahrnehmung des Patienten zur Qualität des Versorgungsprozesses (vom ersten Kontakt bis zur Entlassung), nicht auf allgemeiner Zufriedenheit.
- **Team Dimension:** In dieser Dimension werden Team-Indikatoren betrachtet. Die Schwierigkeit besteht darin, die Wirksamkeit eines nicht fix besetzten Teams zu messen und die Auswirkungen auf die Patientenversorgung zu evaluieren.
- **Prozess Dimension:** Umfasst Prozess-Indikatoren, die dazu dienen, den Ablauf des klinischen Pfads zu messen und zu optimieren. Dies umfasst Aspekte wie Prozessdurchlaufzeiten, Wartezeiten und die Sequenzierung wichtiger Interventionen.
- **Finanzielle Dimension:** Betrachtet finanzielle Indikatoren, um die Kosten und die finanzielle Effizienz des klinischen Pfads zu bewerten. Dies beinhaltet Aspekte wie Aufenthaltsdauer, Medikamentenkosten und Labortests, die im Zusammenhang mit dem Pfad stehen.

Da der Leuven Clinical Pathway Compass – wie der Name bereits verdeutlicht – sich auf klinische Behandlungspfade in einem institutionellen Kontext bezieht, ist seine Anwendbarkeit für Patientenpfade aufgrund ihrer besonderen Charakteristika mit Netzwerk- und Patientenfokus (siehe Abschn. 1.3) limitiert. Zwar wird Patientenzentrierung mit der Definition eines Pfades bereits hervorgehoben und in der Service Dimension adressiert, doch wird die Netzwerkperspektive nicht explizit eingenommen. Der Fokus des Leuven Clinical Pathway Compass liegt eher auf dem Krankenhauskontext. Es sind daher zusätzliche Evaluationskriterien notwendig, um die Netzwerkperspektive gezielt mit abzudecken. Darüber hinaus werden zu den Dimensionen nur einzelne Beispiele konkreter Kriterien und Instrumente zur Messung benannt.

Da Patientenpfade zur Gestaltung und Steuerung der integrierten Versorgung in einem Verbund fungieren (siehe Abschn. 2.3), können neben Ansätzen zur Pfadevaluation auch solche zur **Evaluation integrierter Versorgung** herangezogen werden, um weitere relevante Evaluationsdimensionen und -kriterien zu identifizieren und dabei die Netzwerkperspektive explizit zu adressieren. Beispielsweise wurden im systematischen Literaturüberblick von Bautista et al. (2016) insgesamt 209 existierende Instrumente zur Messung integrierter Versorgung in vier Kategorien eingeteilt: (1) Versorgungsintegration, (2) Versorgungskontinuität/ -ganzheitlichkeit, (3) Versorgungskoordination und Case Management sowie (4) patientenzentrierte Versorgung [12]. Von Richter (2019) wurde ein Framework für die Prozessqualität in integrierten Versorgungsnetzwerken vorgestellt, das prozessbezogene (und damit pfadbezogene) Qualitätsindikatoren in einer Matrix dreier Dimensionen einteilt: (1) Phasen im Versorgungsprozess entsprechend der Versorgungsbedarfe, (2) prozessbezogene Qualitätsziele und (3) Analyseebene (Mikro-, Meso-, Makroebene) [13]. Auch die von Minkman et al. (2009) [14] vorgeschlagenen Elemente eines erfolgreichen, qualitätsorientierten Managements integrierter Versorgungsnetzwerke (siehe Abschn. 2.3.2) beschreiben für die Pfadevaluation relevante Aspekte. Insbesondere jene aus den Bereichen der Patientenzentrierung, der Harmonisierung des Versorgungsgeschehens im Netzwerk, der evidenzbasierten Versorgung, sowie der interprofessionellen Teamarbeit und -koordination sind in diesem Zusammenhang von Relevanz. Diese bestehenden Untersuchungen zu Evaluationsdimensionen und -instrumenten der integrierten Versorgung können die Auswahl geeigneter Evaluationskriterien sehr gut unterstützen.

5.3.2 Klassifizierungsrahmen und einsetzbare Evaluationskriterien

Keiner der existierenden Ansätze zur Beschreibung und Einteilung von Kriterien zur Evaluation von Pfaden vermag vollständig die Charakteristika von Patientenpfaden abzudecken (siehe Abschn. 5.3.1). Sie betrachten jeweils nur einen Teil der relevanten Evaluationsdimensionen. Zudem sind Qualitätsdimensionen sehr unterschiedlich mit Kriterien und Messinstrumenten ausspezifiziert [15]. Daher wird an dieser Stelle auf Basis der oben genannten Vorarbeiten ein neuer Klassifizierungsrahmen für die Evaluation von Patientenpfaden in integrierten Versorgungsnetzwerken vorgeschlagen (siehe Abb. 5.2). Er umfasst fünf Evaluationsdimensionen, aus denen Evaluationskriterien ausgewählt werden sollten. Die Dimensionen beinhalten allgemeingültige Kriterien, die für die meisten Netzwerke und Patientenpfade zur Evaluation relevant sind. Zusätzlich können krankheitsspezifische Kriterien und Messinstrument herangezogen und integriert werden [15].

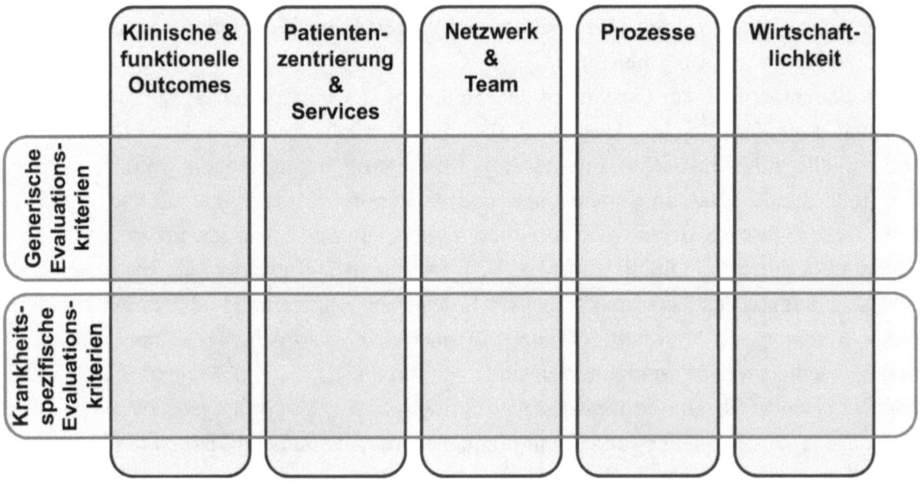

Abb. 5.2 Konsolidierter Rahmen zur Klassifizierung von Kriterien zur Evaluation von Patientenpfaden

Der Klassifizierungsrahmen hilft dem Evaluationsteam bei der Auswahl geeigneter Evaluationskriterien. Eine Auswahl von Indikatoren aus allen fünf Dimensionen ist empfehlenswert. Einerseits, um einen ganzheitlichen Blick auf den Patientenpfad zu erhalten. Andererseits, weil unterschiedliche Stakeholder an unterschiedlichen Evaluationskriterien (und damit Dimensionen) interessiert sein werden. Es obliegt dem für den Pfad zuständigen Team, die geeigneten Kriterien entsprechend der Zielstellung der Evaluation auszuwählen und gegebenenfalls an den eigenen Kontext anzupassen. Mögliche Evaluationskriterien werden für jede Dimension in den folgenden Abschnitten detailliert und beispielhaft mit Kennzahlen, Indikatoren und Instrumenten untersetzt.

Wissenschaftlicher Hintergrund zu den identifizierten Evaluationskriterien und ihrer Zuordnung zu den Dimensionen

In einem Literatur Review von Van Herck et al. (2004) [16] wurde untersucht, welche Kriterien zur Evaluation von Pfaden im Gesundheitswesen herangezogen werden und ob sich mit ihnen ein positiver Effekt durch die Pfadnutzung nachweisen ließ. Die verwendeten Evaluationskriterien aus 200 untersuchten wissenschaftlichen Artikeln wurden den Dimensionen des Leuven Clinical Pathway Compass [11] zugeordnet. Dabei verteilen sich die Häufigkeiten der verwendeten Evaluationskriterien wie folgt: 65,5 % aller Artikel untersuchten klinische Effekte zur Evaluation von Pfaden, 63 % finanzielle Effekte, 50,5 % prozessbezogene Effekte, 24 % teambezogene Effekte und 18,5 % servicebezogene Effekte[1]. Neben dieser Zuordnung wurden die häufigsten verwendeten Evaluationskriterien pro Dimension des Leuven Clinical Pathway Compass aufgeführt. Ähnlich gehen auch Latina et al. (2020) [15] in ihrer Übersichtsarbeit zur Evaluation integrierter Versorgung und der Qualität von Pfaden im Gesundheitswesen vor.

Da die Arbeit von Van Herck et al. sich auf Literatur aus den Jahren 2000–2002 bezieht, wurde eine eigene, ähnliche Analyse im November 2021 durchgeführt. In einem Scoping Review [17] wurden dazu die Datenbanken PubMed, Scopus, Web of Science sowie EBSCOhost Academic Seach Elite in einer Titelsuche nach *(patient pathway OR clinical pathway OR care pathway OR integrated pathway) AND (evaluate OR outcome OR analysis OR assess)* durchsucht. Insgesamt 146 relevante Beiträge (von 481 gefundenen Treffern) wurden identifiziert. Die Analyse gibt uns einen Einblick in verwendete Evaluationskriterien, ihre Häufigkeiten und Verteilung über die fünf Evaluationsdimensionen des Klassifizierungsrahmens. Die Ergebnisse – unter Berücksichtigung der Ergebnisse der Übersichtsarbeiten von Van Herck et al. (2004) sowie Latina et al. (2020) – werden zur Beschreibung der Dimensionen und Kriterien in diesem Buchabschnitt genutzt und beispielhaft referenziert.

Die **Dimension klinischer und funktioneller Outcomes** umfasst Evaluationskriterien, die im direkten Zusammenhang mit der adressierten Erkrankung und den Auswirkungen der im Patientenpfad verankerten Interventionen stehen. Funktionelle Kriterien adressieren dagegen die Auswirkungen der Erkrankung auf den Patienten und auf seine Körperfunktionen, zum Beispiel wie er den Alltag nach der Behandlung der Erkrankung bestreiten kann. Mit klinischen und funktionellen Evaluationskriterien kann demnach die Effektivität des Patientenpfades evaluiert werden. In Tab. 5.2 sind einige der häufigsten in

[1] Die Dimensionen sind dabei nicht exklusiv, weshalb sich die prozentuale Summe nicht auf 100 % ergibt. Ein untersuchter Artikel kann Kriterien aus unterschiedlichen Dimensionen aufführen.

Tab. 5.2 Evaluationskriterien in der Dimension Funktionelle Outcomes

Evaluationskriterium	Kennzahl bzw. Indikator (Zähler/Nenner) (Bsp.)
Komplikationsrate (z. B. in [18])	*Zähler:* Patienten des Nenners mit Komplikationen (z. B. nach einer OP) *Nenner:* Alle im Patientenpfad versorgten Patienten (ggf. unter Spezifizierung der Patientengruppe)
Mortalität (z. B. in [19])	*Zähler:* Anzahl verstorbener Patienten (z. B. 30 Tage postoperativ) *Nenner:* Alle im Patientenpfad versorgten Patienten (z. B. mit einer bestimmten Therapie)
Wiederaufnahmerate	*Zähler:* Anzahl der Patienten die nach Entlassung (z. B. binnen 30 Tagen) wieder aufgenommen wurden *Nenner:* Anzahl der entlassenen Patienten (z. B. nach Krankenhausaufenthalt im Versorgungsnetzwerk)
Schmerzreduktion	*Zähler:* Anzahl der Patienten mit reduzierten Schmerzen (z. B. im Vergleich zu vor Therapiebeginn) *Nenner:* Alle im Patientenpfad behandelten Patienten mit mittleren/starken Schmerzen Instrumente zur Schmerzdiagnostik z. B. McGill-Schmerzfragebogen[2]
Mobilisierung	Durchschnittliche Zeitdauer nach Therapie (z. B. Operation) bis zur ersten Mobilisierung von Patienten
Infektionen	*Zähler:* Anzahl der Infektionen nach einer Therapie *Nenner:* Alle Patienten unter einer bestimmten Therapie

der Literatur beschriebenen Kriterien zusammengefasst und mit Kennzahlen bzw. Indikatoren untersetzt. Die Berechnungsformeln und auszuwählende Messinstrumente werden abhängig vom Versorgungskontext, Evaluationsziel und Patientenpfad variieren.

Insbesondere in dieser Dimension sind krankheitsspezifische Kriterien, Kennzahlen bzw. Indikatoren und Instrumente von hoher Relevanz für die Evaluation des Patientenpfades. Beispielsweise werden bei Diabetespatienten der Blutzuckerwert, bei Patienten mit Gelenkersatz der Bewegungsradius (z. B. 30 Tage nach der Operation) oder im palliativen Bereich die Bewertung der palliativen Versorgung auf den Patienten (z. B. mittels IPOS[3]) relevant sein. Die Auswahl solcher Indikatoren sollte auf evidenzbasierter Literatur beruhen, die relevante und aussagekräftige Messgrößen liefert. Dazu sei auf das Vorgehen zur Recherche bestehender Evidenz und Indikatoren in Abschn. 3.2.3.4.1 verwiesen.

Die Dimension **Patientenzentrierung und Services** umfasst jene Evaluationskriterien, die die Qualität der Versorgung und angebotenen Leistungen im Versorgungsnetzwerk

---

[2] McGill-Schmerzfragebogen (McGill Pain Questionnaire), verfügbar: https://www.sralab.org/sites/default/files/2017-07/McGill%20Pain%20Questionnaire%20%281%29.pdf (Zugriff: 09.08.2024).

[3] Integrated Palliative Care Outcome Scale (IPOS), Fragebogen verfügbar: https://medical-data-models.org/38981 (Zugriff: 09.08.2024).

insbesondere aus Patientenperspektive bewerten. Dazu schließt diese Dimension explizit patientenberichtete Ergebnis- und Prozessindikatoren (engl. Patient-Reported Outcomes (PROs) und Patient-Reported Experiences (PREs)) ein. PROs (z. B. Lebensqualität, Symptombelastung, Angst, Patienteneinbeziehung) und PREs werden von den Patienten selbst berichtet, denn mit ihnen werden die gemachten Erfahrungen und der subjektiv wahrgenommene Gesundheitszustand im Verlauf oder nach der Inanspruchnahme einer Leistung im Patientenpfad gemessen. Damit ergänzen sie klinische und funktionelle Ergebnisindikatoren. Sie werden über Patient-Reported Outcome bzw. Experience Measures (PROMs bzw. PREMs) erhoben. Das International Consortium for Health Outcomes Measurement (ICHOM)[4] veröffentlicht dafür Standard Sets patientenzentrierter Ergebnismessung für unterschiedlichste Patientenpopulationen. Sie können als krankheitsspezifische Evaluationskriterien herangezogen werden.

Das häufigste Evaluationskriterium dieser Dimension ist die Patientenzufriedenheit [16]. Weil mit der Implementierung eines Patientenpfades insbesondere auch die Patienteneinbeziehung fokussiert wird, sollte auch diese Perspektive als Teil der Evaluation mit erhoben werden – beispielsweise über die Kriterien Entscheidungskonfidenz, Patient Empowerment oder gemeinsame Entscheidungsfindung. Hierbei sollte jedoch stets beachtet werden, dass verschiedene Patientenpopulationen und natürlich einzelne Patienten unterschiedliches und individuell ausgeprägtes Verlangen nach Informationen und einer Einbeziehung in den Versorgungsprozess und die Entscheidungsfindung haben. Darüber hinaus sind die Bereitstellung von patienten-orientierten, verständlichen Informationen entlang des Patientenpfades sowie die Individualisierung des Pfades entsprechend patientenindividuellen Bedarfen und Bedürfnissen (insb. Multimorbidität) Teil einer erfolgreichen integrierten Versorgung [14, 15]. Gut informierte Patienten können im Allgemeinen aktiver an ihrer Behandlung teilnehmen und sind besser in der Lage, informierte Entscheidungen zu treffen. Diese Beteiligung und Selbstmanagement-Fähigkeit können letztlich dazu beitragen, sowohl die Patientenzufriedenheit als auch die klinischen und funktionellen Ergebnisse der Versorgung zu verbessern.

Geeignete Evaluationskriterien für die Dimension der Patientenzentrierung und Services mit potenziellen Messinstrumenten sind in Tab. 5.3 zusammengefasst. Für weitere Messinstrumente zur Erhebung der Patientenzentriertheit in der Versorgung kann zum Beispiel die Übersichtsarbeit von Bautista et al. (2016) [12] mit einem Fokus auf Konstrukten der „Patient-Centered Care“ Domäne dienen.

Die Dimension **Netzwerk und Team** fokussiert die Versorgungskontinuität im multidisziplinären Versorgungsteam unter Anwendung des Patientenpfades. Die mit der Evaluation adressierte Frage lautet, inwieweit die Implementierung des entwickelten Patientenpfades zu einer Verbesserung der Arbeit im Team und zu einer koordinierten und kontinuierlichen Leistungserbringung über alle involvierten Leistungserbringer hinweg geführt hat. Die Schwierigkeit besteht darin, dass Patientenpfade nicht von Teams, die

---

[4] ICHOM Standard Sets Patient-Centered Outcome Measures: https://www.ichom.org/patient-centered-outcome-measures/#standard-sets (Zugriff: 09.08.2024).

Tab. 5.3 Evaluationskriterien in der Dimension Patientenzentrierung & Services

Evaluationskriterium	Erhebungsinstrumente (Bsp.)
Patientenzufriedenheit	Patient Satisfaction Questionnaire (PSQ-III, PSQ-18)[5]
Wahrgenommene Qualität der Versorgungsleistung	Patient Perceived Quality of Care Questionnaire [20] Picker Patient Experience Questionnaire (PPE-15) [21] Ein Überblick zu existierenden Instrumenten zur Messung der wahrgenommenen Versorgungsqualität in Krankenhäusern ist in [22] zu finden.
Lebensqualität (engl. Quality of Life)	Short Form 36 (SF-36)[6] ist ein weltweit etablierter, validierter und häufig verwendeter krankheitsunspezifischer Fragebogen zur Erhebung der gesundheitsbezogenen Lebensqualität. WHOQOL-BREF dient der krankheitsunspezifischen Erfassung des Gesundheitszustands von Patienten [23]. Weitere Möglichkeiten sind krankheitsspezifische Messinstrumente zur Erhebung der Lebensqualität, z. B. EORTC-QLQ-C30.[7]
Entscheidungskonfidenz	Decisional Conflict Scale[8] als validiertes Instrument zur Erhebung der wahrgenommenen Unsicherheit und Informiertheit bei der Entscheidungsfindung [24]

(Fortsetzung)

[5] Die Fragebögen PSQ-III und PSQ-18 und Hinweise zur Auswertung der Ergebnisse werden von RAND Health Care zur Verfügung gestellt: https://www.rand.org/health-care/surveys_tools/psq.html (Zugriff: 09.08.2024).

[6] Der SF-36 Fragebogen und Hinweise zur Auswertung der Ergebnisse werden von RAND Health Care zur Verfügung gestellt: https://www.rand.org/health-care/surveys_tools/mos/36-item-short-form.html (Zugriff: 09.08.2024).

[7] Von der European Organization for Research and Treatment of Cancer (EORTC) entwickelte Fragebögen zur Beurteilung der Lebensqualität onkologischer Patienten: https://qol.eortc.org/questionnaires/ (Zugriff: 09.08.2024).

[8] Deutsche Version des Fragebogens verfügbar unter: https://decisionaid.ohri.ca/docs/develop/Tools/DCS_German.pdf (Zugriff: 09.08.2024).

Tab. 5.3 (Fortsetzung)

Evaluationskriterium	Erhebungsinstrumente (Bsp.)
Patient Empowerment	Patient Activation Measure (PAM) ist ein validiertes Instrument zur Bewertung des Wissens, der Fähigkeiten und des Selbstvertrauens eines Patienten im Umgang mit der eigenen Gesundheit und Gesundheitsversorgung [25]. Ein Überblick über Instrumente zur Messung von Patient Empowerment ist in Barr et al. (2015) zu finden. Der Überblick umfasst 9 generische und 13 spezifische Messinstrumente, d. h. Instrumente für bestimmte Erkrankungen oder Fachgebiete [26].
Gemeinsame Entscheidungsfindung (engl. Shared Decision-Making)	OPTION 12 Scale [27] ist ein positiv bewertetes, valides Instrument zur Messung von Shared Decision-Making (Ergebnis einer systematischen Analyse existierender Instrumente in Ahmad et al. (2020) [28]). CollaboRATE[9] ist ein kurzer PROM mit drei Erhebungsfragen [29]. SDM-Q-9 bzw. SDM-Q-Doc[10] sind theoriegeleitet entwickelte Fragebögen zur Messung, wie stark Patienten in den Prozess der Entscheidungsfindung aus Patienten- bzw. Arztperspektive einbezogen werden.

an einem Ort zusammenarbeiten (wie es z. B. während einer Operation der Fall ist), sondern eher von dynamischen, virtuellen Teams gelebt werden [11]. Es sind multidisziplinäre Teams, die sich aus Mitgliedern verschiedener Organisationen des gesamten Versorgungsnetzwerkes – und damit geografisch verteilt – zusammensetzen. Zur Erhebung der Wirkung eines Pfades auf ein solches Versorgungsteam und seine Zusammenarbeit kommen zum Beispiel folgende Kriterien zum Einsatz [11, 15, 16]:

- Koordination der Versorgungsleistungen im Netzwerk
- Kontinuität der Versorgungsleistungen im Netzwerk
- Effektivität der Arbeit im Team
- Kommunikation im Team

[9] Den CollaboRATE Fragebogen gibt es auf verschiedenen Sprachen, für Patienten verschiedener Altersgruppen (bis 18 und über 18 Jahre) und mit unterschiedlichen Skalen. Verfügbar: http://www.glynelwyn.com/collaborate-measure.html (Zugriff: 09.08.2024).

[10] Die SDM-Q-9/SDM-Q-DOC Fragebögen sind in verschiedenen Sprachen verfügbar unter: http://www.patient-als-partner.de/index.php?article_id=20&clang=2/ (Zugriff: 09.08.2024).

- Zufriedenheit im Team und Zufriedenheit der einzelnen Teammitglieder
- Motivation und Arbeitsmoral der Teammitglieder
- Ausbildung, Wissen und Kompetenzen der Teammitglieder
- Interdisziplinäre Kollaboration
- Gemeinsames Engagement und Streben nach Zusammenarbeit
- Autonomie der Leistungserbringer und Anerkennung der Rollen und Verantwortlichkeiten im Team

Oftmals decken mögliche Erhebungsinstrumente in dieser Dimension mehrere Kriterien gleichzeitig ab, um eine Aussage über die Arbeit im Team und ihre Wirkung auf die Versorgung treffen zu können. Aus diesem Grund ist es nicht zielführend zu versuchen, den einzelnen Evaluationskriterien Erhebungsinstrumente zuzuordnen. In Tab. 5.4 werden einige Erhebungsinstrumente vorgeschlagen, die prinzipiell für die Evaluation eines Patientenpfades aus Team- und Netzwerksicht infrage kommen können. Für weitere Messinstrumente zur Erhebung von team- und netzwerkbezogenen Kriterien kann die Übersichtsarbeit von Bautista et al. (2016) [12] mit einem Fokus auf Instrumenten der Kategorien „care coordination/case management“, „care integration“ und „care continuity/comprehensive care“, die sich an die Leistungserbringer bzw. das Netzwerkmanagement richten, herangezogen werden.

Die Dimension **Prozesse** umfasst Evaluationskriterien, die eine strukturierte Bewertung von Ressourcennutzung und damit assoziierten Engpässen im oder Abweichungen vom Patientenpfad ermöglichen. Einer der wichtigsten Indikatoren ist die durchschnittliche Prozessdauer. Das Erfassen und Verfolgen von Abweichungen vom vorgesehenen Pfadverlauf hilft, Engpässe und Unstimmigkeiten in der Prozessorganisation zu identifizieren [11]. Abweichungen können zum Beispiel aufgrund des individuellen Zustands oder persönlichen Wünschen eines Patienten, aufgrund nicht verfügbarer Ressourcen, neuer wissenschaftlicher Erkenntnisse oder der Expertise des behandelnden Arztes entstehen. Insbesondere, wenn Abweichungen systematisch vorkommen, sollte der Patientenpfad auf Probleme und daraus resultierenden Anpassungsbedarf hin analysiert werden. Für den Anfang kann es ausreichend sein, Abweichungen zunächst für Schlüsselinterventionen im Pfadverlauf zu verfolgen.

Die mit der Evaluation adressierte Fragestellung lautet daher, inwieweit die Implementierung des entwickelten Patientenpfades zur Optimierung der Prozessabläufe, zu einer ressourcenschonenden Leistungserbringung und letztlich effizienten Leistungserbringung beiträgt. In Tab. 5.5 sind häufig verwendete Evaluationskriterien sowie mögliche Indikatoren und Kennzahlen aufgelistet.

Die Dimension **Wirtschaftlichkeit** fokussiert darauf, die finanziellen Auswirkungen und Effizienzgewinne zu bewerten, die durch die Implementierung eines Pfads erzielt werden. Hierbei steht die Kontrolle der Gesundheitskosten im Vordergrund, da die Steigerung der Gesundheitsausgaben für viele Gesundheitsnetzwerke bereits eine große Herausforderung darstellt. Diese Dimension zielt darauf ab, ein ausgewogenes Verhältnis zwischen

Tab. 5.4 Erhebungsinstrumente (Bsp.) in der Dimension Netzwerk & Team

Erhebungsinstrument	Beschreibung und Einsatzgebiet
Collaboration Health Assessment Tool[11] (CHAT)	CHAT ist ein einfaches (Online-) Diagnosetool, mit dem sich die Zusammenarbeit von Mitarbeitern eines Teams messen lässt. Es adressiert acht Dimensionen, u. a. gemeinsame Ziele, geteilte Ressourcen, geteilte Verantwortung und Kommunikation.
Teamklima-Inventar (TKI, engl. Team Climate Inventary) [30]	Der TKI ist ein Fragebogen zur Messung der Arbeitsatmosphäre für Innovation und Effektivität in Teams. Das TKI besteht original aus 61 Fragen auf den Teamklima-Skalen Vision, Aufgabenorientierung, partizipative Sicherheit und Unterstützung für Innovation. Eine validierte und reduzierte deutsche Version des Fragebogens ist verfügbar [31].
Team Strategies and Tools to Enhance Performance and Patient Safety[12] (TeamSTEPPS®)	TeamSTEPPS® ist ein evidenzbasiertes Rahmenwerk zur Optimierung der Teamperformance durch Verbesserung der Kommunikation und der Teamarbeit in und zwischen Gesundheitsteams, einschließlich der Patienten und der pflegenden Angehörigen. Der Team Assessment Fragebogen[13] umfasst 55 Fragen auf 7 Dimensionen, die z. B. Teameffektivität und -effizienz, Teamführung, Atmosphäre im Team oder Identifizierung mit dem Team abbilden.
Assessment of Interprofessional Team Collaboration Scale (AITCS)	Die AITCS ist ein validiertes Instrument, um die Qualität der Zusammenarbeit in interprofessionellen Gesundheitsteams zu bewerten. Die Messung erfolgt auf den drei Sub-Skalen Partnerschaft, Koordination und Kooperation. Die initiale Variante der AITCS umfasst 37 Items [32]. Die überarbeitete AITCS-II Skala hat einen reduzierten Umfang von 23 Items [33].

[11] CHAT Informationen, Fragebogen-Items sowie Online-Tool sind verfügbar unter: https://www.csi.edu.au/tools-and-guides/collaboration-health-assessment-tool/ (Zugriff: 12.08.2024).

[12] TeamSTEPPS® Website: https://www.ahrq.gov/teamstepps-program/index.html (Zugriff: 12.08.2024).

[13] Der englische Team STEPPS® (Version 2.0) Team Assessment Fragebogen ist verfügbar unter: https://www.ahrq.gov/sites/default/files/wysiwyg/professionals/education/curriculum-tools/teamstepps/instructor/reference/tmassess.pdf (Zugriff: 13.08.2024).

Tab. 5.5 Evaluationskriterien in der Dimension Prozesse

Evaluationskriterium	Indikatoren bzw. Kennzahl (Bsp.)
Wiederaufnahmen ins Krankenhaus nach Entlassung	*Zähler:* Anzahl wiederaufgenommener Patienten nach Entlassung *Nenner:* Anzahl aller entlassenen Patienten
Durchschnittliche Wartezeiten	z. B. durchschn. Zeitdauer zwischen Diagnostik und Diagnosestellung, durchschn. Zeitdauer zwischen Diagnosestellung und Therapiebeginn, durchschn. Zeitdauer zwischen zwei aufeinanderfolgenden Interventionen
Durchschnittliche Transferzeiten	Durchschn. Zeitdauer an Schnittstellen im Netzwerk zum Patiententransfer von einem Netzwerkteilnehmer zum nächsten
Vollständigkeit und Qualität der Dokumentation	z. B. Vollständigkeit der Patientenakten, Fehlerquote in der Dokumentation pro 100 Aufzeichnungen, durchschnittlich aufgebrachte Zeitdauer zur Dokumentation
Abweichungen vom Patientenpfad	z. B. Abweichungsrate (dokumentierte Abweichungen), Abweichungsarten, Abweichungsgründe, Häufigkeit wiederholter Abweichungen
Weiterversorgung nach Entlassung	Verteilung der Patienten auf verschiedene Entlassungsorte (z. B. nach Hause, Rehabilitationseinrichtung, Pflegeheim)

Kosten, Qualität und Leistungsangebot sicherzustellen und die finanzielle Nachhaltigkeit der Patientenversorgung zu gewährleisten. Durch die Evaluierung finanzieller Kriterien können Gesundheitsnetze fundierte Entscheidungen treffen, um die Wirtschaftlichkeit ihrer Patientenpfade zu optimieren und gleichzeitig eine qualitativ hochwertige Versorgung sicherzustellen. In der Regel wird die Situation vor und nach der Implementierung des Patientenpfades verglichen, um konkrete finanzielle Veränderungen zu quantifizieren. Häufig werden die in Tab. 5.6 dargelegten Kriterien eingesetzt. Die Verweildauer ist dabei das am häufigsten verwendete Evaluationskriterium.

Tab. 5.6 Evaluationskriterien in der Dimension Wirtschaftlichkeit

Evaluationskriterium	Indikatoren bzw. Kennzahl (Bsp.)
Durchschnittliche Dauer eines stationären (Krankenhaus-) Aufenthalts	Durchschnittliche Verweildauer in Tagen
Kosten der Versorgung im Netzwerk	Gesamtkosten pro Patienten, Gesamtkosten pro Fall, durchschnittliche Kosten pro Falltyp, Kosten pro Leistungseinheit (z. B. pro Behandlung oder pro medizinischen Eingriff), Kostenverteilung auf die Kostenarten
Verbrauchskosten materieller Ressourcen	Durchschn. Kosten für Verbrauchsmaterialien pro Patient, Gesamtkosten für medizinische Verbrauchsmaterialien, Verbrauch von Medikamenten, Überwachung des Verfalls von Verbrauchsmaterialien
Ressourcenauslastung	z. B. prozentuale Auslastung von Betten in stationären Einreichungen, Operationssälen oder medizintechnischen Geräten, Auslastung von Personal

Literatur

1. Richter, P. and Schlieter, H. (2020): Paving the Way for Patient Pathways: Synthesizing a User-Centered Method Design with Results from a Systematic Literature Review. In: Proceedings of the 15th International Conference on Wirtschaftsinformatik (WI 2020), S. 648–663.
2. Vanhaecht, K., Gerven, E. V., Deneckere, S., Lodewijckx, C., Janssen, I., Zelm, R. V., Boto, P., Mendes, R., Panella, M., Biringer, E., Sermeus, W. (2012): The 7-phase method to design, implement and evaluate care pathways. In: The International Journal of Person-Centered Medicine 2, S. 341–351.
3. Leitlinienprogramm Onkologie (Deutsche Krebsgesellschaft, Deutsche Krebshilfe, AWMF): S3-Leitlinie Exokrines Pankreaskarzinom, Langversion 2.0, 2021, AWMF Registernummer: 032-010OL. Verfügbar: https://www.leitlinienprogramm-onkologie.de/leitlinien/pankreaskarzinom/ (Zugriff: 12.08.2024).
4. Leitlinienprogramm Onkologie (Deutsche Krebsgesellschaft, Deutsche Krebshilfe, AWMF): S3-Leitlinie Kolorektales Karzinom, Langversion 2.1, 2019, AWMF Registrierungsnummer: 021/007OL. Verfügbar: http://www.leitlinienprogramm-onkologie.de/leitlinien/kolorektales-karzinom/ (Zugriff: 12.08.2024).
5. Kaplan, R. S., Norton, D. P. (2018): Balanced Scorecard. Strategien erfolgreich umsetzen. Schäffer-Poeschel, 1. Auflage.
6. Donabedian, A. (1988): The quality of care: How can it be assessed? In: Journal of the American Medical Association 260(12), S. 1743–1748.
7. Nelson, E. C., Mohr, J. J., Batalden, P. B., Plume, S. K. (1996): Improving health care. Part 1: The clinical value compass. In: The Joint Commission Journal on Quality Improvement 22, S. 243–258.

8. Beyea, S., Nicoll, L. (2000): Evaluating patient care programmes. In: Association of Perioperative Registered Nurses Journal 71, S. 228–231.
9. Hill, M. (1999): Outcomes measurement requires nursing to shift to outcome-based practice. In: Nursing Administration Quarterly 24, S. 1–16.
10. Tabet, J. (2000): Process re-engineering in clinical healthcare services: impossible challenge or opportunity? Lecture for Deloitte & Touche, Leuven, Belgium. Zitiert nach: Vanhaecht, K., Sermeus, W. (2003): The Leuven Clinical Pathway Compass. Journal of Integrated Care Pathways 7(1), S. 2–7.
11. Vanhaecht, K., Sermeus, W. (2003): The Leuven Clinical Pathway Compass. In: Journal of Integrated Care Pathways 7(1), S. 2–7. https://doi.org/10.1177/147322970300700102..
12. Bautista, M. A., Nurjono, M., Lim, Y. W., Dessers, E., Vrijhoef, H. J. (2016): Instruments Measuring Integrated Care: A Systematic Review of Measurement Properties. In: The Milbank Quarterly 94(4), S. 862–917. https://doi.org/10.1111/1468-0009.12233..
13. Richter (2019): Bringing Care Quality to Life: Towards Quality Indicator-Driven Pathway Modelling for Integrated Care Networks. In: Proceedings of the 27th European Conference on Information Systems (ECIS 2019). https://aisel.aisnet.org/ecis2019_rip/14
14. Minkman, M., Ahaus, K., Fabbricotti, I., Nabitz, U., Huijsman, R. (2009): A quality management model for integrated care: results of a Delphi and Concept Mapping study. In: International Journal for Quality in Health Care 21(1), S. 66–75. https://doi.org/10.1093/intqhc/mzn048.
15. Latina, R., Salomone, K., D'Angelo, D., Coclite, D., Castellini, G., Gianola, S., Fauci, A., Napoletano, A., Iacorossi, L., Iannone, P. (2020): Towards a New System for the Assessment of the Quality in Care Pathways: An Overview of Systematic Reviews. In: International Journal of Environmental Research and Public Health 17(22), Beitrag 8634. https://doi.org/10.3390/ijerph 17228634.
16. Van Herck, P., Vanhaecht, K., Sermeus, W. (2004): Effects of Clinical Pathways: Do They Work? In: Journal of Integrated Care Pathways 8(3), S. 95–105. https://doi.org/10.1177/147322 970400800302.
17. Peters, M. D. J., Godfrey, C. M., Khalil, H., Mcinerney, P., Parker, D., and Soares, C. B. (2015): Guidance for conducting systematic scoping reviews. In: International Journal of Evidence-based Healthcare 13(3), S. 141–146.
18. Rotter, T., Kugler, J., Koch, R. Gothe, H., Twork, S., van Oostrum, J. M., Steyerberg, E. W. (2008): A systematic review and meta-analysis of the effects of clinical pathways on length of stay, hospital costs and patient outcomes. In: BMC Health Services Research 8, Beitrag 265. https://doi.org/10.1186/1472-6963-8-265.
19. Jensen, H., Torring, M.L., Vedsted, P. (2017): Prognostic consequences of implementing cancer patient pathways in Denmark: a comparative cohort study of symptomatic cancer patients in primary care. In: BMC Cancer 17, Beitrag 627. https://doi.org/10.1186/s12885-017-3623-8.
20. Schaeken, G., Sernieus, W., Quathoven, P. (2001): Validity and reliability of the Dutch version of the Patient Perceived Quality of Care Questionnaire to measure satisfaction on the process of care. Masters Thesis, Centre for Health Services and Nursing Research, Catholic University Leuven, Belgium.
21. Jenkinson, C., Coulter, A., Bruster, S. (2002): The Picker Patient Experience Questionnaire: development and validation using data from in-patient surveys in five countries. In: International Journal for Quality in Health Care 14(5), S. 353–358. https://doi.org/10.1093/intqhc/14.5.353.
22. Beattie, M., Murphy, D. J., Atherton, I., Lauder, W. (2015): Instruments to measure patient experience of healthcare quality in hospitals: a systematic review. In: Systematic Reviews 4, Beitrag 97. https://doi.org/10.1186/s13643-015-0089-0.

23. World Health Organization, Division of Mental Health and Prevention of Substance Abuse (2012): WHOQOL User Manual. Verfügbar: https://www.who.int/tools/whoqol (Zugriff: 12.08.2024).
24. Ottowa Hospital Research Institute (2023): Patient Decision Aids – Decisional Conflict Scale. Verfügbar: https://decisionaid.ohri.ca/eval_dcs.html (Zugriff: 12.08.2024).
25. Hibbard, J. H., Stockard, J., Mahoney, E. R., Tusler, M. (2004): Development of the Patient Activation Measure (PAM): conceptualizing and measuring activation in patients and consumers. In: Health Services Research 39(4 Pt 1), S. 1005–1026. https://doi.org/10.1111/j.1475-6773.2004.00269.x.
26. Barr, P. J., Scholl, I., Bravo, P., Faber, M. J., Elwyn, G., McAllister, M. (2015): Assessment of patient empowerment – A systematic review of measures. In: PLoS ONE 10(5), e0126553. https://doi.org/10.1371/journal.pone.0126553.
27. Elwyn, G., Hutchings, H., Edwards, A., Rapport, F., Wensing, M., Cheung, W. Y., Grol, R. (2005): The OPTION scale: measuring the extent that clinicians involve patients in decision-making tasks. In: Health Expectations 8(1), S. 34–42. https://doi.org/10.1111/j.1369-7625.2004.00311.x.
28. Ahmad, M., Abu Tabar, N., Othman E. H., Abdelrahim, Z. (2020): Shared Decision-Making Measures: A Systematic Review. In: Quality Management in Health Care 29(2), S. 54–66. https://doi.org/10.1097/QMH.0000000000000250.
29. Forcino, R. C., Barr, P. J., O'Malley, A. J., Arend, R., Castaldo, M. G., Ozanne, E. M., Percac-Lima, S., Stults, C. D., Tai-Seale, M., Thompson, R., Elwyn, G. (2018): Using CollaboRATE, a brief patient-reported measure of shared decision making: Results from three clinical settings in the United States. In: Health expectations: an international journal of public participation in health care and health policy 21(1), S. 82–89. https://doi.org/10.1111/hex.12588.
30. Anderson, N.R., West, M.A. (1998): Measuring climate for work group innovation: development and validation of the team climate inventory. In: Journal of Organizational Behavior 19, S. 235–258.
31. Brodbeck, F. C., Anderson, N., West, M. A. (2000): Das Teamklima-Inventar. Handanweisung. WOP Working Paper No. 2000/2. Verfügbar: https://www.psy.lmu.de/wirtschaftspsychologie_en/forschung/working_paper/wop_working_paper_2000_2.pdf (Zugriff: 12.08.2024).
32. Orchard, C., King, G.A., Khalili, H., Bezzina, M.B. (2012): Assessment of Interprofessional Team Collaboration Scale (AITCS): Development and testing of the instrument. In: Journal of Continuing Education in the Health Professions 32, S. 58–67. https://doi.org/10.1002/chp.21123.
33. Orchard, C., Pederson, L., Read, E., Mahler, C., Laschinger, H. (2018): Assessment of Interprofessional Team Collaboration Scale (AITCS): Further Testing and Instrument Revision. In: Journal of Continuing Education in the Health Professions 38(1), S. 11–18. https://doi.org/10.1097/CEH.0000000000000193.

Zusammenfassung und Ausblick

6

Zusammenfassung

In diesem abschließenden Kapitel werden die Beiträge des Praxishandbuchs zu den Kernfragestellungen, mit denen sich die Akteure eines integrierten Versorgungsnetzwerks bei der Entwicklung und Implementierung von Patientenpfaden konfrontiert sehen, in Kürze zusammengefasst. Darüber hinaus wird der Blick auf mögliche zukünftige Entwicklungen im Zusammenhang mit Patientenpfaden gerichtet.

Mit Patientenpfaden, deren Entwicklung, Umsetzung, Digitalisierung und Evaluation beleuchtet dieses Praxishandbuch zentrale Aspekte, um integrierte Versorgungsprozesse evidenzbasiert, ressourcenschonend und transparent zu gestalten. Dabei wurden sowohl der Status quo beleuchtet als auch ein Ausblick auf anstehende Entwicklungen geworfen. Grundsätzlich wird den Akteuren im Gesundheitswesen damit ein Grundstock an Wissen, Methoden und Werkzeugen zur pfadbasierten Ausgestaltung integrierter Versorgungsnetzwerke mitgegeben. Dazu beantwortet dieses Praxishandbuch die eingangs formulierten Fragestellungen wie folgt:

1. **Was sind Patientenpfade, was zeichnet sie aus und wie grenzen sie sich zu verwandten Konzepten wie klinischen oder integrierten Behandlungspfaden ab?** Patientenpfade sind evidenzbasierte, multidisziplinäre Versorgungspläne, die den Behandlungsverlauf für Patienten mit einer spezifischen Diagnose abbilden. Sie unterscheiden sich von klinischen Behandlungspfaden und integrierten Behandlungspfaden durch ihren besonderen Fokus auf die Koordination und Steuerung der Versorgung innerhalb

P. Richter and H. Schlieter, *Patientenpfade in der integrierten Versorgung*,
https://doi.org/10.1007/978-3-658-44986-5_6

eines sektorenübergreifenden Netzwerks und ihre stärkere Einbeziehung der Patientenperspektive. Patientenpfade basieren vorzugsweise auf Empfehlungen medizinischer Leitlinien und umfassen alle Versorgungsphasen, von der Prävention über die Diagnose und Behandlung bis hin zur Nachsorge. Sie fördern eine patientenzentrierte Versorgung, indem sie auf die individuellen Bedürfnisse und Bedarfe der Patienten eingehen und Entscheidungen transparent machen (siehe Abschn. 1.3).

2. **Welche Rolle spielen Patientenpfade für die Gesundheitsversorgung in integrierten Netzwerken?** Patientenpfade fungieren als Brücke zwischen wissenschaftlicher Evidenz und klinischer Versorgungspraxis, erleichtern die Koordination und Steuerung von Versorgungsprozessen und stärken die Patientenzentrierung sowie interdisziplinäre und multiprofessionelle Zusammenarbeit in integrierten Versorgungsverbünden. Ihre enge Verbindung zu medizinischen Leitlinien unterstreicht ihre Bedeutung als Instrument zur Implementierung von Leitlinienempfehlungen (siehe Abschn. 2.2). Dadurch tragen sie maßgeblich zur Qualitätssicherung und zur Effizienzsteigerung in der Patientenversorgung bei. Im Bereich der Koordination von Leistungserbringern und der Steuerung von Versorgungsprozessen (siehe Abschn. 2.3) fungieren Patientenpfade als wesentliches Werkzeug, um die unterschiedlichen Akteure innerhalb des Netzwerks zu synchronisieren und eine integrierte Versorgung zu gewährleisten. Sie schaffen Strukturen, die eine umfassende und nahtlose Patientenbetreuung über verschiedene Versorgungsbereiche hinweg ermöglichen. Schließlich heben sie den Stellenwert der Patientenperspektive hervor (siehe Abschn. 2.4), indem sie nicht nur die medizinischen, sondern auch die individuellen Bedürfnisse und Präferenzen der Patienten in den Mittelpunkt stellen und somit das Patient Engagement und die Patiententeilhabe fördern. Insgesamt bilden Patientenpfade das Rückgrat für eine effektive, effiziente und patientenorientierte Versorgung innerhalb integrierter Netzwerke und können damit wesentlich zur Verbesserung der Gesundheitsversorgung beitragen.
3. **Wie können Patientenpfade systematisch entwickelt werden und welche Methoden und Werkzeuge können den Entwicklungsprozess unterstützen?** Zur systematischen Entwicklung von Patientenpfaden und zur Unterstützung des Entwicklungsprozesses durch Methoden und Werkzeuge bietet dieses Buch einen umfassenden Ansatz, der in fünf Phasen unterteilt ist (siehe Abschn. 3.2): (1) Projektinitiierung und -planung, (2) Bestandsaufnahme der aktuellen Versorgungspraxis und verfügbaren Evidenz, (3) Vorbereitung der Pfaderarbeitung, (4) iterative Erarbeitung und Gestaltung des Patientenpfades sowie (5) Kommunikation und Bereitstellung für die Akteure des Versorgungsnetzwerkes. Die Beschreibung dieser Phasen umfasst die Zielstellung, notwendige Schritte, praktische Werkzeuge und zu erwartende Ergebnisse, um die Entwicklung von Patientenpfaden für integrierte Versorgungsnetzwerke in der Praxis zu erleichtern. Der methodische Ansatz basiert auf wissenschaftlicher Forschung und praktischer Erprobung in Forschungs- und Entwicklungsprojekten, um eine effektive und effiziente Pfadentwicklung und -implementierung zu gewährleisten.

4. **Wie kann ein Patientenpfad in einem integrierten Versorgungsnetzwerk erfolgreich implementiert und digitalisiert werden?** Die erfolgreiche Implementierung eines Patientenpfades in einem integrierten Versorgungsnetzwerk erfordert eine integrative Betrachtung, die über technologische Aspekte hinausgeht und die am Prozess beteiligten Akteure in den Mittelpunkt stellt. Es ist notwendig, Arbeitsweisen und Informationsflüsse umfassend umzustrukturieren, bestehende Dokumentations- und Kommunikationsstrukturen anzupassen und ggf. eine Neuausrichtung von Zuständigkeiten vorzunehmen. Die Auswahl und Einführung von Technologien bilden zwar einen wichtigen Teil des Implementierungsprozesses, doch ebenso entscheidend ist die Berücksichtigung des menschlichen Faktors. Die Implementierungsstrategie muss an die spezifischen Bedingungen des Netzwerks, wie die vorhandene Systemlandschaft und die Kooperationstiefe zwischen den Akteuren, angepasst werden. Eine erfolgreiche Implementierung fördert eine effektive, patientenzentrierte Versorgung und berücksichtigt die Vielfalt der Implementierungsgrade sowie die Entwicklungswege zur Digitalisierung von Patientenpfaden (siehe Kap. 4).
5. **Wie und hinsichtlich welcher Kriterien kann der Einsatz von Patientenpfaden evaluiert werden?** Die Evaluation von Patientenpfaden in integrierten Versorgungsnetzwerken orientiert sich an einem umfassenden Klassifizierungsrahmen, der verschiedene Evaluationsdimensionen umfasst. Wichtige Evaluationskriterien adressieren die Ergebnisqualität (klinische und funktionelle Outcomes), die Effekte auf die Patientenzentrierung und angebotener Services, die Prozesse, Team- und Netzwerkqualität sowie wirtschaftliche Aspekte. Die Evaluation ermöglicht es, die Wirksamkeit des Patientenpfades auf die Patientenversorgung kontinuierlich zu überwachen, Verbesserungsbedarfe zu identifizieren und fundierte Entscheidungen für die Weiterentwicklung der eingesetzten Patientenpfade im Versorgungsverbund zu treffen.

Richtet man den Blick auf die Weiterentwicklung von Patientenpfaden und der damit verbundenen Versorgungspraxis, spielen die technologischen Fortschritte im Bereich der Künstlichen Intelligenz und bspw. deren Einbindung in dialogfähige, digitale Agenten, wie Chatbots oder gar künstliche Avatare, eine ebenso wichtige Rolle wie die steigende Informationsverfügbarkeit und die Fähigkeiten der Selbstvermessung. Daneben treiben sowohl die europäische als auch nationale Gesetzgebung die Verzahnung von Leistungsbereichen, Patientenintegration und -mitbestimmung sowie Digitalisierung und Interoperabilität stark voran, womit auch die Rolle von Patientenpfaden in der Versorgungspraxis sukzessive gestärkt wird.

Natürlich beeinflussen diese Entwicklungen auch die Gestaltung und Umsetzung und letztendlich die Fähigkeiten von Pfadsystemen in integrierten Versorgungsnetzwerken in vielerlei Hinsicht. In Tab. 6.1 werden die wesentlichen Entwicklungstendenz aus Sicht von Leistungserbringern, Patienten und Forschern diskutiert.

Tab. 6.1 Pfadsysteme im Wandel – Eine Diskussion zu Entwicklungspotenzialen von Pfadsystemen in integrierten Versorgungsnetzwerken

Leistungserbringer
Integration von Entscheidungsunterstützungssystemen Mit den zunehmenden Fähigkeiten, große Datensätze maschinell zu verarbeiten und mithilfe von Künstlicher Intelligenz zu interpretieren, haben digitale Pfadsysteme das Potenzial, Leistungserbringern eine wichtige Entscheidungsunterstützung zu liefern. Durch die Analyse zurückliegender Pfadabläufe und korrespondierender Behandlungsergebnisse können wertvolle Erkenntnisse extrahiert und in praktische Hinweise für die Versorgung übersetzt werden. Diese datengetriebenen Einsichten optimieren Entscheidungssysteme und steigern so die Versorgungsqualität signifikant. Den Versorgenden könnten zum Beispiel alternative Behandlungsoptionen für einen Patienten angezeigt werden, die bei vergleichbaren Patientenprofilen eine hohe Wirksamkeit erreicht haben. Ebenso könnten Hinweise gegeben werden, dass es in der Vergangenheit bei ähnlicher Falllagerung zu Komplikationen kam. Dies würde sowohl die Entscheidungsbildung abseits persönlicher Erfahrungen und Wissen weiter fundieren als auch die Patientensicherheit fördern.
Patienten
Erweiterung der Benutzerschnittstelle Patientenportale und vergleichbare digitale Angebote erlauben Patienten, ihren individuellen Pfad zu verfolgen und entsprechende Aufgaben und Hinweise der Versorgung mitzunehmen. Die Einbindung von dialogfähigen, digitalen Agenten in Verbindung mit Künstlicher Intelligenz würde Patienten während der Nutzung des Portals einen Begleiter an die Seite stellen, der Inhalte vermittelt, erklärt und ggf. auch Schulungsmaterialien und Hinweise zur Gesunderhaltung bereithält. Solche Begleiter, auch Virtuelle Coaches genannt, haben das Potenzial ,die Adhärenz der Patienten zu stärken und den Patientenpfad für den individuellen Patienten in verständlicher Form zu übersetzen.
Erweiterung der Kontextintegration und Adaptivität Die zunehmende Verfügbarkeit von Sensoren und Wearables, die kontinuierlich Gesundheitsdaten erfassen, ermöglicht eine tiefere Kontextintegration der Pfadsysteme. Durch diese Technologien können relevante Parameter wie Herzfrequenz, Aktivitätslevel oder sogar Stressindikatoren in Echtzeit erfasst und hinsichtlich der Zielgrößen und Schwellwerte im Pfad analysiert werden. Damit können wiederum Behandlungsentscheidung besser gefällt und die Versorgung besser auf den konkreten Behandlungskontext adaptiert werden.

(Fortsetzung)

Tab. 6.1 (Fortsetzung)

Forschung
Stärkung von Versorgungsforschung und Leitlinienentwicklung Die Forschung und insbesondere die Leitlinienentwicklung kann enorm von den Fortschritten im Bereich Datennachnutzung und -auswertung profitieren. Werden beispielsweise konkrete Versorgungsabläufe aus verschieden Netzwerken aggregiert und über Datenintegrationszentren miteinander vernetzt, können damit wichtige Zusammenhänge aufgedeckt werden, die in neue Forschungsfragen münden oder Antworten auf bestehende Vermutungen geben können. Darüber hinaus können damit Fragestellungen der Versorgungsforschung schneller beantwortet und Versorgungsergebnisse effizienter analysiert werden. Daneben bietet der Abgleich tatsächlicher Abläufe mit den Empfehlungen von Leitlinien oder der Pfadvorlage spannende Einblicke hinsichtlich Versorgungsadhärenz und öffnet ggf. die Tür zu einer stärker qualitätsorientierteren Vergütung.

Pfadsysteme werden sich in Zukunft durch eine erhöhte Verfügbarkeit auszeichnen und sich tiefer in die bestehenden Systemlandschaften integrieren. Die Passfähigkeit dieser Systeme wird mit größer werdender Wissensbasis und tieferer Kontextintegration ermöglichen, immer genauer auf veränderte Gegebenheiten und Behandlungssituationen zu reagieren. Entscheidungen können besser unterstützt werden und es den Leistungserbringern erlauben, Therapien noch genauer und assistiert auf den konkreten Fallkontext abzustimmen. Die weitere Verbreitung von Pfadsystemen hat zudem das Potenzial, einen wesentlichen Beitrag zur Versorgungsforschung und Evidenzgenerierung beizutragen. Regionale Pfadverläufe können auf nationaler und internationaler Ebene zusammengeführt und zu Forschungszwecken genutzt werden. Dabei können auch Fragen der Adhärenz hinsichtlich Versorgungsempfehlungen geprüft und verglichen werden. Letztendlich öffnet sich damit auch die Tür für eine Bereitstellung nationaler oder europäischer Pfadverzeichnisse (engl. Repositories) für Referenzpfade, sodass die Qualität der Pfadentwicklung und -weiterentwicklung nicht allein regionalen Entscheidungsträgern überlassen wird, sondern einer ebenso hohen Qualitätssicherung unterliegt wie es bspw. bei medizinischen Leitlinien der Fall ist. Gleichwohl dieser Ausblick noch visionäre Züge hat, zeigen die ersten Initiativen zur Umsetzung des Europäischen Plans zur Krebsbekämpfung die Stoßrichtung hin zu einer Harmonisierung und Vergleichbarkeit von Versorgungsstrukturen und -prozessen. Angesichts dieser Entwicklungen werden Patientenpfade und ihre Nutzung in integrierten Versorgungsnetzwerken keinesfalls nur ein Thema engagierter Experten sein. Sie werden sich vielmehr als ein selbstverständlicher Teil einer digitalen und zukunftsorientierten Versorgungslandschaft etablieren.

FSC
www.fsc.org
MIX
Papier | Fördert gute Waldnutzung
FSC® C083411

Kolibri 360 GmbH
Ferdinand-Jühlke-Straße 7
99095 Erfurt, Deutschland
produktsicherheit@kolibri360.de